"En este libro altamente accesible, mi viejo camarada Steve Addison articula algo del genio del ministerio apostólico de Jesús al fundar el movimiento que lleva su nombre. Jesús es el misionero prototípico. Por lo tanto, su vida no es solo digna de ser emulada moral y espiritualmente, sino también en su metodología".

ALAN HIRSCH, autor de *The Permanent Revolution*

"Lo Que Jesús Comenzó debería ser la guía de la comunidad de la Gran Comisión en los años venideros".

DAVID GARRISON, autor de *Movimientos de Plantación de Iglesias*

"Entre todos los escritos importantes sobre los movimientos de Jesús que están disponibles hoy día, este libro brinda un enfoque especial en los patrones compartidos por Jesús y Pablo en el Nuevo Testamento. Es ilustrado por la aptitud de Addison para la investigación con ejemplos útiles de lo que Dios está haciendo hoy alrededor del mundo. Por lo tanto, se erige en el corazón de lo que es esencial y provee un punto de partida ventajoso para todos nosotros".

NEIL COLE, autor de *Organic Church*

LO QUE
UNIÉNDOSE AL MOVIMIENTO
JESÚS
CAMBIANDO AL MUNDO
COMENZÓ

Steve Addison

Traducción al español publicada por primera vez en 2021 por
100 Movements Publishing
www.100mpublishing.com
www.movementleaderscollective.com
www.catalysechange.org

Copyright © 2021 por Steve Addison

Primera edición (inglés) publicada en 2012 por InterVarsity Press.

Todos los derechos reservados. Ninguna parte de este libro puede ser reproducida o transmitida en ninguna forma ni por ningún medio, electrónico o mecánico, incluyendo fotocopiado, grabación o por cualquier sistema de almacenamiento y recuperación de información, sin permiso por escrito del autor. La única excepción son citas breves en reseñas impresas.

El autor no tiene responsabilidad sobre la persistencia o precisión de las URLs para páginas web de internet externas o de terceros mencionados en este libro, y no garantiza que ningún contenido en dichos sitios web sea, o seguirá siendo, precisa o apropiada.

Todas las citas bíblicas, a menos que se indique lo contrario, han sido tomadas de LA SANTA BIBLIA, NUEVA VERSIÓN INTERNACIONAL®, NVI®. Copyright © 1973, 1978, 1984, 2011 Bíblica, Inc.™ Usada con permiso de Zondervan. Todos los derechos reservados en el mundo. www.zondervan.com "NIV" y "Nueva Versión Internacional" son marcas registradas en los Estados Unidos Oficina de Patentes y Marcas de Bíblica, Inc.™

Aunque todas las historias en este libro son verídicas, algunos nombres han sido cambiados para proteger la identidad de las personas involucradas.

ISBN 978-1-7355988-2-6 (paperback)

Traducido al español por: Andrew y Angie James
                            Henry Medina

Ilustraciones internas: Peter Bergmeier

100 Movements Publishing
Una impresión de Movement Leaders Collective
Cody, Wyoming

A mis padres,

Joan y Bruce Addison

También por Steve Addison

Espanol

Movimientos que Cambian al Mundo: Cinco Claves para Extender el Evangelio (2020)

English

Movements that Change the World: Five Keys to Spreading the Gospel (2009)

What Jesus Started: Joining the Movement, Changing the World (2012)

Pioneering Movements: Leadership that Multiplies Disciples and Churches (2015)

The Rise and Fall of Movements: A Roadmap for Leaders (2019)

Your Part in God's Story: 40 Days from Genesis to Revelation (2021)

CONTENIDO

Prefacio – Ed Stetzer xi
Prefacio del Autor para la edición en español xiii
En el principio era Jesús xv

PARTE UNO
Lo Que Jesús Comenzó 1

1. El porqué vino Jesús 3
2. Vayamos a otro lugar 14
3. El evangelio de Jesús 23
4. Sígueme y te enseñaré 32
5. Edificaré mi Iglesia 40
6. Hora de ir 44

Interludio: *Iglesia en el porche* 49

PARTE DOS
Lo Que Jesús Continuó Haciendo: *Los doce y la iglesia primitiva* 57

7. Hechos del Señor resucitado 59
8. Misioneros sin fronteras 67
9. Noticias de testigos oculares 80
10. La escuela de obediencia 88
11. La vida en la primera iglesia 96
12. Desde Jerusalén hacia el mundo 106

Interludio: *Ying Kai y el poder de la multiplicación*   117

PARTE TRES
Lo Que Jesús Continuó Haciendo: *Pablo y su equipo*   123

    13. ¡Por fin lo entiende!   125
    14. Como le sea posible   137
    15. Un solo evangelio   150
    16. La obediencia de la fe   158
    17. Cuando se reúnan   163
    18. Nada más para hacer   174

Interludio: *Julius Ebwongu cambia el paradigma*   189

PARTE CUATRO
Lo Que Jesús Está Haciendo Hoy en Día   197

    19. Viendo el fin   199
    20. Conectando con las personas   204
    21. Compartiendo el evangelio   212
    22. Entrenando discípulos   219
    23. Reuniendo comunidades   225
    24. Multiplicando obreros   231
    25. Empezando en algún lugar   238

Notas   245
Reconocimientos   263

...Simón Pedro cayó de rodillas delante de Jesús y le dijo: "¡Apártate de mí, Señor; soy un pecador!" Es que él y todos sus compañeros estaban asombrados ante la pesca que habían hecho, como también lo estaban Jacobo y Juan, hijos de Zebedeo, que eran socios de Simón.

"No temas; desde ahora serás pescador de hombres" –le dijo Jesús a Simón.

Lucas 5:8-10

PREFACIO

Jesús comenzó el movimiento cristiano con la Gran Comisión.

Entonces, ¿qué es lo que hace grande a la Gran Comisión? Bueno, son muchas las respuestas. Jesús dijo, "Por tanto, vayan y hagan discípulos de todas las naciones", y en ese instante, la misión de Jesús pasó de ser la misión centrípeta del Antiguo Testamento (de llevar a las naciones "a Jerusalén" para adorar) a una misión centrífuga —de "salir de Jerusalén" hacia las naciones. Jesús le dice a sus discípulos que saldrán de Jerusalén a Judea, a Samaria y hasta los confines de la tierra. Como resultado de su muerte y resurrección, comienza a dirigir la misión en una nueva dirección: la victoria sobre la muerte, el pecado, la tumba y el infierno, hasta los confines de la tierra. Los envía para proclamar su muerte en la cruz, donde pagó el precio de nuestro pecado tomando nuestro lugar. Y eso es algo grande.

Recientemente viajé a Turquía, con una gran carga al ver una iglesia incipiente con tan pocos obreros. En Turquía la obra ha sido lenta, y existen desafíos al trabajar en un contexto predominantemente musulmán, pero no pude evitar sentir tristeza al ver la lucha de la iglesia. Existen setenta millones de turcos alrededor del mundo y solo unos cuantos miles son creyentes. Sin embargo, estas son las tierras donde encontramos las siete iglesias en el libro de Apocalipsis (desaparecidas hace tiempo). Este es el lugar donde los primeros siete "concilios ecuménicos" de la iglesia se llevaron a cabo, donde nacieron cosas como el Credo de Nicea. Este lugar que llegó a ser un próspero centro del cristianismo ahora solo tiene unos cuantos miles de personas que reconocen el nombre de Jesucristo. ¿Cuál es el plan de Dios en esto?

Steve Addison nos ayuda a entenderlo más claramente, apuntándonos a las Escrituras como mapa para entender lo que Jesús espera que hagamos. En el Nuevo Testamento, nos encontramos con un Jesús que ve la pobreza espiritual, una necesidad abrumadora como la que yo experimenté en Turquía, y responde con un mensaje y una misión. Me recuerda que, aun en una tierra con tan pocos cristianos, el mensaje y movimiento de Jesús puede seguir avanzando como lo hizo en los primeros días de la iglesia.

Aprenda de Jesús. Jesús conecta con los perdidos, comparte el evangelio, entrena discípulos, los reúne en comunidades, y los multiplica para que vayan y hagan lo mismo. La perspectiva de Steve en cuanto a este proceso es clara y comunicable. Este libro le ayudará a pensar en la iglesia más como un movimiento y menos como una institución.

Dios quiere que su iglesia, su comunidad de discípulos movilizados, se una a la misión. Hoy en día existen seis mil grupos no alcanzados alrededor del mundo. Alguien le trajo a usted el mensaje del evangelio; ¿a quién se lo llevará usted?

La Gran Comisión es grande porque Aquel que nos la dio es grande. Si desea obedecer el mandato de Jesús de hacer discípulos a todas las naciones, bautizándolos y enseñándoles mientras va, entonces primeramente debe conocer a Cristo con mayor profundidad. No pregunte, "¿qué haría Jesús?". Pregunte a las Escrituras, como lo hace Steve, "¿qué hizo Jesús?". Hágalo. No permita que su iglesia sea un callejón sin salida en la autopista de la Gran Comisión.

Ed Stetzer

Presidente de LifeWay Research
www.edstetzer.com

PREFACIO DEL AUTOR PARA LA EDICIÓN EN ESPAÑOL

En su carta a los Romanos, Pablo comunica su visión de alcanzar a España (Romanos 15:23-28). Habiendo completado su obra en la mitad oriental del Imperio Romano, él está ahora listo para comenzar de nuevo en Occidente —y su deseo es que las iglesias en Roma sean su base de lanzamiento hacia España. Pablo tenía el corazón de Dios por los españoles.

Hoy día, casi 600 millones de personas en todo el mundo hablan español. Alrededor de 500 millones son hablantes nativos. Desde que este libro fue publicado en inglés, he anhelado verlo traducido al español.

Durante la investigación para uno de mis libros anteriores, *Movimientos que Cambian al Mundo*, descubrí que desde el comienzo del siglo veinte el centro de gravedad del mundo cristiano se ha movido en dirección sur hacia África, Asia y Latinoamérica. Estas son las regiones en las que se encuentran las comunidades cristianas más grandes y de mayor crecimiento. Aunque el cristianismo está en declive en el hemisferio norte, una nueva era del cristianismo ha nacido en el sur. Cada día, más del 91 por ciento del crecimiento global del cristianismo ocurre en África, Asia y Latinoamérica.

Mientras que las iglesias establecidas de Europa colapsan, se ha dado un crecimiento significativo en las iglesias de inmigrantes, muchas de las cuales hablan español. Los inmigrantes latinos de primera generación llevan la batuta en evangelismo y plantación de iglesias en los Estados Unidos. Lo que les hace falta a los latinos en finanzas e instalaciones, lo compensan llevando el evangelio a su comunidad. Las iglesias que ellos plantan tienen más probabilidades de alcanzar a quienes están lejos de Dios.

Mi oración es que este libro juegue un papel en alimentar movimientos de discípulos e iglesias a través del mundo de habla hispana, y que a medida que Dios se mueva, el impacto se desborde hacia las naciones.

EN EL PRINCIPIO ERA JESÚS

Sin Jesús no habría un movimiento cristiano. Pedro nunca se habría levantado ante miles de personas en el día de Pentecostés para proclamar que Dios se había revelado a sí mismo en ese Jesús de Nazaret, crucificado y resucitado. Nunca se habrían formado comunidades de discípulos en Damasco, Antioquía de Siria, Corinto, Éfeso, ni Roma.[1]

Muchas teorías buscan explicar el asombroso surgimiento de esta nueva fe. Pero solo una tiene sentido: Jesús es el fundador y el Señor viviente del movimiento que lleva su nombre.

El mundo nunca antes había visto nada como esto. Ya para el año 300 d.C., mucho antes de que el cristianismo se convirtiese en una religión favorecida, los cristianos conformaban alrededor del 10 por ciento de la población del Imperio Romano —de cinco a nueve millones de seguidores de Jesús.[2]

A medida que el cristianismo del primer siglo avanzaba hacia el occidente a través de Europa, también surgieron centros de fe florecientes en el norte de África, en el Medio Oriente, y en Asia central. Gran parte de lo que hoy denominamos el mundo islámico fue cristiano una vez. Existe evidencia fidedigna de que el apóstol Tomás estableció iglesias en el noreste y sur de India.[3] Fe y coraje era lo único que los apóstoles y otros misioneros necesitaban para llevar el evangelio por las rutas de comercio del mundo antiguo.[4]

Un movimiento misionero era algo completamente nuevo en la historia humana. Fuera de la fe de Israel, nadie creía en una sola religión universal o un solo Dios verdadero. No había misioneros ni conversiones. En un mundo sobre el cual reinaban muchos dioses, los dioses nuevos no remplazaban a los viejos; simplemente eran añadidos.

En contraste con las naciones paganas de alrededor, el judaísmo enseñaba que había un solo Dios quien es el Creador y Señor sobre todo. Él escogió a Israel para ser su testigo ante el mundo. Por medio de Israel las naciones serían atraídas a la salvación de Dios. En los "últimos días" o "tiempos finales" Dios enviaría a su sirviente, el Mesías, para traer salvación a las naciones. Los gentiles podrían ser aceptados dentro del pueblo de Dios si se convertían a la adoración de Yahvé, se circuncidaban y adoptaban la Ley Mosaica. Para convertirse, un gentil debía hacerse judío. Los gentiles se convertían (o por lo menos se volvían "temerosos de Dios") en las afueras de la sinagoga. Sin embargo, el judaísmo nunca se convirtió en un movimiento misionero. No había ningún esfuerzo organizado y sostenido de convertir a los gentiles a Yahvé.[5]

El movimiento cristiano era algo nuevo en la historia de la humanidad. El primer acto público de Jesús, registrado en tres de los Evangelios, fue el llamado que hizo a Simón, Andrés, Jacobo y Juan a dejar sus redes y unirse a su grupo de misioneros ambulantes. A partir de ese momento, les dijo, serían pescadores de hombres.

Jesús continúa dirigiendo el camino. Cada nueva generación de discípulos se sienta a los pies de Jesús y aprende de su ejemplo como fundador y Señor viviente del movimiento. Ningún movimiento que lleva su nombre puede levantarse por encima de su ejemplo y liderazgo. La misión de Jesús fue universal. No conocía límites. Nadie era excluido. No había extranjeros. No había fronteras. La misión era hasta los confines de la tierra y hasta el fin de la historia. Los primeros seguidores de Jesús estaban convencidos de que el perdón de pecados era posible para judíos y no-judíos, para los educados y para los bárbaros, para hombres y mujeres, para ricos y pobres —por medio de la fe en Jesús, el Mesías y Señor.

Los movimientos misioneros comunican a las personas la verdad acerca de Dios y de la salvación. Les enseñan a sus seguidores una nueva forma de vida acorde con esa verdad. El propósito de un movimiento misionero es que las personas acepten el mensaje, empiecen a seguir a Jesús, lo compartan con otros y formen nuevas comunidades de fe que colaboren en la expansión del evangelio.[6]

¿Cómo son los movimientos misioneros? ¿Qué hacen? Estas son las seis actividades a las cuales haremos referencia mientras examinamos el ministerio de Jesús, desde su comienzo en los Evangelios hasta su continuación por medio de sus seguidores en el libro de Hechos.

Seis actividades —lo suficientemente simples e interconectadas como para esquematizarlas en una servilleta; pero lo suficientemente complejas y completas como para merecer toda la atención y devoción de todos los seguidores de Jesús a lo largo de la historia.

1. **Ven el propósito.** Los movimientos misioneros obedecen al llamado de Dios de unirse a su misión. Se someten al liderazgo de Jesús por medio del Espíritu Santo y el poder de su Palabra viviente. Son movidos con compasión hacia las personas perdidas y no descansan hasta que las buenas nuevas de salvación por medio de Jesucristo hayan sido proclamadas y existan comunidades de creyentes reunidas en todas partes del mundo.

2. **Se conectan con las personas.** Los movimientos cruzan fronteras (geográficas, lingüísticas, culturales, sociales, económicas) para establecer contacto con los no-cristianos. Buscan personas abiertas que hayan sido preparadas por Dios.

3. **Comparten el evangelio.** Los movimientos comparten las buenas nuevas de Jesucristo, el Mesías y Salvador, por medio de la proclamación, la predicación, la enseñanza y la instrucción. Equipan nuevos discípulos para que sean el medio por el cual las buenas nuevas se difundan a lo largo de sus comunidades.

4. **Entrenan discípulos.** Los movimientos guían a las personas hacia le fe en Jesucristo (conversión, bautismo, don del Espíritu Santo) y les enseñan a obedecer lo que Jesús

mandó, incluyendo el mandato de hacer discípulos de otras personas.
5. **Reúnen comunidades.** Los movimientos insertan a los nuevos creyentes en comunidades locales de seguidores de Jesús (ofreciendo la Santa Cena, transformación de comportamiento, amor, sacrificio y testimonio). Cada comunidad de discípulos es responsable de alcanzar a su región en profundidad y de contribuir con recursos financieros, oración y obreros que lleven el evangelio a las regiones no-alcanzadas.
6. **Multiplican obreros.** Los movimientos misioneros envían equipos apostólicos o misioneros móviles a campos nuevos y no alcanzados para avanzar la propagación del evangelio.

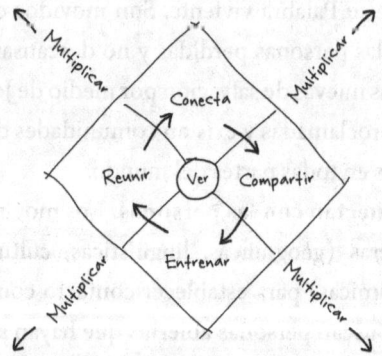

Los seis elementos del movimiento que Jesús empezó: ver el propósito; conectar con las personas; compartir el evangelio; entrenar discípulos; reunir comunidades; multiplicar obreros (representado en la X).

El cristianismo no prosperó en el mundo antiguo porque las condiciones sociales, económicas, religiosas y políticas eran adecuadas. La propagación del evangelio no era inevitable. El cristianismo prosperó porque toda autoridad fue dada al Señor resucitado que ordenó a sus seguidores ir a todo el mundo y hacer discípulos. Su misión fue exitosa porque Jesús es Señor. Hasta el día de hoy, Jesús sigue dándonos el mandato de seguirle, y aún promete enseñarnos a pescar hombres, hacer discípulos y multiplicar comunidades de seguidores —en todas partes.

QUÉ ESPERAR

Este libro fue escrito para aquellas personas que quieren seguir a Jesús y permitir que él los entrene para ser parte de su movimiento. Cada persona tiene algo que hacer. El movimiento que Jesús fundó avanza porque todos somos llamados a relacionarnos con las personas que están lejos de Dios. Todos somos llamados a compartir nuestra historia y compartir la historia de Jesús, el evangelio. Todos podemos abrir las Escrituras y empezar a aprender juntos cómo seguir a Jesús en amorosa obediencia. Todos podemos formar comunidades de discípulos que se reúnen para adorar, aprender, amar, y dar testimonio. Todos podemos desempeñar nuestra función en la multiplicación de discípulos e iglesias, tanto localmente como en mundo entero.

Primero miraremos la misión de Jesús de Nazaret, y cómo siguió llevando adelante su misión como Señor resucitado por medio de sus seguidores —los doce y la iglesia primitiva, y luego Pablo y sus colaboradores. Mientras hacemos eso, veremos historias de cómo Jesús, en la actualidad, continúa obrando en todo el mundo por medio de su pueblo. Finalmente, haremos la pregunta más importante de todas —¿cómo podemos responder a la invitación de Jesús de seguirle y permitir que nos enseñe cómo ser pescadores de hombres?

El ejemplo de Jesús por sí solo no es suficiente. Los discípulos llegaron a entender que sin su Espíritu, ninguno de nosotros tiene la capacidad de cumplir su mandato de llevar el evangelio hasta los confines de la tierra. Jesucristo, el Salvador del mundo que murió y resucitó —aunque ahora se encuentra exaltado a la diestra de Dios y posteriormente volverá en gloria para juzgar al mundo— también está presente por medio del Espíritu Santo, invitándonos a ser parte de la propagación del evangelio en todo el mundo.

PARTE UNO
LO QUE JESÚS COMENZÓ

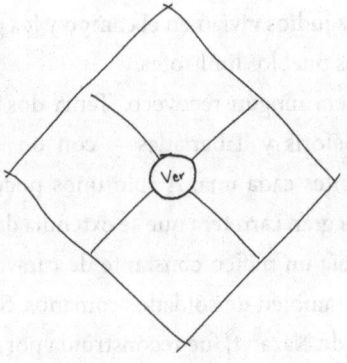

1. EL PORQUÉ VINO JESÚS

> *Para cumplir lo dicho por el profeta Isaías:*
> *"Tierra de Zabulón y tierra de Neftalí, camino del mar, al otro lado del Jordán, Galilea de los gentiles; el pueblo que habitaba en la oscuridad ha visto una gran luz; sobre los que vivían en densas tinieblas la luz ha resplandecido".*
>
> —MATEO 4:14-16

JESÚS NACIÓ EN BELÉN alrededor del año 5 a. C. Creció en Nazaret, un pueblo de unos pocos cientos de personas, al sur de Galilea.

En los días de Jesús, la región de Galilea era un enclave judío, rodeado por centros de cultura griega pagana que permanecieron desde las conquistas de Alejandro Magno en el siglo IV a.C. Roma era ahora el poder gobernante, pero todavía dominaban el idioma, la cultura y la religión griegas. La población de la región era mixta:

la mayoría de los judíos vivían en el campo y los gentiles vivían en las ciudades y los pueblos limítrofes.

Galilea no era ningún recoveco. Tenía dos ciudades griegas principales —Séforis y Tiberíades— con un rango de 10.000 a 20.000 habitantes cada una. A solo unos pocos kilómetros de Nazaret estaba la gran carretera que se extendía desde Egipto hasta Siria. Por ella fluía un tráfico constante de caravanas de griegos y bárbaros, como también de soldados romanos. Séforis, localizada a una hora a pie de Nazaret, fue reconstruida por Herodes Antipas como su capital en el año 4 a.C. Había una alta demanda de comerciantes. Jesús se convertiría en aprendiz de su padre, un comerciante que trabajaba con madera, piedra y metal.

Jesús creció en un hogar judío devoto. De niño asistía a la sinagoga cada sábado con sus padres, hermanos y hermanas. Jesús creció hablando arameo y a la edad de cinco años probablemente empezó a aprender a leer el Torá (los primeros cinco libros de Moisés) en hebreo, en la escuela de la sinagoga del pueblo.[1]

Galilea era fértil, y mantenía una población de 200.000 personas en 175 pueblos y aldeas.[2] La región era fuente de alimento para Palestina, y el trigo era uno de sus productos principales. El vino de Galilea era exportado a Fenicia; hacia el norte de Galilea se producía y exportaba aceite de olivo. Tiberíades era conocida por sus textiles, cerámica y vidrio, mientras que Genesaret se distinguía por sus palmeras datileras y árboles frutales. La pesca era un negocio próspero en Galilea, y el pescado salado se exportaba a todas partes.

Sin embargo, a pesar de esta abundancia, la mayoría de los judíos en el campo llevaban una vida muy dura. El dominio romano significaba que las tierras agrícolas era difíciles de retener. El problema comenzó en el año 34 a. C. cuando los romanos instalaron a Herodes I ("el Grande") como rey sobre Judea y Galilea. Herodes era corrupto. Rico y despiadado, asesinaba a cualquiera que sospechara que se oponía a él: dos sumos sacerdotes, un tío, su suegra, tres de sus hijos y su esposa favorita.[3]

En el lapso de una generación Herodes I había reconstruido Jerusalén y convertido la santa ciudad en una capital grecorromana. Bajo el gobierno de Herodes y sus hijos, Israel era una sociedad dividida. Herodes se había rodeado de nobles, terratenientes ricos, comandantes militares y las familias religiosas que controlaban el templo en Jerusalén y la posición de sumo sacerdote. Esta élite local se sometía al dominio romano y promovía la cultura y los valores griegos.

En apoyo a esta élite estaban sus funcionarios —burócratas, recaudadores de impuestos, oficiales militares y jueces. Estos hombres hacían cumplir el dominio herodiano sobre el resto de la sociedad, la cual se dividía básicamente en tres grupos. El primer grupo incluía a los comerciantes informales, artesanos, pescadores y agricultores propietarios de sus propias tierras. Luego estaban los campesinos desposeídos de tierras, que las habían perdido a causa de impuestos, cosechas perdidas y deudas. En la franja exterior de la sociedad estaban los mendigos, las prostitutas y los ladrones.

Los hijos de Herodes el Grande perpetuaron estas divisiones. Herodes Antipas (circa 20 a. C. a 39 d. C.) controló Galilea durante la mayor parte de la vida de Jesús. Él introdujo la cultura y los valores griegos, para consternación de la gente común que buscaba ser fiel al pacto de Israel. El lujoso palacio de Herodes Antipas en Tiberíades estaba lleno de gentiles y decorado con imágenes idólatras.

La población judía rural anhelaba que Yahvé trajera liberación para su pueblo. Este fue el escenario para la misión de Jesús.

> El Espíritu del Señor está sobre mí,
> por cuanto me ha ungido
> para anunciar buenas nuevas a los pobres.
> Me ha enviado a proclamar libertad a los cautivos
> y dar vista a los ciegos,
> a poner en libertad a los oprimidos,
> a pregonar el año del favor del Señor. (Lucas 4:18-19)

Jesús vino anunciando "buenas nuevas a los pobres" —no solo a los económicamente pobres, sino también a los que eran rechazados por ser "impuros", incluyendo a los conductores de camellos, pastores de ovejas, vendedores, carniceros, orfebres, recaudadores de impuestos, vendedores ambulantes y curtidores.[4]

En el año 28 d.C., Jesús fue bautizado por su primo, Juan, identificándose de esta manera con Israel, el pueblo pecador que requería limpieza y restauración. El bautismo de Jesús también marcó el momento en que Jesús dejaría su taller de carpintería y se dedicaría a la misión para la cual estaba destinado. En su bautismo, Jesús se comprometió a cumplir su misión, aun si eso significaba persecución y muerte.

Antes de poder saquear el reino de Satanás, Jesús tuvo que derrotar a Satanás. El Espíritu llevó a Jesús al desierto de Judea, al oeste del Mar Muerto, donde enfrentó a su adversario por cuarenta días y cuarenta noches. Satanás le ofreció a Jesús los reinos del mundo, con la condición de que Jesús se inclinara a adorarlo. ¿Usaría Jesús su poder y su posición como Hijo de Dios para servirse a sí mismo, o aceptaría la "copa" que Dios le había llamado a beber?

Satanás le ofreció a Jesús la oportunidad de cumplir su misión y establecer el reino sin la cruz. En cambio, Jesús entendió que su misión era salvar a las personas de sus pecados y del justo juicio de Dios. Eligió seguir voluntariamente el camino trazado por su Padre, aun al precio de su propia vida.

DE MARCHA EN GALILEA

Jesús regresó a Galilea en el poder del Espíritu,
y se extendió su fama por toda aquella región.
Lucas 4:14

Jesús hizo un llamado muy convincente a un pequeño grupo de discípulos y los llevó por toda Galilea proclamando la llegada del reino de Dios, expulsando demonios y sanando a enfermos. De pueblo en pueblo, en las sinagogas, a las orillas del lago, en los campos abiertos, en los mercados y en los hogares —en cada pueblo de la región— Jesús declaró que el reino de Dios estaba presente.

Mateo registra que el ministerio de Jesús alcanzó a "todos" los 175 pueblos y aldeas de Galilea. Para alcanzarlos todos, Jesús raramente pudo haberse quedado en un solo lugar por más que unos pocos días; habría estado constantemente en movimiento. Ya para el final de su ministerio, la mayoría de las 200.000 personas de Galilea habrían conocido a Jesús personalmente o a alguien que lo hubiese hecho.

Mapa 1.1. Algunos de los 175 pueblos y aldeas de Galilea que Jesús visitó, según Mateo. Vea Eckhard J. Schnabel, *Early Christian Mission*, vol. 2, *Paul and the Early Church* (Downers Grove, Ill.: IVP Academic, 2004), pág. 1592.

Jesús dejó su hogar en Nazaret e hizo de Capernaúm su base. Esta ciudad portuaria de mil personas estaba en la costa noroeste del mar de Galilea y era conocida por la pesca, la agricultura y el comercio. Desde Capernaúm, Jesús y sus discípulos podían llegar a docenas de pequeños pueblos y aldeas en un lapso de uno o dos días de viaje.

El enfoque central de Jesús era el gobierno o reino de Dios. Desde la infancia, a Jesús se le enseñó que había un solo Dios, Yahvé, quien es el Creador y Señor de todo. Aprendió que Dios, por medio de Abraham, había elegido a Israel para que fuera su testigo ante el mundo. Por medio de Israel las naciones (los gentiles) serían atraídos a la salvación de Dios. Al estudiar los escritos del profeta Isaías, Jesús aprendió que en los últimos días Dios enviaría a su Siervo para sufrir y morir por los pecados de su pueblo. Dios restauraría a Israel mediante la obediencia de su Siervo, y las naciones escucharían las buenas nuevas de salvación.

El reino no podía avanzar ni ser establecido por el esfuerzo humano. El reino de Dios fue la acción de Dios a través de la cual irrumpió en la historia por medio de la vida, muerte y resurrección de este Siervo Mesías para salvar a la humanidad pecadora. Jesús se identificó como el Hijo del Hombre a quien, según Daniel 7:13-14, le será otorgado dominio universal. También se identificó como el Siervo mencionado en Isaías (Isaías 40-55), el cual sufriría y sería rechazado por los hombres. Más el propósito de Dios es que su vida inocente fuese dada en rescate por muchos (Marcos 10:45).

Cuando Jesús emprendió su misión, enfocó su ministerio en las "ovejas perdidas de Israel" —esas personas escogidas por medio de Abraham para ser una bendición al mundo. Israel fue la prioridad de Jesús *porque* le importaba el mundo entero. A lo largo de su ministerio, él preparó a sus discípulos para una misión mundial; llegaría el momento en que los enviaría a los confines de la tierra.

La fama de Jesús se extendió desde Galilea hasta Judea, y hasta las regiones circundantes del Cercano Oriente (Mateo 4: 24-25). Palestina misma era hogar de más de un millón de personas – por lo menos ochocientos mil judíos y medio millón de samaritanos, griegos y nabateos.[5] Las personas venían a Jesús de todas partes de Galilea y de las regiones circundantes. Venían del sur: de Judea,

Jerusalén, Idumea y Samaria. Venían del este: del otro lado del Jordán, de Perea, Batanea y Decápolis. Venían de Siria en el norte, y de las ciudades fenicias costeras de Tiro y Sidón. Esto cumplió la profecía de Isaías: Galilea de los gentiles había visto una gran luz (Isaías 9: 1-7; Mateo 4: 14-16).

DE MARCHA EN JUDEA Y JERUSALÉN

> Cuando Jesús acabó de decir estas cosas, salió de Galilea
> y se fue a la región de Judea, al otro lado del Jordán.
> Mateo 19:1

Después de su campaña en Galilea, Jesús y los discípulos viajaron hacia el sur, a Judea, visitando pueblos y aldeas y predicando en las sinagogas. Desde la muerte de Herodes el Grande en el año 6 d. C., Judea se había convertido en una provincia romana bajo la autoridad de un gobernador militar situado en Cesarea. Los romanos ejercían su dominio por medio del Sanedrín judío en Jerusalén, el cual era responsable de la administración gubernamental y la recaudación de impuestos.

El ministerio de Jesús lo puso en conflicto con los fariseos. Ellos eran celosos de la Ley de Dios, de acuerdo con la interpretación de sus escribas. Sus tradiciones definían el comportamiento correcto. Su preocupación por la pureza ritual los separaba de la mayoría de los judíos, a quienes describían como "la gente de la tierra".

Los centros de influencia de los fariseos eran las sinagogas locales dispersas por toda Judea y Galilea. Buscando mantenerse fieles al pacto que tenían con Yahvé, rechazaban la influencia de la cultura griega. Eran populares entre la gente común, pero enemigos de Herodes, de sus hijos y de la gente rica que los apoyaba económicamente, incluyendo a los saduceos, una pequeña pero poderosa secta del judaísmo conformada por familias ricas y aristocráticas.

Los fariseos controlaban el templo en Jerusalén y el cuerpo gobernante del Sanedrín.

Los fariseos rechazaron a Jesús como el Mesías y lo consideraban un blasfemo en alianza con Satanás. Jesús intencionalmente violaba las reglas de los fariseos y abrazaba a las mismas personas que ellos consideraban impuras. Él rechazaba el legalismo de los fariseos que socavaba el verdadero significado de la Ley y excluía a los pecadores de la misericordia de Dios. A Jesús le preocupaba la maldad que contaminaba los corazones de las personas, no la contaminación que surgía al descuidar algún ritual.

Jesús también tuvo conflictos con los saduceos. Ellos aceptaban el dominio romano y abrazaban la cultura griega; y eligieron al sumo sacerdote que gobernaba con el permiso del gobernador romano. Los fariseos buscaron matar a Jesús, pero fueron los saduceos quienes finalmente usaron su influencia con los romanos para llevarlo a cabo.

Un año antes de la muerte de Jesús, por el tiempo de la celebración de la Pascua, Juan registra que una gran multitud intentó instalar a Jesús como su rey (Juan 6:15). Jesús se apartó de ellos y salió de Galilea para ministrar en las regiones gentiles circundantes, fuera del alcance de Herodes Antipas. Su ministerio público en Galilea había llegado a su final (Marcos 9:30). Desde ese momento Jesús pasó gran parte de su tiempo con sus discípulos, lejos de las multitudes.

Durante este período, Jesús y los discípulos visitaron Cesarea de Filipo, a cuarenta kilómetros al norte del mar de Galilea. Cesarea era una ciudad pagana construida por Herodes el Grande para honrar a César Augusto. Fue en Cesarea de Filipo que Jesús le preguntó a Pedro, "¿Quién dices que soy yo?" En su respuesta Pedro afirmó que Jesús era el Mesías (Mateo 16: 13-21). Jesús dijo que edificaría su iglesia sobre la verdad que Pedro había confesado. Jesús construiría un nuevo templo conformado por el pueblo restaurado de Dios, incluidos los gentiles. Les dijo a sus discípulos que debía ir a Jerusalén, donde sería rechazado por los líderes religiosos y ejecutado. Después de tres días resucitaría nuevamente.

Desde que Herodes el Grande reconstruyó el Templo, Jerusalén se convirtió en la ciudad más visitada del Imperio Romano. Tenía una población de 25.000 habitantes dentro de los límites amurallados de la ciudad, y hasta 100.000 en las inmediaciones. Ese número podía alcanzar hasta un millón de personas durante alguna fiesta importante.[6] Los peregrinos venían de entre los 800.000 judíos en Palestina y de los dos a siete millones en la *Diáspora* judía, o dispersión, esparcidos por todo el Imperio Romano y más allá. La gente de Jerusalén dependía del comercio generado por el templo y los miles de peregrinos que viajaban allí. La mayoría de estos visitantes se quedaban en carpas en los campos montañosos que rodeaban la ciudad.

La misión de Jesús llegaba a su etapa final. En la ciudad santa, los líderes de la nación rechazarían su afirmación de ser el Mesías. Durante la Pascua del año 30 d. C., Jesús sería arrestado e interrogado por las autoridades del templo y luego entregado al gobernador romano, quien lo ejecutaría por traición contra Roma.

DESDE ISRAEL HASTA LOS CONFINES DE LA TIERRA

Por eso les digo que el reino de Dios se les quitará a ustedes
y se le entregará a un pueblo que produzca los frutos del reino.
Mateo 21:43

Dios eligió a Israel, por medio de Abraham, para ser una bendición para las naciones. El ministerio de Jesús en Israel abrió el camino para que esa bendición llegase a cumplirse en su totalidad. Al rechazar al Mesías, la nación santa selló su propio destino. Salvo en el caso de israelitas individuales, Dios pasaría por alto a la nación de Israel y reuniría a las naciones del mundo a su reino.

A lo largo de su vida, diversos gentiles fueron en busca de Jesús. Vinieron a él desde las regiones gentiles al este del Jordán y desde Siria, Decápolis, Tiro y Sidón; nunca les dio la espalda. Jesús quedó asombrado ante la fe de un oficial militar gentil y le dijo: "No he encontrado en Israel a nadie que tenga tanta fe". Dijo que muchos gentiles entrarían al reino, mientras que quienes lo rechazaran a Él serían expulsados.[7]

En Jerusalén, Jesús volcó las mesas de los cambistas y expulsó a todos los que compraban y vendían, porque Dios deseaba que el templo fuera una "casa de oración para todas las naciones" —un lugar sagrado donde los gentiles pudieran encontrarse con el Dios de Israel. Este acto profético simbolizó el fin del sistema sacrificial y el comienzo de una nueva era en la que las naciones serían incorporadas en un nuevo pueblo de Dios —la comunidad mundial de los discípulos de Jesús.

CONCLUSIÓN

Jesús vino a buscar y a salvar lo que se había perdido. Su misión se enfocó en el pueblo de Israel, escogido por Dios para dar testimonio ante todo el mundo.

1. **Jesús vio el propósito.** Fue movido a compasión. Miró a Israel y vio ovejas perdidas sin un pastor. Lloró por la manera en la que Jerusalén rechazó a los mensajeros de Dios. Preparó a sus discípulos para llevar el evangelio a todo el mundo.

2. **Jesús conectó con las personas.** Jesús cruzó toda barrera obstaculizando el camino y se conectó con las personas. Ningún grupo quedó fuera de su cuidado. Jesús pasó gran parte de su tiempo ministrando a las personas, buscando a los "enfermos", no a los "sanos"; a los "pecadores", no a los "justos". Fue en búsqueda de personas que sabían que necesitaban la misericordia de Dios.

3. **Jesús compartió el evangelio.** Jesús proclamó las buenas nuevas de salvación en palabra y en hechos. El gobierno

de Dios se había convertido en una realidad presente en su vida. Él predicaba, enseñaba, reprendía e invitaba a cualquier persona que conociera a arrepentirse y creer. Dio su vida en rescate por muchos.
4. **Jesús entrenó discípulos.** Jesús guió a las personas a poner su confianza en él y a aprender a obedecer sus mandatos. Les modeló y enseñó una nueva forma de vida.
5. **Jesús reunió comunidades.** Jesús organizó a sus discípulos en comunidades caracterizadas por la fe en él, el amor mutuo y el testimonio en palabra y en hechos.
6. **Jesús multiplicó obreros.** Jesús equipó a sus seguidores para hacer discípulos de todas las naciones. Envió al Espíritu Santo a sus vidas para que continuaran su ministerio en su poder.

Jesús cumplió las promesas que Dios había hecho a Israel. En su deseo de llegar a la mayor cantidad de personas posible, de todos los niveles de la sociedad, en cada pueblo y aldea, se enfocó en Israel —el testigo escogido de Dios al mundo. Jesús escogió y entrenó a los Doce, quienes representaban un Israel restaurado y se convirtieron en el núcleo del pueblo restaurado de Dios que llevaría las buenas nuevas de salvación hasta los confines de la tierra. Jesús preparó a sus discípulos para una misión mundial tras su muerte y resurrección y el derramamiento del Espíritu Santo. Comenzó a edificar su iglesia, y las puertas del infierno no prevalecerán contra ella.

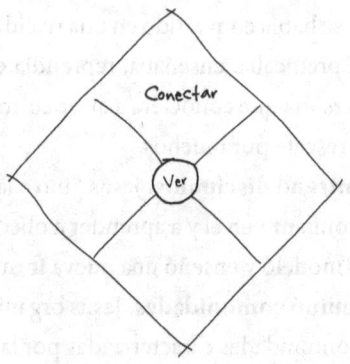

2. VAYAMOS A OTRO LUGAR

Simón y sus compañeros salieron a buscarlo. Por fin lo encontraron y le dijeron:
—Todo el mundo te busca. Jesús respondió:
—Vámonos de aquí a otras aldeas cercanas donde también pueda predicar; para esto he venido. Así que recorrió toda Galilea, predicando en las sinagogas y expulsando demonios.

—MARCOS 1:36-39

JESÚS SE CONECTÓ CON una sorprendente variedad de personas: eruditos religiosos, recaudadores de impuestos codiciosos, leprosos impuros, oficiales militares, gobernantes, mendigos, un joven noble rico, un pagano endemoniado, pescadores esforzados, mujeres ricas, prostitutas avergonzadas y adúlteros.

Jesús no esperó a que la gente viniera a él. Caminaba de pueblo en pueblo buscando a las personas: en el camino, en los mercados y sinagogas, en casas de particulares y en lugares públicos, junto al lago y en el Templo, en una boda y en un funeral, en un banquete con pecadores y en una cena con fariseos. Jesús iba a dondequiera que había gente. El buen pastor estaba buscando ovejas perdidas.

Jesús enseñó y también debatió. Escuchó e hizo preguntas. Reprendió y perdonó. Sanó a los enfermos, resucitó a los muertos, expulsó demonios y también limpió el templo. Enseñó a multitudes con miles de personas, pero también habló con una solitaria mujer samaritana junto a un pozo. Predicó en las sinagogas de las aldeas y a multitudes de peregrinos que iban al festival en Jerusalén.

Jesús compartió comidas con todo tipo de personas. Aceptó invitaciones para comer con pecadores, con ricos y pobres, con fariseos y gentiles. Las comidas que compartía con ellos estaban asociadas con la alegría que proviene del perdón de pecados. Una comida con Jesús era un evento que cambiaba la vida.[1]

Jesús se retiraba ocasionalmente: para descansar, para orar, para estar a salvo, para estar con sus discípulos. La mayor parte del tiempo estaba en movimiento, rara vez se quedaba en un solo lugar por mucho tiempo. Siempre estaba avanzando hacia el próximo pueblo, la próxima multitud, la próxima persona, la próxima oportunidad. Abarcó el largo y ancho de Galilea. Hizo repetidas incursiones a las regiones gentiles circundantes y hacia el sur en Judea. Buscó a las personas, y miles vinieron desde lejos en su búsqueda. Los fariseos se quejaron: "¡Miren cómo lo sigue todo el mundo!" (Juan 12:19).

¿Por qué Jesús estaba siempre en movimiento? Porque, como les dijo a sus discípulos, esta era la razón por la cual había venido. Al decir esto, estaba mostrando algo importante acerca de su misión. Tenía un mensaje para compartir, e iba a seguir avanzando para alcanzar a la mayor cantidad de personas posible —en cada pueblo y cada región.

Dondequiera que Jesús iba, las personas venían a él. Los escribas y los fariseos miraban a la gente común con desprecio, pero esas personas eran objeto del amor y la misión de Jesús. Sin embargo, aunque amaba a estas personas, Jesús sabía que su fe era inconstante. Nunca identificó a las multitudes como sus discípulos. Jesús llamó a sus discípulos de entre la multitud para que lo siguieran. Las multitudes titubeaban entre la fe y la incredulidad, entre la aceptación y el rechazo.

Lo que impulsó a Jesús fue la compasión. Se rehusó a vivir una existencia conformista. El mantenerse en movimiento era estratégico; estaba sentando las bases para un movimiento misionero. Estaba entrenando a sus discípulos para hacer lo que él hizo.

ALCANZANDO A TODO TIPO DE PERSONAS

Jesús alcanzó al más despreciado y al más prominente. Él dijo que el reino de Dios era como una red en la que se capturarían todo tipo de peces (Mateo 13:47). No limitó su misión a ningún sector de la sociedad. No había quien quedara fuera de su cuidado.

Su familia. Nazaret fue el hogar de la familia de Jesús y de sus otros parientes. Jesús ministró en su ciudad natal con resultados mixtos.[2] En el transcurso de su vida, la familia de Jesús no entendió su misión. Incluso vinieron a llevárselo, temiendo que se había vuelto loco.[3] Sin embargo, después de la muerte y resurrección de Jesús, su madre y sus hermanos creyeron en él y se unieron al movimiento.[4]

La "gente de la tierra". Jesús ministró entre la gente común de las aldeas y el campo de Galilea. Las multitudes que venían a Jesús estaban conformadas por jornaleros, agricultores y pescadores. Jesús también fue en pos de los leprosos, los mendigos ciegos y lisiados, los enfermos y aquellos atormentados por demonios.

Los poderosos. Los Evangelios y el libro de Hechos identifican a varias personas relacionadas con Herodes que fueron alcanzadas por el ministerio de Jesús. Uno fue el oficial que vino a Jesús en Caná buscando ayuda para su hijo enfermo. Otro fue el centurión en Capernaúm (probablemente un oficial militar romano que servía en las fuerzas armadas de Herodes Antipas) que pidió a Jesús que sanara a su siervo enfermo.[5] Uno de los discípulos de Jesús, Mateo-Levi, había sido empleado por Herodes como oficial de impuestos para cobrar peajes en la carretera que unía Mesopotamia y Egipto (Lucas 5:27-28). Asimismo, entre los discípulos de Jesús estaba Juana, cuyo esposo, Cuza, era un importante funcionario de Herodes Antipas. Jesús había sanado a Juana "de espíritus malignos y de enfermedades". Ella era integrante de un grupo de mujeres ricas que viajaban con Jesús y apoyaban financieramente su ministerio. También estuvo en Jerusalén en el momento de la crucifixión y fue una de las mujeres que encontró la tumba vacía (Lucas 8:3; 24:10).

Los "justos." Jesús mantuvo contacto con los fariseos a pesar de su hostilidad. En al menos dos oportunidades aceptó una invitación para compartir una comida con ellos. En ambas ocasiones aprovechó la oportunidad para demostrar y enseñar sobre la gracia de Dios. Sus parábolas acerca de la oveja perdida, la moneda perdida, y los hijos perdidos tuvieron la finalidad de invitar a los fariseos a unirse a la celebración del amor de Dios por los pecadores. Posterior a la muerte y resurrección de Jesús, los fariseos y líderes religiosos en Jerusalén mantuvieron su oposición al movimiento de Jesús que surgió luego del Pentecostés. Sin embargo, varios sacerdotes se hicieron obedientes a la fe, y hubo creyentes incluso entre los fariseos.[6]

Mujeres. Varias mujeres se convirtieron en discípulas de Jesús por medio de su ministerio de sanidad. Estas mujeres siguieron a Jesús en Galilea y hasta Jerusalén. Lucas menciona a tres de ellas por nombre —María Magdalena, Juana y Susana— pero había muchas otras mujeres como ellas entre los seguidores de Jesús. También tenemos tres ejemplos en los que Jesús acepta y perdona a mujeres que habían sido culpables de pecado sexual: la mujer samaritana, la mujer atrapada en adulterio y la mujer que lavó los pies de Jesús con sus lágrimas.[7]

Los prósperos. Jesús ministró a la pequeña porción de la sociedad que vivía en comodidad. Algunos de los discípulos de Jesús eran pescadores prósperos que eran dueños de sus barcos y empleaban a otros trabajadores. María, Marta y Lázaro tenían suficientes recursos como para hospedar a Jesús y a sus discípulos en casa y celebrar una cena en honor a él, durante la cual María derramó un costoso perfume sobre sus pies. Después de la crucifixión, José de Arimatea, un hombre rico y miembro prominente del Sanedrín que tenía acceso al gobernador militar romano, obtuvo permiso para enterrar el cuerpo de Jesús.[8]

Los despreciados. Los fariseos y los expertos en la ley acusaron a Jesús de ser un glotón, borracho y amigo de recaudadores de impuestos y pecadores. El término "recaudador de impuestos" era despectivo, tanto en la sociedad judía como en la romana. Los romanos vendían el derecho de recaudar impuestos al mejor postor, quien posteriormente recuperaba su inversión cobrando lo más que podía al pueblo. Los recaudadores de impuestos representaban un sistema de avaricia, deshonestidad y opresión a los pobres. Zaqueo era un recaudador de impuestos en jefe y un hombre rico, pero aun así Jesús lo buscó. Cuando las multitudes protestaron, Jesús les dijo que él había venido a buscar y salvar a los perdidos.

Gentiles. Jesús enfocó su ministerio en Israel; sin embargo, los gentiles se sintieron atraídos hacia él, y él nunca los rechazó. Las multitudes que seguían a Jesús incluyeron tanto a judíos como a algunos gentiles de Galilea y las regiones circundantes de Judea, Decápolis, Transjordania, Tiro y Sidón. Jesús sabía que los gentiles eran pecadores; pero a diferencia de sus opositores, también los consideró como objetos de la gracia y la misericordia de Dios. Los sanó y les predicó el evangelio. Los invitó, junto con los judíos, a arrepentirse.[9]

¿CON QUIÉN ME REUNIRÉ HOY?

¿Cómo encontraba Jesús a personas receptivas? Era sencillo. Él comenzaba cada día con la expectativa de que Dios había preparado personas para que él las conociera. Veamos un ejemplo.

Jesús y sus discípulos viajaban de Jerusalén a Galilea.[10] Era un viaje de tres días a pie, y la ruta más directa era a través de Samaria. En pleno calor del día, se detuvieron en el pozo de Jacob cerca de la ciudad de Sicar. Jesús envió a los discípulos a buscar comida mientras él se sentaba a descansar.

Los pozos del Medio Oriente no tenían cubetas. Era común que un grupo de viaje llevara su propio recipiente de cuero enrollado para sacar agua. Sin embargo, Jesús estaba sentado junto al pozo sin un recipiente. Los discípulos probablemente lo habían llevado con ellos.

Jesús se sentó, esperando que alguien apareciera.

Las mujeres del pueblo evitaban el calor del día yendo al pozo temprano por la mañana o justo antes del anochecer. Normalmente iban en grupo. Sin embargo, una mujer llegó al pozo justo a mediodía. Estaba sola. La cultura del Medio Oriente dictaba que mientras ella se acercaba, Jesús debía retirarse a una distancia de al menos seis metros. Solo entonces podía ella acercarse al pozo, desenrollar su pequeño recipiente de cuero y sumergirlo en el agua. Con el recipiente llenaría una tinaja de arcilla, la colocaría sobre su cabeza y regresaría a casa. Sin embargo, mientras ella se acercaba, Jesús se quedó junto al pozo y le pidió que le diera de tomar.

Un rabino judío no hablaba ni siquiera con su propia esposa en público, mucho menos con una mujer que nunca había conocido. Jesús ignoró esas costumbres, como también los quinientos años de hostilidad que había entre judíos y samaritanos. Él tenía sed y no tenía un recipiente de cuero. Con humildad se puso a sí mismo en deuda con ella.

Ellos hablaron. Jesús tomó a esta mujer con seriedad, y permitió que ella dirigiera la conversación. Él escuchó y respondió, usando como punto de partida las palabras y preguntas de ella. Al principio ella vio a un hombre sediento, luego a un judío, después a un rabino, eventualmente a un profeta y finalmente al Mesías, el Salvador del mundo.

Abrumada por su descubrimiento, dejó su tinaja de agua y corrió de regreso al pueblo, donde rogó a sus amigos y vecinos que vinieran a conocer al hombre que podría ser el Mesías. Jesús conocía su pasado y aun así le había ofrecido agua viva, vida eterna, salvación. El pueblo entero salió a conocer a Jesús por el testimonio de esta mujer. Ella se convirtió en la primera misionera para su propio pueblo.

Jesús pudo haber entrado al pueblo él mismo. Podría haber enviado a sus discípulos. En lugar de eso, escogió a esta mujer. ¿Por qué lo hizo así? En esa cultura, el testimonio de una mujer no tenía autoridad. El pueblo entero conocía su reputación con los hombres. Su conocimiento de Jesús estaba basado en una sola conversación. ¿Por qué Jesús la eligió a ella?

Dios había preparado a esta mujer para que fuera el puente por el cual el evangelio llegaría a su comunidad. Ella era una "persona de paz" que dio la bienvenida a Jesús y a su mensaje (Lucas 10: 5-6). ¿Qué la calificaba para esta tarea? Ella podía compartir con otros la historia acerca de cómo había conocido a Jesús. Ella podía preguntar a las personas: "¿No será este el Cristo?". Esas eran sus calificaciones.

El pueblo entero salió a ver a Jesús por el cambio en esta mujer. Pusieron su fe en Jesús como Salvador del mundo. Le pidieron que se quedara, y más personas creyeron en él. Luego, después de solo dos días, Jesús y los discípulos se fueron rumbo a Galilea.

Esta historia nos muestra cómo Jesús entró en un pueblo no alcanzado y se conectó con personas que nunca había conocido —algo que hizo frecuentemente. Jesús llegó buscando personas que sabían que necesitaban de él y, a través de ellos, el evangelio se extendía a las personas que ellos conocían. El endemoniado gadareno es otro ejemplo. Después de que Jesús lo liberó, él le rogó que le permitiera unirse a él; en lugar de eso Jesús lo envió de vuelta a casa. Él se fue y comenzó a proclamar lo que Jesús había hecho por él en toda la región de Decápolis (Marcos 5:18-20).

En la Biblia no encontramos ningún ejemplo en el que Jesús haya rechazado una invitación para comer. Incluso llegó a invitarse a sí mismo a las casas de las personas. Jesús le dijo a Zaqueo:

"Tengo que quedarme hoy en tu casa". En el hogar de Zaqueo, Jesús conoció a su familia, sus amigos, y a todos los que vivían con él. Al final de su visita, Jesús pudo anunciar: "hoy ha llegado la salvación a esta casa" (Lucas 19:2-9).

Jesús llamó a Mateo-Levi, un recaudador de impuestos al servicio de Herodes, para que lo siguiera. Más tarde, Mateo lo celebró con un gran banquete e invitó a sus amigos y socios. Cuando criticaron a Jesús por asistir, él dijo que no estaba buscando a personas buenas sino a pecadores. ¿Qué mejor lugar para encontrar pecadores que en el banquete de Mateo? ¿Qué mejor manera de alcanzarlos que a través de su amigo Mateo?

Los discípulos estaban con Jesús en el banquete esa noche. Jesús les estaba mostrando cómo conectarse con personas perdidas. Cuando posteriormente los envió en una misión, les dijo que entraran a los pueblos buscando una "persona de paz" (Lucas 10:5-7). Ellos sabían a qué se refería. Lo habían visto hacerlo muchas veces.

REGLAS DE CONTACTO

Jesús entrenó a sus discípulos para conectarse con las personas. Envió a los doce por toda la región de Galilea en seis equipos de dos, para predicar, sanar a los enfermos y expulsar demonios. Asumiendo que cada pareja pasara dos días en cada pueblo, podrían haber terminado su misión en dos meses.[11]

Jesús les dijo que no llevaran nada para su viaje, sino que confiaran en que Dios iba a proveer para ellos por medio de la hospitalidad de las personas que los recibieran a ellos y a su mensaje. Si no encontraban un hogar de paz, debían sacudirse el polvo de los pies y continuar con su viaje. Si los discípulos eran recibidos, se quedaban ahí lo suficiente como para conectarse con una familia de paz y plantar el evangelio antes de ir hacia el siguiente pueblo. Dondequiera que iban, buscaban al menos un hogar de paz que pudiera convertirse en el medio para que el evangelio se expandiera en toda la comunidad. Jesús y sus discípulos eran desconocidos en la mayoría de los pueblos que visitaban. Iban buscando personas que, como parte de la comunidad, compartiesen el evangelio del reino en su comunidad.

Jesús y sus discípulos trabajaban en varios frentes al mismo tiempo. No se establecieron en un solo lugar para enfocarse en ese lugar. En cada lugar al que iba Jesús con sus discípulos, encendían fuegos que se extendián más allá de su control e influencia directa. Todo lo que Jesús hizo durante su misión fue reproducible y sostenible. Y para que el evangelio pudiese seguir avanzando los nuevos discípulos tendrían que asumir la responsabilidad de alcanzar a su propia comunidad.

En el centro del ministerio de Jesús estaba la convicción de que, puesto que el Padre es el Señor de la cosecha, él proveería los obreros. Solo Dios inicia la misión. Así que en cada lugar la tarea de los discípulos era encontrar a las personas que Dios había preparado. De esta forma, Jesús sentó las bases para un movimiento misionero que alcanzaría al mundo.

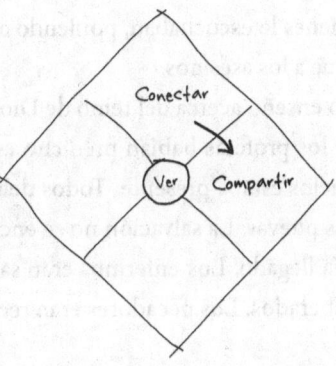

3. EL EVANGELIO DE JESÚS

> *Pero vayan y aprendan qué significa esto: "Lo que pido de ustedes es misericordia y no sacrificios". Porque no he venido a llamar a justos, sino a pecadores.*
>
> —MATEO 9:13

JESÚS ENSEÑÓ COMO NINGÚN OTRO RABINO. Sus enseñanzas e historias estaban llenas de vida, color, y significado. Sus vívidas imágenes dejaban a las personas deseosas por escuchar más. Mientras iba de un lugar a otro, Jesús contaba y volvía a contar sus historias y enseñanzas para que sus discípulos pudieran recordarlas y transmitirlas a otros.

Jesús contó historias sobre camellos atravesando agujas, sobre tesoros enterrados en campos y sobre un viajero herido rescatado por un samaritano despreciado. Se refirió a Dios como un Padre amoroso que no te dará un escorpión cuando le pidas un huevo.

Sorprendió a quienes le escuchaban, poniendo a los que odian en la misma bolsa que a los asesinos.

Jesús no solo enseñó acerca del reino de Dios, sino que lo materializó. Lo que los profetas habían predicho estaba sucediendo. El reino de los cielos estaba presente. Todos debían volver a Dios y creer las buenas nuevas. La salvación no se encontraba en un futuro lejano; había llegado. Los enfermos eran sanados. Los endemoniados eran liberados. Los pecadores eran recibidos en la mesa de Dios.

JESÚS ANUNCIA SU PLAN

Jesús estaba en la sinagoga local en Nazaret cuando describió su plan. Mientras leía Isaías proclamó buenas nuevas para los pobres, liberación para los cautivos, libertad para los oprimidos y vista para los ciegos.

Jesús anunció que, como había predicho Isaías, Dios rescataría a aquellos que sufrían si se humillaban y lo buscaban (Lucas 4:16-20; cf. Isaías 61:1-2). Los pobres de quien Isaías había escrito eran el pueblo de Israel, humillados y quebrantados por la conquista y el exilio. Habían regresado a las ruinas de Jerusalén y esperaban la salvación. Los pobres eran el verdadero pueblo de Dios que dependía de él cuando estaba en problemas. Estas eran las personas por las que Jesús había venido, no los "sanos" que no necesitaban un médico.[1]

Jesús dijo que daría vista a los ciegos, y sanó a los ciegos. Pero el ministerio de sanidad de Jesús apuntaba a una necesidad más profunda. Su ministerio de sanación demostraba su autoridad para traer una salvación que abriría los ojos de las personas y las llevaría de tinieblas a luz. Jesús dijo que los oprimidos serían liberados, y él fue de un lugar a otro liberando a todos los que eran oprimidos por Satanás (Hechos 10:38). Jesús prometió "libertad a los cautivos". En cada lugar que encontramos la palabra *libertad* en la Biblia, se refiere al perdón de pecados, mientras que la palabra *cautivos* generalmente se refiere a los prisioneros de guerra. Entonces Jesús parecía decir que él vino a liberar a los que estaban atrapados por el pecado y prisioneros del príncipe de las tinieblas.[2]

Jesús usó las realidades de la pobreza, la ceguera, el cautiverio y la opresión para describir a personas en necesidad de salvación. Ofreció salvación a todos los que humildemente se volvían a Dios en fe y arrepentimiento. La humildad era necesaria porque la salvación era imposible para los ricos, los pecadores, los "justos" — para cualquier persona. La única manera de entrar al reino de Dios era volviéndose indefenso como un niño. Entrar al reino de Dios requería que una persona humildemente reconociera su propio pecado, y que confiara y dependiera únicamente en Jesús, abandonando la confianza en cualquier otra esperanza.[3] Cuando Jesús habló sobre el propósito de su misión, dijo que había venido a llamar a los pecadores y a dar su vida en rescate por muchos. Aquellas que responden al llamado de Jesús y aceptan el sacrificio de su vida pertenecen al pueblo restaurado de Dios.[4]

Jesús dramatizó su mensaje con una historia de dos hijos perdidos y un padre que esperaba. Es una historia de amor extravagante.[5]

DOS HIJOS PERDIDOS

Un padre tenía dos hijos. Un día, el hijo menor se acercó a su padre y le exigió su herencia de inmediato.

Tal cosa no sucedía en la cultura oriental del tiempo de Jesús. No había ninguna ley, costumbre o precedente que permitiera que un hijo tomara su herencia mientras el padre seguía vivo. Este joven quería la propiedad de su padre, pero no a su padre. Era como haberle dicho a su padre que se apresurara en morir.

Era de esperar que el padre mantuviera su honor y respondiera a la demanda del hijo golpeándolo y echándolo de su casa. Pero en un acto de amor costoso, el padre accedió a la solicitud de su hijo. El hijo vendió todo y se fue apresuradamente a una tierra lejana.

Las acciones del joven significaban que él había roto la relación con su padre, su hermano y su comunidad. Estaba perdido.

Una vez lejos de casa, el hijo descendió a un infierno creado por él mismo. Estaba solo en una tierra extraña, sin amigos y (muy pronto) sin dinero en tiempos de hambruna. Se unió a un granjero local que le ofreció trabajo cuidando cerdos. Estaba tan hambriento que deseaba comer aquello que comían los cerdos. Pero aún si lo hacía, no era suficiente para mantenerlo vivo.

Desesperado, el hijo decide retornar a casa. Tenía un plan para salvarse a sí mismo: se convertiría en un jornalero de su padre. Un jornalero era un hombre libre que podía vivir independientemente del amo en la aldea local, pero no era parte de la familia. Un jornalero tenía empleo mientras había trabajo para realizar, pero cuando no lo había, era despedido. El plan del hijo era regresar a casa, mantener su independencia y trabajar para devolver a su padre lo que había tomado. Este era el plan que anunciaría a su padre.

Ahí en casa estaba la familia y la comunidad del hijo menor, que habían quedado profundamente ofendidos por todo lo que él había hecho. Él había insultado a su padre, vendido su herencia y desperdiciado todo lo que había recibido viviendo entre gentiles. Los terratenientes del Medio Oriente vivían en una aldea y salían a los campos a trabajar. Cuando el hijo retornara a casa, no llegaría a una granja aislada; entraría caminando al pueblo y enfrentaría a la comunidad a la cual había ofendido. No recibiría una gran bienvenida. Sin embargo, si no regresaba, moriría.

En esa cultura, un hombre de renombre no corría; era algo que se consideraba indigno. Sin embargo, cuando el padre vio por primera vez a su hijo, levantó su túnica y corrió por el pueblo como un niño. Ante toda la comunidad, el padre abrazó a su hijo. Este padre, que había sido humillado, ofreció a su hijo amor y perdón.

El padre ordenó a sus sirvientes que vistieran a su hijo con ropa fina y que le pusieran un anillo en el dedo y zapatos en los pies. Tendrían una fiesta de celebración. Se eligió un ternero engordado, no solo una oveja o una cabra. Se le estaba dando un honor especial y costoso. La familia necesitaría más de cien personas para comer el animal, así que invitaron a toda la aldea. El hijo había roto la relación, deshonrado a su padre y derrochado su herencia, pero antes de que el hijo pudiera hacer cualquier cosa por pagar la deuda que tenía con el padre, el padre lo recibió de vuelta. El perdón llegó al hijo de forma gratuita, pero con un alto precio para el padre.

El ternero fue sacrificado, cortado en pedazos y cocinado en hornos. La fiesta comenzó al anochecer cuando los trabajadores llegaban de los campos. Cuando las primeras porciones de carne estaban listas, los músicos comenzaban a tocar. El sonido de las flautas y el tambor anunciaba al pueblo que la comida estaba lista. La gente venía a cantar, bailar, beber, comer y celebrar hasta la noche.

Y es aquí donde llega el clímax de la historia que Jesús relata. Cuando el hijo mayor regresó de los campos y escuchó la música, se indignó. Se negó a entrar para abrazar a su hermano, saludar a los invitados y honrar a su padre públicamente. En lugar de eso, mientras llegaban los invitados, confrontó a su padre amargamente. Le recordó que él había servido fielmente. Siempre había sido obediente. "¡Pero ahora llega ese hijo tuyo, que ha despilfarrado tu fortuna con prostitutas, y tú mandas matar en su honor el ternero más gordo!" (Lucas 15:30).

El hijo mayor nunca se había ido de la casa, pero estaba igual de perdido que su hermano menor. Estaba perdido y, sin embargo, estaba convencido de que no había hecho nada mal. Al igual que su hermano, quería las posesiones de su padre, pero no a su padre.

El padre había perdido a ambos hijos, pero el hijo mayor estaba en mayor peligro. Al igual que los fariseos, creía que su buen comportamiento le daba derechos sobre su padre. Le resultaba más difícil ver su pecado y su necesidad del amor y perdón del padre. La historia termina con el padre humillado nuevamente, esta vez buscando al hijo mayor y animándole a entrar y participar de la celebración.

Jesús dejó la historia sin una conclusión. No sabemos si el hijo mayor aceptó la invitación de su padre.

Al igual que el padre en la historia, Jesús demostró un amor costoso y perdonador a los que estaban perdidos. Él asumió el precio de la humillación y ofreció perdón. Su oferta fue para pecadores que habían huido a tierras lejanas, pero también ofreció perdón a los que se consideraban "justos". Jesús redefinió radicalmente lo que significaba estar bien con Dios. El pecado es un asunto mucho más profundo que simplemente romper las reglas. El pecado es ponerse en el lugar de Dios como Salvador, Señor y Juez.[6]

Para entrar en el reino, tanto los "justos" como los "pecadores" deben volverse como niños —totalmente dependientes de la misericordia de Dios, por medio de Jesucristo. El arrepentimiento significa reconocer nuestro fracaso y pecado, regresando a Dios y aceptando su amor extravagante. Al igual que el padre en la historia, Jesús perdona libremente y recibe con alegría a los pecadores que vuelven a él.

Jesús quería que los fariseos vieran la realidad de la misericordia de Dios por los pecadores. Quería poner en evidencia que no eran tan justos como pensaban para que recibieran el mensaje del reino como niños dependientes y llenos de confianza. De lo contrario, permanecerían fuera del reino bajo el juicio de Dios.

DOS HOMBRES ORANDO

Jesús no tenía tiempo para aquellos que se acercaban a Dios en base a su superioridad moral o espiritual. Los pecadores se salvan únicamente porque están más listos para admitir su necesidad ante Dios.

Jesús contó una parábola, que a su vez era una historia real para explicar lo que se requería para entrar al reino.[7] Dos hombres suben al templo para orar; uno es un fariseo, el otro un recaudador de impuestos. El fariseo se puso de pie, alejado de los otros adoradores. En su mente él era justo, y despreciaba a quienes no eran como él. Los fariseos tenían un nombre para los impíos: *Am ha-aretz* —gente de la tierra. Estaban contaminados. Tocar a esa gente contaminaba a un fariseo. Entonces permaneció alejado.

Era costumbre pararse y orar silenciosamente en voz alta. Este fariseo se puso de pie y oró a manera de instruir a los impíos que le rodeaban. No agradeció ni alabó a Dios por sus buenos dones. Tampoco pidió nada. Él oró, y mientras lo hacía exhibía su justicia. El fariseo agradeció a Dios de que "no [era] como otros hombres: ladrones, malhechores, adúlteros...". No solo cumplía con el mandato de Moisés que establecía que las personas debían ayunar en el Día de la Expiación (Lv. 25:29; Nm. 39:7), sino que ayunaba dos veces *por semana*. Moisés limitaba los diezmos a ciertos alimentos; este fariseo diezmaba todo. Este era un hombre que se sentía seguro de ser aceptable ante Dios.

Miró a su alrededor y agradeció a Dios por no ser como el recaudador de impuestos que estaba cerca —un hombre miserable y despreciado. En los días de Jesús, recaudar impuestos para los romanos o para Herodes podía hacerte muy rico; de hecho, tenías que ser rico para poder solicitar el trabajo. El derecho a recaudar impuestos era dado al mejor postor, quien posteriormente tenía que recuperar su inversión y generar ingresos a expensas de la gente. Era un sistema que alimentaba la corrupción, y era un cruel recordatorio para los judíos de que estaban bajo opresión. Para un fariseo, cualquier casa a la que ingresaba un recaudador de impuestos quedaba contaminada.

El recaudador de impuestos se mantuvo en pie a cierta distancia no porque fuera superior, sino porque no era digno de estar con el pueblo de Dios ante el altar. Quebrantado, no levantaba los ojos ni las manos hacia el cielo. En cambio, con mucha angustia golpeaba su pecho dentro del cual latía su corazón —la fuente del mal. No ofreció nada a Dios; más bien, le pidió todo —compasión, para "hacer expiación" por su pecado.

El fariseo y el recaudador de impuestos subieron al templo para orar al mismo tiempo. Se fueron al mismo tiempo. Lo más probable es que estaban en el templo para el sacrificio de expiación matutino o vespertino. El recaudador de impuestos regresó a su casa aceptado por Dios. El fariseo, autoengañado, regresó a casa bajo una condena aún mayor. El cordero había sido sacrificado por los pecados de la gente, pero solo los quebrantados de corazón, que confiaban en el don de Dios, eran restaurados a una correcta relación con Dios. El recaudador de impuestos no esperaba nada de sí mismo y esperaba todo de Dios.

¿Qué se requiere para entrar al reino? Solo la gracia de Dios y la fe por parte de un pecador. Los recaudadores de impuestos que acuden a Dios son aceptables a Él. Los fariseos que se enorgullecen de sus logros no lo son.

COMPARTIENDO LAS NOTICIAS

Las historias de Jesús no se nos olvidan fácilmente —un padre esperando ansiosamente a su hijo perdido, un pastor que busca a su oveja perdida, un hombre que yace golpeado en el suelo mientras "gente buena" lo ve y se pasa de largo. Son memorables y su atractivo es universal. Jesús usó historias vívidas y dichos inolvidables para comunicar su mensaje. Aquellos que tenían oídos para oír y ojos para ver podían fácilmente entenderlos y compartirlos con otros.

Los milagros de Jesús no eran solo actos individuales de compasión; eran parábolas de la vida real que revelaban la verdad de quién era Él. Dio la vista a los ciegos y proclamó: "Yo soy la luz del mundo". Dio comida a los hambrientos y anunció: "Yo soy el pan de vida". Antes de levantar a Lázaro de entre los muertos, le dijo a su hermana Marta: "Yo soy la resurrección y la vida. El que cree en mí vivirá, aunque muera" (Juan 11:25).

Para aquellos cuyos corazones estaban abiertos, el mensaje de Jesús era simple, recordable y fácil de transmitir. Él esperaba que las buenas nuevas del reino se propagaran de manera contagiosa en todo Israel, de persona a persona, de pueblo en pueblo, y finalmente a todo el mundo. Los discípulos no fueron los únicos que se convirtieron en mensajeros de Jesús. A medida que el ministerio de

Jesús alcanzaba las vidas de las personas, ellos mismos se convertían en mensajeros a sus propias comunidades. Los encuentros de Jesús con Zaqueo, la mujer samaritana y el endemoniado gadareno resultaron en comunidades enteras escuchando y viendo la realidad del evangelio.[8]

Jesús diseñó su mensaje y su modo de comunicarlo para que fuera fácilmente entendido, recordado y transmitido a otros. Entrenó a sus discípulos para que siguieran su ejemplo. Esperó que los nuevos creyentes comenzaran inmediatamente a compartir lo que habían aprendido de él y lo que Dios había hecho por ellos. A donde quiera que Jesús fuera, siempre dejaba en ese lugar a personas que habían entendido y experimentado lo suficiente como para convertirse en mensajeros para su comunidad. Las noticias acerca de Jesús se extendían de persona a persona a lo largo de Israel y las regiones circundantes, alcanzando a judíos, samaritanos y gentiles.

Ya para el final de su ministerio, Jesús había grabado su mensaje en las mentes y corazones de los discípulos. Sus enseñanzas e historias, simples pero profundas, se transmitieron fácilmente a medida que el movimiento misionero avanzaba.

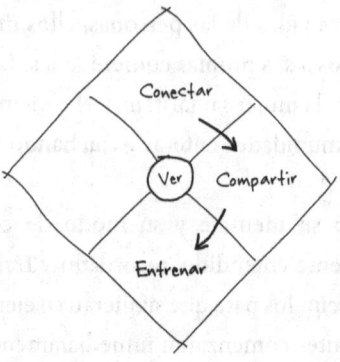

4. SÍGUEME Y TE ENSEÑARÉ

Los discípulos eran aquellos que obedecían el llamado de Jesús de seguirle. Las multitudes eran aquellas a quienes Jesús continuaba haciendo el llamado.

—M.J. WILKINS,
DICTIONARY OF JESUS AND THE GOSPELS

JESÚS ESTABA ENSEÑANDO CERCA DE UN LAGO, con una multitud de personas que se amontonaba a su alrededor. Cerca de ellos había un grupo de pescadores que limpiaba sus redes; estaban exhaustos después de haber pasado toda la noche pescando, sin haber obtenido nada como resultado de sus esfuerzos.

Para evitar la aglomeración de la multitud, Jesús se subió a un bote de Simón Pedro y le pidió que se alejara un poco de la orilla para poder usar el bote como plataforma. Pedro accedió, y mientras Jesús enseñaba, Pedro maniobraba con los remos para evitar que el bote se alejara demasiado de la multitud.

Pedro usaba su bote para pescar. Jesús usó el bote de Pedro para pescar discípulos.[1]

Cuando la enseñanza terminó y las multitudes comenzaron a retornar a sus hogares, Jesús, el carpintero, le dijo a Pedro, el pescador, cómo pescar. Lo que Jesús le estaba pidiendo hacer no tenía sentido. Los peces salían de sus escondites debajo de las rocas por la noche para alimentarse en los lugares donde los arroyos y manantiales de agua dulce fluían hacia el lago. Las redes que Pedro usaba por la noche en aguas profundas eran inútiles durante el día cuando los peces podían verlas y evitarlas. Sin embargo, Pedro finalmente accedió y remaron hacia las aguas profundas. De repente, las redes comenzaron a tensarse bajo el peso de una gran pesca.

Pedro movió las manos frenéticamente pidiendo ayuda. Mientras los pescadores halaban los peces hacia ellos, sus redes comenzaron a romperse y sus botes comenzaron a hundirse. Esta pesca podía generarle un buen ingreso a Pedro y su tripulación, pero Pedro ya no estaba pensando en los peces. Estaba sobrecogido de asombro y temor. Pedro, el pescador, había sido capturado en la red de Jesús. Y lo mismo sucedió con los compañeros de Pedro; Jacobo y Juan, los hijos de Zebedeo.

Jesús les dijo: "No tengan miedo, de ahora en adelante no pescarán peces, sino hombres". El llamado de Jesús fue absoluto y convincente. Pedro, Jacobo y Juan dejaron todo para seguir a Jesús y aprender a pescar personas.

Jesús enfocó su ministerio en dos grupos de personas: los discípulos y las multitudes. Entre las multitudes estaban tanto los que se oponían a Jesús como sus discípulos —los que obedecieron el llamado de Jesús de seguirlo.

ENTRENANDO PARA HACER

Jesús enseñó a sus discípulos que un verdadero amor por él se demostraría por medio de la obediencia a lo que él mandaba. El amor y la obediencia son aspectos de lo que implica ser un discípulo. Jesús les enseñó a expresar su amor en actos concretos de obediencia. Los discípulos no siempre vivieron a la altura de sus expectativas, pero sabían cuál era el estándar del discipulado.

Jesús enseñó que el primer y más grande mandamiento era: "'Ama al Señor tu Dios con todo tu corazón, con todo tu ser y con toda tu mente'… Y el segundo se parece a este: 'Ama a tu prójimo como a ti mismo'" (Mateo 22: 37-40). Estos son siete mandatos que Jesús esperaba que sus discípulos siguieran y enseñaran a otros a obedecer:[2]

1. **Arrepiéntanse y crean las buenas nuevas (Marcos 1:15).** El discipulado empezaba con el arrepentimiento y la fe. Antes de que Pedro pudiera pescar a otros, tenía que aprender a seguir a Jesús él mismo. Antes de que Pedro pudiera responder al llamado de Jesús de seguirle, tenía que aceptar su incapacidad en un mundo que él creía que controlaba. Jesús entró en su mundo con la autoridad absoluta de Dios, y Pedro fue quebrantado. Cayó a los pies de Jesús y confesó su indignidad.

   El discipulado comenzó con la iniciativa de Dios. No costaba nada y, a la vez, costaba todo. Jesús no tenía miedo de perder seguidores, y les permitía irse si su enseñanza les ofendía. Cuando un grupo grande lo abandonó, le preguntó a Pedro si también él quería irse. Pedro respondió: "Señor… ¿a quién iremos? Tú tienes palabras de vida eterna. Y nosotros hemos creído, y sabemos que tú eres el Santo de Dios" (Juan 6:68-69).

2. **Bautícenlos en el nombre del Padre y del Hijo y del Espíritu Santo (Mateo 28:19).** Cuando Jesús se sometió a Dios en el bautismo, fijó un ejemplo que esperaba que sus

discípulos siguieran. El bautismo normalmente indicaba perdón y limpieza de pecado, pero el bautismo de Jesús fue único en el sentido de que él no tenía pecado. En su caso, se bautizó para identificarse con los pecadores y demostrar su disposición a ser el Siervo Sufriente (Isaías 53) que llevaría su culpa.

Jesús esperaba y exigía que sus discípulos se bautizaran. Jesús no bautizó personalmente a los que le seguían, pero sí enseñó a sus discípulos a bautizar (Juan 3:22; 4:1). En Mateo 28, el mandato central de Jesús de hacer discípulos se apoya en dos actividades: bautizar y enseñar a los nuevos discípulos a obedecer.

3. **Como yo los he amado, deben amarse unos a otros (Juan 13:34).** En la víspera de la crucifixión, Juan nos dice que Jesús dio a sus discípulos un "nuevo mandamiento": debían amarse unos a otros como él los había amado. No les llamaba a amar como un principio abstracto, sino como él los había amado. Ellos habían experimentado el amor de Jesús por ellos. Él era el modelo de cómo ellos debían amar. El amor de Jesús fue sacrificial, al punto de dar su vida por sus amigos. El amor de Jesús era exigente —no toleraba el mal. El amor de Jesús fue perdonador. Perdonó a los discípulos cuando ellos lo decepcionaron. Perdonó a sus enemigos y enseñó a los discípulos a hacer lo mismo. Juan 13 relata cómo Jesús, esa última noche que pasó con sus discípulos, "[amó] a los suyos que estaban en el mundo" y que "los amó hasta el fin". Jesús se levantó de la mesa, se quitó el manto, se ató una toalla a la cintura y comenzó a lavarles los pies, incluidos los de Judas.

Jesús resumió toda la enseñanza de las Escrituras con dos mandamientos: ama a Dios con todo tu corazón, ser y mente, y ama a tu prójimo como a ti mismo. Ese es el ejemplo que dio y que enseñó a sus discípulos a seguir.

4. **Hagan esto en memoria de mí (Lucas 22: 19-20).** Jesús compartió muchas comidas con sus discípulos, pero la última cena con ellos fue diferente. Jesús murió durante la

época de la Pascua, cuando los judíos se reunían en casas para recordar cómo Dios los había librado de la esclavitud en Egipto. Así que la última cena de Jesús comió con sus discípulos fue una cena de Pascua. Como anfitrión, Jesús tomó el pan, lo partió y lo compartió con sus discípulos, diciéndoles: "Este pan es mi cuerpo, entregado por ustedes". Tomó la copa y les dijo: "Esta copa es el nuevo pacto en mi sangre, que es derramada por ustedes". Luego les instruyó, diciendo: "Hagan esto en memoria de mí". Esta fue una orden clara de seguir recordando su sacrificio en la celebración de la Cena del Señor.[3]

La muerte de Jesús como sacrificio por el pecado selló el nuevo pacto entre Dios y su pueblo. El mandato de celebrar la Cena del Señor se mantiene vigente hasta que Cristo regrese en gloria, con su reino en toda plenitud.

5. **Oren siempre y no desmayen (Lucas 18: 1).** Los discípulos aprendieron a orar viendo a Jesús orar y escuchando sus enseñanzas sobre la oración. En numerosas ocasiones, Jesús se retiró para estar a solas con el Padre en oración: muy de madrugada en un lugar solitario, en la ladera de la montaña, en el desierto, algunas veces toda la noche. Oraba cuando estaba bajo mucha presión. Oraba cuando tenía que tomar alguna decisión importante. Oraba mientras veía que el momento de su crucifixión se acercaba. Oró en la misma cruz.

   El amor de Dios era tan real y contundente para Jesús que cuando venía a Dios en oración, el clamor que naturalmente salía de sus labios era *Abba*, la palabra aramea para "padre". Ningún otro judío jamás se había referido a Dios como *Abba*, sin embargo, Jesús casi siempre se refería a Dios como su padre, y les enseñó a sus discípulos a hacer lo mismo.[4]

6. **Den, y se les dará (Lucas 6:38).** Jesús advirtió que "las preocupaciones de esta vida, el engaño de las riquezas y muchos otros malos deseos entran hasta ahogar la

palabra, de modo que esta no llega a dar fruto" (Marcos 4:19). Jesús desafió a sus discípulos a buscar tesoros duraderos en el cielo, no en la tierra. Esperaba que sus discípulos, como Zaqueo, respondieran a su generosa oferta de perdón siendo generosos con los necesitados. Jesús prometió recompensar a quienes proveyeran para sus discípulos mientras cumplen con su misión. Les dijo a sus discípulos: "Quien los recibe a ustedes me recibe a mí; y quien me recibe a mí recibe al que me envió" (Mateo 10:40).

7. **Vayan y hagan discípulos de todas las naciones (Mateo 28:19).** Los discípulos acompañaron a Jesús para observar, aprender y ayudar. Luego los envió a hacer lo que le habían visto hacer y a enseñar lo que le habían escuchado decir. Las instrucciones que les dio fueron extraordinarias: no lleven nada para el viaje; vayan de pueblo en pueblo predicando el evangelio, sanando a los enfermos y echando demonios; busquen a la persona o casa de paz; y si ustedes y su mensaje no son recibidos, sacúdanse el polvo de los pies y vayan al siguiente lugar. El rechazo y la oposición eran de esperarse. Las señales de sanación y de liberación del poder de Satanás acompañarían su proclamación. Debían dejar atrás su dinero y confiar en que Dios proveería por ellos a través de la hospitalidad de las personas. Si eran arrestados, debían confiar en "el Espíritu de su Padre" para hablar a través de ellos.

¿CÓMO ENTRENÓ JESÚS?

Jesús enseñó asignando tareas: crucen este lago tempestuoso, alimenten a esta multitud de personas, vayan en una misión, velen y oren, expulsen a este demonio, y así sucesivamente. El aprendizaje empezaba una vez que los discípulos descubrían lo mucho que no sabían.

Jesús enseñó por medio de la repetición. Los discípulos habrían escuchado muchos "Sermones del Monte" mientras Jesús enseñaba en diferentes lugares. Habrían aprendido sus parábolas de memoria. Jesús enseñaba usando historias y dichos memorables. Su estilo de enseñanza, especialmente sus historias y las preguntas que hizo, fomentaban el autodescubrimiento. Los discípulos eran judíos del primer siglo, y desde los cinco años se les enseñaba en la sinagoga local a memorizar grandes secciones de la Torá. Jesús les entrenó para memorizar y transmitir sus enseñanzas, aún si no comprendían por completo sus implicaciones.

Jesús no enseñó a sus discípulos simplemente para aumentar su conocimiento. Les enseñó a obedecer. Una tormenta en el mar de Galilea se convirtió en una oportunidad para enseñarles sobre la fe. Una discusión sobre quién era el mayor se convirtió en una lección sobre la humildad y el liderazgo. Una multitud hambrienta fue la inspiración para una enseñanza sobre la provisión de Dios y el verdadero pan de vida. La profundidad de la relación que Jesús tenía con el Padre llevó a los discípulos a pedirle que les enseñara a orar.

Jesús enseñaba mientras viajaban de un lugar a otro. Les enseñaba en medio de la vida, la misión y las relaciones. Este no era un enfoque de enseñanza en aula. El enfoque era el de obedecer la verdad. La enseñanza de Jesús era profunda, pero también era simple y, por lo tanto, se transmitía fácilmente de persona a persona.

Los doce discípulos eran parte de un grupo más grande de seguidores de Jesús. También hubo un grupo de setenta discípulos que Jesús envió en una misión. Había un grupo más amplio que incluía a María Magdalena, Juana, Susana y muchas otras mujeres. También estaban María y Marta de Betania, junto a su hermano Lázaro, a quien Jesús resucitó de entre los muertos. No hay ningún registro de que hayan viajado con Jesús, pero abrieron las puertas de su hogar para brindarle hospitalidad.

Seguir a Jesús empezaba con una respuesta de arrepentimiento y fe en Jesús. Eso llevaba a una vida de obediencia amorosa a los mandatos de Jesús. El entrenamiento de Jesús en el discipulado se llevaba a cabo en medio de tareas desafiantes. El aprendizaje no empezaba hasta que los discípulos descubrieran lo mucho que no sabían. Sus métodos de enseñanza eran fácilmente transferidos a otros cuando los discípulos salían en una misión. Esos mismos discípulos se convirtieron en el núcleo del pueblo restaurado de Dios que fue enviado a hacer discípulos de todas las naciones, bautizándoles y enseñándoles a obedecer todo lo que Jesús había mandado.

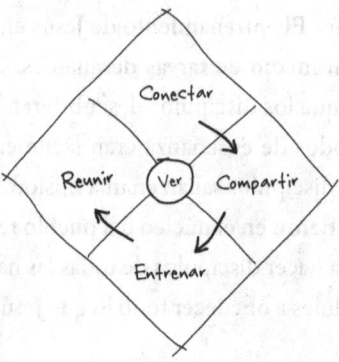

5. EDIFICARÉ MI IGLESIA

"¿Quién es mi madre, y quiénes son mis hermanos?" replicó Jesús. Señalando a sus discípulos, añadió: "Aquí tienen a mi madre y a mis hermanos. Pues mi hermano, mi hermana y mi madre son los que hacen la voluntad de mi Padre que está en el cielo."

—JESÚS (Mateo 12:48-50)

ERA LA ÚLTIMA NOCHE DE JESÚS. Pronto vendrían por él. Sería arrestado, juzgado, condenado, golpeado y crucificado.

Jesús planeó una cena junto a sus seguidores más cercanos. Eligió el lugar, y fue el anfitrión que presidiría la cena. Sabía que Judas lo traicionaría y que los demás lo abandonarían. Conocía el destino que le esperaba, pero quería compartir la cena de la Pascua con ellos.

Mientras Jesús y sus discípulos bebían el vino y comían los panes sin levadura, les enseñó el significado de la comida: su sangre derramada y su cuerpo partido constituirían la base de un nuevo pacto entre Dios y su pueblo. Después de la cena, el anfitrión se convirtió en el sirviente, siendo Jesús quien lavó los pies de sus discípulos uno por uno. Así como él los había amado, ellos debían amarse los unos a los otros. Después de su muerte y resurrección, ellos se convertirían en el núcleo del pueblo de Dios restaurado.

Esta cena era típica de la manera en la que Jesús actuaba. Dondequiera que iba, Jesús reunía personas. Uno de sus primeros actos públicos fue el de reunir a un grupo de discípulos para estar con él. Pronto, otras personas se unieron como miembros de este grupo cercano de seguidores que habían dejado atrás otras lealtades para estar con Jesús y sus discípulos.

La mayoría del tiempo, Jesús viajaba con al menos algunos de sus seguidores —los doce discípulos, un grupo más grande de alrededor de setenta personas y otros, incluyendo mujeres. En Capernaúm, Jesús se quedó con Pedro en la casa de su suegra. En Betania, cerca de Jerusalén, se quedó con María, Marta y Lázaro.

Los antiguos símbolos que antes definían la identidad del pueblo de Dios —la ley, el templo, el sábado, la tierra— ya no aplicaban.[1] Jesús había redefinido lo que significaba ser parte del pueblo de Dios. Por medio de la fe en Jesús, cualquier persona que venía a Dios como niño —pecadores, gentiles, marginados— era bienvenido.

Jesús vino por las personas perdidas, pero no quería salvar solamente a individuos. Él estableció comunidades de discípulos dondequiera que iba. Jesús no haría nada menos, porque Dios es comunidad: Padre, Hijo y Espíritu Santo. Siempre fue su deseo que los discípulos se convirtieran en un pueblo para herencia de Dios.

CESAREA DE FILIPO

> *Edificaré mi iglesia, y las puertas del reino de la muerte no prevalecerán contra ella.*
> —Mateo 16:18

La primera vez que Jesús habló sobre la edificación de su iglesia, se encontraba en territorio gentil (Mateo 16:16-18). Cesarea de Filipo estaba a cuarenta kilómetros al norte del mar de Galilea, al pie del monte Hermón. Era un lugar donde Jesús y sus discípulos podían retirarse para descansar. Pronto, Jesús partiría a Jerusalén, donde sería arrestado, juzgado y crucificado. Esta era una oportunidad para que Jesús aclarara a sus discípulos quién era él y prepararlos para su rechazo y muerte.

Jesús esperaba que sus seguidores continuaran reuniéndose como grupo después de su muerte. La palabra traducida *iglesia* en Mateo 16:16-18 podría usarse para referirse a cualquier asamblea de personas, pero en la traducción griega del Antiguo Testamento, la palabra se usaba para referirse al pueblo de Dios.[2] Jesús tenía como propósito que su pueblo —su iglesia— fuese el nuevo templo de la presencia de Dios, reemplazando el templo de Jerusalén construido por Herodes el Grande. En sus últimos días, cuando Jesús se acercó a la gran ciudad de Jerusalén, lloró por la forma en que esta ciudad había rechazado a los profetas y mensajeros enviados por Dios.

"¡Jerusalén, Jerusalén, que matas a los profetas y apedreas a los que se te envían! ¡Cuántas veces quise reunir a tus hijos, como reúne la gallina a sus pollitos debajo de sus alas, pero no quisiste! Pues bien, la casa de ustedes va a quedar abandonada." (Mateo 23:37-38)

Por medio de su muerte y resurrección, Jesús destruiría y reconstruiría el templo como la morada de Dios con su pueblo. Los doce discípulos representaban la esperanza de un Israel restaurado que incorporaría a las naciones. Los gentiles serían reunidos e incorporados en un nuevo pueblo de Dios (Marcos 14:58; Juan 2:19-21). La comunión entre Jesús y sus discípulos apuntaba hacia el futuro nacimiento de la iglesia primitiva. Su comunión no terminó con la muerte de Jesús, sino que continuó después de la resurrección y la llegada del Espíritu Santo. En Pentecostés, los discípulos de Jesús formaron la primera iglesia en Jerusalén.

El fruto del ministerio de Jesús fue comunidades de discípulos. El reino de Dios tiene que ver con la autoridad de Dios; la iglesia está conformada por aquellas personas que han venido bajo su autoridad. El objetivo e intención del ministerio de Jesús fue establecer un movimiento misionero que haría discípulos y multiplicaría comunidades de sus seguidores en todo el mundo.

No habría discipulado sin comunidad. Dondequiera que iba el evangelio, se hacían nuevos discípulos y se formaban nuevas iglesias, unidas alrededor de su fe común en Jesús. La verdadera iglesia de Jesucristo existe donde sus discípulos viven en comunión y buscan seguirlo juntos. No existen discípulos sin iglesia ni iglesias sin discípulos.

¿Cómo edificará Jesús su iglesia? Aprenderemos más sobre eso cuando estudiemos el libro de los Hechos. Sin embargo, Jesús de Nazaret ya estaba trabajando para reunir discípulos y enseñarles lo que significaba ser sus seguidores en el contexto de una comunidad. Les enseñó a obedecer sus mandamientos. Les enseñó una nueva forma de vivir, basada en su ejemplo —una vida de amor, perdón, generosidad y servicio. Les enseñó a ser testigos en el mundo, proclamando las buenas nuevas del reino de Dios y haciendo discípulos. Les enseñó a orar y esperar que Dios responda. Les enseñó a no temer la persecución. Les enseñó a bautizar nuevos discípulos y a celebrar la Cena del Señor. Sobre todo, les enseñó quién era él —el Salvador del mundo.

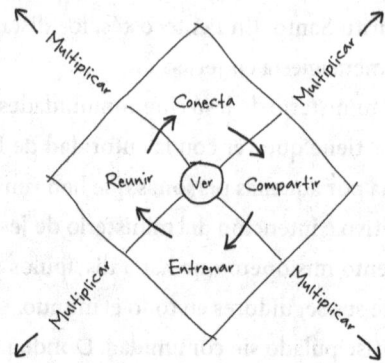

6. HORA DE IR

> *Esto es lo que está escrito* —les explicó—: *que el Cristo padecerá y resucitará al tercer día, y en su nombre se predicarán el arrepentimiento y el perdón de pecados a todas las naciones, comenzando por Jerusalén.*
>
> LUCAS 24:46-47

DE HABER DEPENDIDO DE LOS DISCÍPULOS continuar la misión de Jesús, el movimiento nunca habría sobrevivido.

Después del juicio y la ejecución de Jesús, sus discípulos estaban derrotados, dispersados y asustados. En lo que a ellos concernía, en el momento en que Jesús gritó: "Dios mío, Dios mío, ¿por qué me has desamparado?" y murió, todo acabó. El movimiento había muerto con él.

Pedro y Andrés habrían restablecido a su negocio de pesca. Mateo podría haber vuelto a recaudar impuestos. Los otros habrían regresado lentamente a su antigua manera de vivir. Sin embargo, eso no sucedió. Justo cuando las autoridades romanas y judías pensaban que el movimiento había desaparecido, volvió a surgir en una nueva forma. Había informes de que el Mesías crucificado estaba entre sus seguidores, vivo.

El Señor resucitado reanudó su misión de una nueva manera. En un lapso de cuarenta días, Jesús reunió a sus discípulos, restauró lo que se había roto, retomó el liderazgo y les enseñó. Les encomendó la tarea de llevar el evangelio desde Jerusalén hasta los confines de la tierra. Les prometió su presencia y poder por medio del Espíritu Santo. La misión de los discípulos era llevar adelante la misión de Jesús, bajo su liderazgo.

El plan de Jesús siempre fue que sus seguidores continuaran el movimiento que él fundó y que multiplicaran comunidades de discípulos en todo el mundo. Habiendo sido llamados y entrenados, los discípulos serían ahora la punta de lanza de un movimiento misionero internacional. El enfoque principal de la misión era proclamar el perdón de los pecados por medio de la muerte de Jesús en la cruz.

La muerte y resurrección de Jesús fue el punto de inflexión en el plan de salvación de Dios. Jesús ahora era presentado como el Señor sobre todas las personas y naciones, sobre el cielo y la tierra. Lo que estuvo oculto mientras Jesús estaba en la tierra ahora debía ser proclamado en toda la tierra. No hay persona, pueblo o ciudad, ni nación, que no necesite escuchar estas buenas noticias.

Los Evangelios y el libro de Hechos tienen, cada uno, su propio relato de la comisión misionera de Jesús. Cada relato es diferente. Cada uno agrega algo al panorama general. Estos son algunos de los temas comunes:[1]

1. **Jesús es el Señor.** El punto de partida para la misión es la autoridad del Señor resucitado sobre todas las cosas, una autoridad dada por Dios Padre quien es Creador y Señor. Jesús comparte de manera completa en esa autoridad total sobre el cielo y la tierra.
2. **Jesús envió a sus discípulos a los confines de la tierra.** Ellos alcanzarán a las personas de Jerusalén y Judea

y de las naciones más lejanas con el mensaje de salvación. Deben ir a las personas que no han oído hablar de Jesús ni su mensaje. Los discípulos deben compartir las buenas nuevas acerca de la salvación que Jesús ganó. Deben hacer discípulos y enseñarles a obedecer lo que Jesús mandó. Su misión no se limita a Israel o aun al Imperio Romano. Los límites de la misión del pueblo de Dios se han extendido, de manera que ahora incluyen el mundo entero.

3. **Jesús estará con ellos dondequiera que vayan.** Jesús dejó a los discípulos físicamente para poder estar presente con ellos de una manera diferente. Jesús no les ordenó seguir un método misionero particular. Prometió que su presencia estaría con ellos de manera continua por medio del Espíritu Santo, quien les guiaría y daría poder. El cielo y la tierra pasarán, pero sus palabras nunca pasarán.

CONCLUSIÓN

Con este capítulo concluimos nuestro estudio del ministerio de Jesús. Hemos visto que Jesús comenzó su ministerio con el propósito de iniciar un movimiento misionero. Eligió a sus discípulos para que ellos un día continuaran con su ministerio por todo el mundo, en el poder del Espíritu Santo.

Jesús no era alguien que esperaba que la gente viniera a él. Él tomó la iniciativa y fue en busca de ellos en la mayoría de los pueblos y aldeas de Galilea y en Jerusalén, la ciudad principal de Judea. Jesús proclamó las buenas nuevas del reino de Dios a todas las personas: a gente común y a gente de mucha educación, a líderes religiosos y a prostitutas humilladas, a hombres ricos y a mendigos, a criminales condenados y a expertos en la ley. El reino era como una red que atrapaba a todo tipo de personas.[2]

Durante los tres años que los discípulos sirvieron junto a Jesús, él los entrenó para que fuesen "pescadores de hombres", para pescar a todo tipo de personas que estuvieran dispuestas a escuchar su mensaje y poner su fe en Jesús. Cuando los discípulos recibieron la instrucción de Jesús de continuar con su misión, ellos habrían asumido que eso significaba alcanzar a la mayor cantidad de personas como fuera posible en los pueblos y aldeas de las regiones que visitaron.

Jerusalén y el templo ya no estaban al centro del plan de salvación de Dios, invitando a las naciones a venir. La muerte y resurrección de Jesús habían cumplido la Ley; ahora los seguidores de Jesús debían llevar las buenas nuevas más allá de Jerusalén e Israel, hacia todo el mundo. La palabra debía extenderse a Damasco y Antioquía, a Atenas y Corinto, a Roma y más allá.

Los discípulos siguieron el ejemplo de Jesús al predicar y sanar, hicieron discípulos y les enseñaron a obedecer lo que Jesús había mandado. Proclamaron el evangelio como la Palabra de Dios misma y la única esperanza para el perdón de los pecados. Establecieron comunidades de discípulos de Jesús. Sin embargo, sin Jesús, no habría ninguna historia neotestamentaria. Jesús no solo fue la inspiración de un movimiento misionero; sino que fue su fundador y, como Señor resucitado, su fuerza impulsadora.

Antes de seguir adelante y hablar sobre la historia de la iglesia en Hechos, haremos una pausa para escuchar un relato de lo que Jesús está haciendo por medio de sus seguidores hoy en día.

INTERLUDIO
IGLESIA EN EL PORCHE

Jeff Sundell pasó diez años de su vida compartiendo el evangelio con los budistas tibetanos en el norte de India y Nepal.[1] Al poco tiempo de estar ahí descubrió que, como estadounidense alto y rubio, sobresalía en las aldeas remotas y políticamente sensibles de las montañas del Himalaya.

No había forma de que Jeff pudiera alcanzar a este grupo de personas por sí solo. Empezó a entrenar a creyentes locales para hacer discípulos y plantar iglesias. Jeff aprendió a hacerse cinco preguntas:

- ¿Cómo puedo ingresar a una región no alcanzada y conectarme con las personas?
- ¿Cómo puedo compartir el evangelio?
- ¿Cómo puedo hacer discípulos que discipulen a otros?
- ¿Cómo puedo formar grupos en la comunidad que sean reproducibles?
- ¿Cómo puedo desarrollar y multiplicar líderes locales?

Jeff comenzó a investigar ejemplos de las mejores estrategias usadas en el mundo por los movimientos de plantación de iglesias. Luego aplicó estas lecciones a su entorno. Aprendió que un movimiento de plantación de iglesias es una obra de Dios, que avanza gracias a su Espíritu y su poderosa Palabra.

Jeff aprendió a enseñar a los nuevos creyentes a obedecer a Cristo. Aprendió a identificar líderes, no en base a su conocimiento y dones, sino en base a su obediencia; porque la obediencia es central para cualquier movimiento de plantación de iglesias. Los creyentes locales, con poca o ninguna educación, enfrentaban la persecución con valentía y declaraban el evangelio audazmente. Aprendieron a obedecer lo que se les había enseñado. Jeff descubrió que un discípulo que es obediente a lo poco que conoce está bien encaminado hacia la madurez.

A lo largo de los años, Jeff y los líderes que ha entrenado han podido equipar a miles de creyentes locales para compartir el evangelio y plantar iglesias. Decenas de miles de nuevos discípulos han podido formar nuevas iglesias sencillas en toda la región, muchas de ellas en lugares donde existe hostilidad oficial hacia el cristianismo.

En el año 2009, los Sundell regresaron a los Estados Unidos y comenzaron a aplicar lo que habían aprendido a su nuevo contexto. Se mudaron a un antiguo pueblo molinero en Carolina del Norte que había estado en declive económico y social desde la década de 1970. El desempleo era alto y el alcoholismo y la drogadicción eran un problema. Con la ayuda de la policía, Jeff identificó los tres vecindarios más problemáticos de su condado: Henrietta, Alexander Mills y Spindale, y los eligió como su campo misionero.

Jeff se reunió con pastores de la región para proyectar una visión y ofrecer capacitación a cualquier persona que estuviera interesada. Reunió a un pequeño grupo de hombres y mujeres los lunes por la mañana y comenzó a entrenarlos para compartir su historia personal y la historia de Jesús. Luego salieron a realizar caminatas de oración en uno de los tres vecindarios, esperando que Dios los guiara a personas de paz. Caminaron, oraron, y buscaron oportunidades para conectarse con personas que estuvieran lejos de Dios.

Estos barrios eran conocidos por sus perros pitbull y sus laboratorios de metanfetamina. Cuando Jeff y sus compañeros de trabajo conocían a alguien, le preguntaban: "Si Dios pudiera hacer un milagro en tu vida hoy, ¿cuál sería?". Luego oraban por las personas, allí mismo.

Jeff reclutó a su madre y padre, Norm y Paula, al equipo, y comenzaron a caminar y orar. El primer día, los padres de Jeff visitaron un barrio afroamericano. El día no comenzó bien porque el padre de Jeff, que viene del norte de Estados Unidos, saludó a dos mujeres de mediana edad en una manera culturalmente inapropiada para esa zona, y ellas comenzaron a maldecirlo. En el sur se saludada de otra manera.

Sin embargo, Norm y Paula persistieron en la conversación y, finalmente, una de las mujeres, Ruth, les pidió que oraran por un fuerte dolor que sentía en el pecho. La otra dijo: "Simplemente oren para que pueda sobrevivir el día". Los padres de Jeff oraron por ellas y prometieron volver a visitarlos.

Una semana más tarde, regresaron y se encontraron con un hombre llamado Randy que estaba sentado en su porche delantero bebiendo alcohol, a pesar de solo ser las 10 de la mañana. El porche de Randy era el lugar al que ibas si querías pasar un buen rato. Él los invitó a que regresaran para compartir algunas historias sobre Jesús.

Norm y Paula siguieron caminando y visitaron a Ruth, buscando orar por ella. La noticia de que habían regresado empezó a correr por las calles, y una mujer llamada Annie vino a buscarlos. Había escuchado de estas personas que oraban por la gente y quería que ellos oraran para que Dios proveyese una cocina para ella y su familia. Así que oraron por ella y por una cocina nueva. Unos días después, un amigo de los Sundell se enteró de la necesidad y donó una cocina.

La semana siguiente, los padres de Jeff estaban en la casa de Annie disfrutando de las galletas que ella había horneado en su nueva cocina, cuando Ruth llamó a la puerta. Quería que oraran por ella. El médico acababa de decirle que el dolor en el pecho era cáncer de seno. Ellos oraron por ella.

Norm y Paula comenzaron un estudio bíblico de descubrimiento muy sencillo con Randy y sus compañeros de bebida en el porche de Randy. Leyeron historias sobre Jesús y preguntaron:

"¿Qué nos dice esto acerca de Dios? ¿Qué nos dice acerca las personas? ¿Hay algún mandato a obedecer o algún ejemplo a seguir?" Norm les hizo leer la historia de los cuatro amigos que bajaron al paralítico a través del techo para que Jesús pudiera sanarlo; como resultado, Randy sintió la convicción de que tenía que hacer algo con respecto a la condición de Ruth. Desde que Ruth había sido diagnosticada con cáncer, no había llegado a la mayoría de sus controles médicos a causa del temor y de su problema con el alcoholismo.

Randy y sus amigos eran conscientes de esto, y cuando leyeron la historia de los cuatro hombres que llevaron a su amigo a Jesús, sabían lo que tenían que hacer. Antes de la próxima cita de Ruth, se quedaron despiertos toda la noche, asegurándose de que ella no se emborrachara. A la mañana siguiente llegó a tiempo a su cita.

Los estudios bíblicos en el porche continuaron hasta que un día el padre de Jeff recibió una llamada de Randy diciendo: "¡Ahora creo! ¡Ahora creo!". También Rut entregó su vida a Cristo. Seis semanas después de su conversión, Randy le dijo a Norm: "Tú sabes que soy alcohólico. ¿Podrías orar para que Dios me sane de esto?". En la actualidad, los padres de Jeff tienen un ministerio de oración en el porche. Oran para que "el alcohol tenga un mal sabor en las bocas de las personas". También oran para que las personas puedan encontrar empleo, y Dios responde.

Randy, Ruth y otros nuevos creyentes en la comunidad consideran ese porche como su iglesia. En el pasado, el porche era el lugar donde se llevaban a cabo las fiestas. Ahora no se le permite a nadie beber alcohol en el porche. En lugar de esto, las personas que todavía tienen problemas de alcoholismo ponen una silla lo más cerca posible del porche para poder escuchar mientras la iglesia se reúne a escuchar la Palabra de Dios. Más de veinte personas se han bautizado, y los discípulos se reúnen en tres iglesias sencillas en el vecindario. Uno de los grupos se reúne en una habitación de un hotel.

Jeff y sus compañeros de trabajo continúan haciendo caminatas de oración por la comunidad. Oran por las necesidades de las personas, comparten su historia personal, comparten el evangelio y hacen discípulos. El discipulado puede ser un desafío ya que los nuevos creyentes luchan con la drogadicción, el alcoholismo y familias rotas. Algunos de ellos todavía usan drogas o conviven con personas con las que no están casadas. Jeff nunca suaviza lo que la Biblia enseña; sin embargo, sabe qué hacer discípulos toma tiempo.

Un tiempo después, Jeff se reunió con Neil Perry, el pastor de una nueva iglesia en la cercana ciudad de Forest. Después de plantar la iglesia, Neil comenzó a preocuparse contando cuantas sillas estaban ocupadas cada semana. En una conversación de tres horas que Jeff y Neil tuvieron mientras compartían una taza de café, Jeff ayudó a Neil a descubrir cómo podía recuperar el enfoque de hacer discípulos. Uno de los nuevos creyentes en la iglesia de Neil era Chuck, un extraficante de cocaína que había dirigido una red de prostitución desde su sótano. Con la ayuda de Jeff, Neil enseñó a Chuck a hacer discípulos y plantar iglesias. Ahora Chuck dirige una iglesia sencilla para sus antiguos amigos y asociados en el sótano donde una vez vendió drogas y dirigió prostitutas. Un pastor en Spindale, Andy Evans, también se ha conectado con Jeff y está entrenando a cualquier persona que quiera aprender a hacer discípulos. Uno de los nuevos creyentes es un exadicto a la cocaína que ha formado una iglesia en un parque de remolques con veinte nuevos creyentes bautizados.

Carolina del Norte queda muy lejos del Himalaya. Sin embargo, Jeff ha podido adaptar los principios que aprendió en Nepal a un contexto muy diferente. Hasta el día de hoy se hace las mismas cinco preguntas:

1. **¿Cómo puedo ingresar a una región no alcanzada y conectarme con las personas?** Jeff hace caminatas de oración por la comunidad, buscando oportunidades para conectarse con las personas y orar por sus necesidades. Su meta es encontrar hogares de paz por medio de los cuales pueda compartir el evangelio a través de sus redes relacionales.

2. **¿Cómo puedo compartir el evangelio?** Jeff comparte su propia historia, y comparte la historia de Jesús. Ofrece una serie de estudios bíblicos sencillos de descubrimiento llamados las *Siete Historias de Esperanza*.² Entrena a nuevos creyentes y a creyentes ya maduros para que hagan lo mismo.
3. **¿Cómo puedo hacer discípulos que discipulen a otros?** Jeff y sus compañeros de trabajo no hacen nada que sus discípulos no puedan replicar. Enseñan a los nuevos creyentes a compartir su propia historia y la historia de Jesús. Enseñan a los nuevos discípulos a preguntar: "Si Dios pudiera hacer un milagro en tu vida hoy, ¿cuál sería?". Luego preguntan: "¿Puedo orar por ti?". Entrenan a los nuevos discípulos a llevar a sus amigos o familiares a través de las *Siete Historias de Esperanza*. Lo único que necesitan conocer son las historias y cuatro preguntas simples: "¿Qué nos enseña esto acerca de Dios? ¿Qué nos enseña esto acerca de la humanidad? ¿Hay algún mandato a obedecer? ¿Hay algún ejemplo a seguir?". Todo el aprendizaje está orientado hacia la obediencia. Al final de cada estudio, los líderes preguntan: "¿Cómo puedes obedecer lo que has aprendido hoy?". Al comienzo de cada estudio se pregunta: "¿Cómo obedeciste lo que aprendiste la semana pasada?".
4. **¿Cómo puedo formar grupos en la comunidad que sean reproducibles?** Jeff cree que las iglesias surgen del discipulado, y no al revés. Enseña a las comunidades de nuevos discípulos los conceptos básicos de la vida de la iglesia, usando como referencia el libro de los Hechos: adoración, ministerio, comunión, evangelismo y misiones, y discipulado.
5. **¿Cómo puedo desarrollar y multiplicar líderes locales?** Las casas de paz se convierten en comunidades eclesiales. Se forman múltiples iglesias simultáneamente. Jeff entrena a los creyentes existentes y a los nuevos para que puedan hacer discípulos y formar grupos.

Después de dos años, más de 350 personas se están reuniendo en 73 grupos. Más de 250 personas han sido bautizadas. Jeff ha identificado a 45 personas en la red que son eficaces conectándose con las personas, compartiendo el evangelio y reproduciendo discípulos e iglesias. Diecisiete de ellos han equipado grupos para reproducir entre dos y cuatro generaciones de nuevos grupos.

El ejemplo y la capacitación de Jeff están inspirando a un número creciente de personas a aplicar métodos simples de plantación de iglesias en los Estados Unidos y Australia. Los que él ha influenciado están identificando casas de paz, bautizando a nuevos discípulos y formando nuevas iglesias hogareñas en sus comunidades. Al hacerlo, están imitando a Jeff, pero Jeff mismo está imitando a Jesús, porque Jesús es el Señor del movimiento misionero al que Jeff y sus amigos se han unido.

PARTE DOS
LO QUE JESÚS CONTINUÓ HACIENDO

LOS DOCE Y LA IGLESIA PRIMITIVA

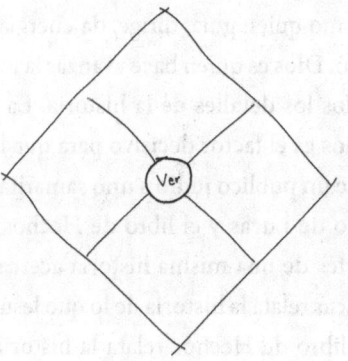

7. HECHOS DEL SEÑOR RESUCITADO

Cuando consideramos el surgimiento del cristianismo, realmente solo hay una pregunta: ¿Cómo sucedió? ¿Cómo fue posible que un desconocido movimiento mesiánico en la periferia del Imperio Romano haya logrado remover el paganismo clásico y convertirse en la fe dominante de la civilización occidental?

—RODNEY STARK, *THE RISE OF CHRISTIANITY*

EL LIBRO DE HECHOS ES EL ÚNICO DOCUMENTO NEOTESTAMENTARIO dedicado a relatar la historia de cómo surgió el movimiento cristiano. De principio a fin, Hechos tiene un tema principal: la expansión misionera del movimiento que Jesús fundó. El Evangelio de Lucas y el libro de Hechos nos muestran que es Dios mismo quien guía, dirige, da energía y lleva a cabo su plan de salvación. Dios es quien hace avanzar la misión y quien está presente en todos los detalles de la historia. La proclamación de la Palabra de Dios es el factor decisivo para que la misión de Dios avance, y pase de un público judío a uno samaritano y gentil.

El Evangelio de Lucas y el libro de Hechos que Lucas escribió son dos partes de una misma historia acerca de Jesucristo. El Evangelio de Lucas relata la historia de lo que Jesús *comenzó* a hacer y enseñar. Y el libro de Hechos relata la historia de lo que Jesús *continuó* haciendo por medio de sus discípulos, por el poder del Espíritu Santo.

PODER PENTECOSTAL

> Sin la llegada del Espíritu, no habría profecía, ni predicación, ni una misión, ni conversiones, ni un movimiento cristiano mundial.
>
> —Ben Witherington,
> *The Acts of the Apostles: A Socio-Rhetorical Commentary*

Era temprano en la mañana del quincuagésimo día después de la Pascua. Ciento veinte personas estaban reunidas en el aposento alto de una casa grande cuando vino el Espíritu Santo, acompañado de un estruendo, como el de una ráfaga de viento impetuoso que venía del cielo. Aparecieron lenguas de fuego que se posaron sobre cada uno. Estos discípulos fueron llenos del Espíritu Santo, y empezaron a declarar las maravillas de Dios en idiomas que nunca habían aprendido.

La adoración alegre y desenfrenada de los discípulos atrajo a una multitud de judíos extranjeros que asistían a la fiesta. Estos judíos de la diáspora eran descendientes de aquellos que habían sido exiliados cuando Jerusalén fue invadida por Babilonia en el año 586 a. C. Eran de las regiones de Mesopotamia, Asia Menor, Egipto, África del Norte, Italia, Creta y Arabia. Algunos eran peregrinos que visitaban Jerusalén para la fiesta y que eventualmente regresarían a casa. Otros vivían en Jerusalén de manera permanente. Juntos representaban el mundo judío entero. Estaban sorprendidos al escuchar a estos galileos, que normalmente hablaban un dialecto de arameo, hablando en idiomas que ellos podían entender.

Pedro aseguró a la multitud que los discípulos no estaban borrachos. Les dijo que el Espíritu Santo había sido derramado sobre ellos, como lo habían prometido los profetas. Habían comenzado los últimos días. Dios estaba restaurando a su pueblo. Había establecido un nuevo pacto. Pedro llamó a Israel a arrepentirse para que no enfrente el juicio de Dios. Les dijo que cualquiera que invocara el nombre del Señor Jesús sería salvo. La muerte de Jesús había expiado los pecados. Ahora el Señor Jesucristo, resucitado y exaltado a la diestra de Dios, derramaba su Espíritu Santo.

La respuesta ante el mensaje de Pedro fue asombrosa. Tres mil personas creyeron y fueron bautizadas, posiblemente en el estanque de Siloé. Finalmente, los peregrinos regresaron a sus hogares en tierras lejanas, proclamando las buenas nuevas de Jesús el Mesías. Ellos eran las primicias del evangelio que salían de Jerusalén hacia el resto del mundo. Los nuevos creyentes que vivían en Jerusalén fueron agregados a los 120 galileos, y nació la iglesia en Jerusalén.

Estos sucesos revelan que la iglesia es obra de Dios. Sin la llegada del Espíritu Santo, no podría haber una misión mundial. Todo intento de explicar el surgimiento del movimiento cristiano por causas puramente naturales es defectuoso. El exaltado Señor Jesús derramó su Espíritu sobre su pueblo como anticipo de su salvación final. El Espíritu Santo descendió y comenzó la misión.

Jesús estaba presente con su pueblo en una manera nueva

por medio del Espíritu Santo. La resurrección de Jesús y la llegada del Espíritu Santo transformaron a los discípulos de ser un grupo de individuos desconcertados a ser un movimiento misionero.

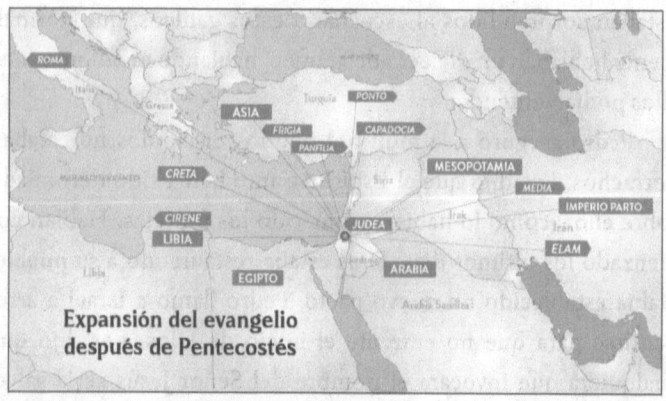

Mapa 7.1. En Pentecostés había partos, medos y elamitas; residentes de Mesopotamia, Judea y Capadocia, Ponto y Asia, Frigia y Panfilia, Egipto y las partes de Libia cerca de Cirene; visitantes de Roma (tanto judíos como prosélitos); cretenses y árabes (Hechos 2:9-11).

Lucas describe la misión del movimiento cristiano como una obra del Espíritu Santo. Pedro, lleno del Espíritu, declaró valientemente el evangelio ante las mismas personas que habían crucificado a Jesús (Hechos 4:7-13). Los creyentes perseguidos fueron llenos del Espíritu mientras oraban y hablaban la Palabra de Dios con valentía (Hechos 4:31-32). La iglesia primitiva escogía líderes llenos del Espíritu Santo a medida que surgía la necesidad. Uno de ellos, Esteban, por medio del poder del Espíritu Santo, enfrentó valientemente una muerte violenta (Hechos 7:55). Felipe llevó el evangelio a los samaritanos, y Dios derramó su Espíritu Santo sobre ellos (Hechos 8:14-17).

El Espíritu Santo guio a Felipe a un etíope que se convirtió en uno de los primeros creyentes gentiles. Lucas atribuyó la expansión del evangelio a nuevas regiones a la actividad del Espíritu Santo (Hechos 9:31).

En Hechos, es el Espíritu Santo quien trae las bendiciones sobre aquellos que tienen una relación con Dios por medio de su fe en Cristo. El Espíritu obra a través de las personas que han puesto su fe en Cristo, capacitándolas para hacer discípulos y formar comunidades de creyentes. El Espíritu es quién toma la iniciativa en los nuevos avances y fases de la misión. El Espíritu capacita a los seguidores de Jesús para testificar, y nacen nuevas iglesias como resultado de su testimonio.

LA PALABRA IMPARABLE

A medida que se desarrolla el libro de Hechos, Lucas proporciona informes sobre la manera en la que se difunde la Palabra dinámica de Dios. En las Escrituras, la Palabra de Dios es una fuerza poderosa y activa que Dios usa para lograr sus propósitos (Isaías 55: 10-13).[1] Lucas informa que la Palabra se extiende, expande, multiplica y crece en poder, produciendo nuevos discípulos y nuevas iglesias. La Palabra de Dios viaja hasta los confines de la tierra, conquistando el mundo en el proceso.

Los apóstoles y otros creyentes son amenazados, golpeados, encarcelados e incluso ejecutados. A pesar de esto, la Palabra de Dios continúa avanzando. A dondequiera que la Palabra va, el mundo es "trastornado" (Hechos 17: 6). Los hogares creen. Las multitudes se convierten. Las ciudades son alborotadas. Regiones vastas son conquistadas. Se forman comunidades de discípulos.

Tabla 7.1. Hechos está estructurado en torno a una serie de informes que describen el avance imparable de la Palabra.

Hechos	Informes de avance
6:7	Y la palabra de Dios se difundía: el número de los discípulos aumentaba considerablemente en Jerusalén, e incluso muchos de los sacerdotes obedecían a la fe.
9:31	Mientras tanto, la iglesia disfrutaba de paz a la vez que se consolidaba en toda Judea, Galilea y Samaria, pues vivía en el temor del Señor. E iba creciendo en número, fortalecida por el Espíritu Santo.
12:24	Pero la palabra de Dios seguía extendiéndose y difundiéndose.
16:5	Y así las iglesias se fortalecían en la fe y crecían en número día tras día.
19:20	Así la palabra del Señor crecía y se difundía con poder arrollador.
28:30-31	Durante dos años completos permaneció Pablo en la casa que tenía alquilada, y recibía a todos los que iban a verlo. Y predicaba el reino de Dios y enseñaba acerca del Señor Jesucristo sin impedimento y sin temor alguno.

Al final del libro de Hechos, Lucas relata que Pablo está detenido en Roma, pero que declara el evangelio del reino sin obstáculo (Hechos 28:30-31). Este final abierto muestra que la Palabra continuará avanzando. El libro de los Hechos termina, pero la expansión misionera no. Lucas no nos dice qué sucedió con Pablo, pero no deja ninguna duda de que, a pesar de los obstáculos y el sufrimiento, la Palabra continuará creciendo, extendiéndose y multiplicándose. La Palabra prevalecerá. Dios se asegurará de ello.

¿CÓMO LO HICIERON?

Después de la crucifixión, los discípulos no tenían ninguna visión. Todos sus sueños se habían hecho añicos. Todas sus esperanzas se desvanecieron. En ese momento, el Señor resucitado se apareció a ellos y reveló su victoria sobre el pecado, la muerte y Satanás. Reunió a ese grupo de seguidores desanimados y les ordenó que cumplieran una tarea que no podrían lograr sin su presencia y poder. Vieron el propósito porque vieron al Señor resucitado.

Su contribución a la misión de Dios comenzó con una nueva determinación de obedecer el mandato de Cristo y depender de su Espíritu y su Palabra. No había modelos existentes para un movimiento misionero internacional. Tendrían que aprender sobre la marcha.

El cumplimiento de la comisión de Jesús requería viajar. Para los viajes por tierra, los discípulos podían usar camellos, burros, mulas, caballos o carretas. La mayoría de las veces los misioneros habrían viajado a pie, entre 19 a 32 Kilómetros por día.[2]

En el camino, los discípulos se habrían encontrado con funcionarios del gobierno, soldados en marcha, comerciantes, mensajeros, peregrinos, filósofos, poetas y artistas. Los alojamientos a lo largo del camino eran muy rudimentarios, sucios, y llenos de gente. Los discípulos que venían de hogares devotos habrían tenido una buena educación básica, obtenida en el hogar y en la escuela local de la sinagoga. El idioma no sería un problema en la parte oriental del Imperio si hablaban griego. Mateo-Levi, el antiguo recaudador de impuestos, habría hablado griego con fluidez. Pedro, Andrés, y Felipe eran de Betsaida, muy cerca de la ciudad gentil de Julias, y probablemente hablaban griego.[3]

Las comunidades y sinagogas judías en Israel y en la mayoría de las ciudades del Imperio eran puntos de entrada naturales en las regiones no alcanzadas. Los discípulos también podían encontrar personas gentiles temerosas de Dios en la sinagoga. Estos gentiles estaban entre las personas más receptivas que, a su vez, fueron el vínculo con el resto de la comunidad gentil pagana o politeísta.

Lo que los discípulos habían aprendido mientras iban de misión con Jesús podía adaptarse a nuevas situaciones entre samaritanos o incluso gentiles. Los primeros nuevos creyentes podían convertirse en el puente por medio del cual el evangelio llegaría a familiares, amigos y vecinos. Las comunidades que formaron se convirtieron en lugares donde otras personas podrían ser atraídas por la vida, la adoración y la enseñanza del grupo, a medida que el misionero llegaba a nuevos lugares.

Los discípulos aprendían por medio de la experiencia a medida que llevaban adelante su misión. Aprendieron que en las ciudades como Jerusalén había muchas personas que respondían a su mensaje. Con el tiempo, aprendieron que incluso los oficiales militares romanos podían convertirse, junto a sus familias y amigos. Aprendieron que la persecución podría llevar a una mayor propagación del evangelio. Aprendieron acerca de la importancia de estar con Dios, por medio del poder de la oración. Sobre todo, los discípulos aprendieron que no podían producir el éxito de su misión. Sabían que para convencer a las personas acerca de la verdad del mensaje de salvación por medio de Jesús, el Mesías crucificado y resucitado, dependían por completo de Dios, por medio del Espíritu Santo.

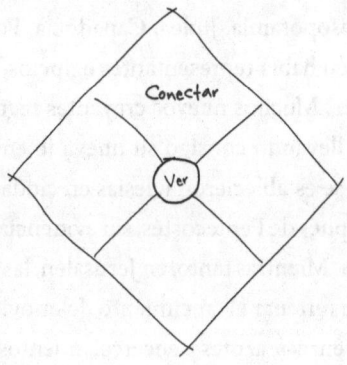

8. MISIONEROS SIN FRONTERAS

> *El sufrimiento y la muerte que experimentaron los discípulos, como las de su Maestro, no llevaron al debilitamiento del movimiento de Jesús, sino más bien a su éxito y expansión.*
>
> —BEN WITHERINGTON,
> *THE ACTS OF THE APOSTLES:*
> *A SOCIO-RHETORICAL*
> *COMMENTARY*

PENTECOSTÉS MARCÓ EL COMIENZO de la misión que buscaba hacer discípulos y establecer comunidades de creyentes en Jerusalén, Judea, Samaria y en todo el mundo habitado.

La multitud de aquel día estaba compuesta no solo por habitantes de Jerusalén, sino también por judíos y conversos al judaísmo que eran partos, medos y elamitas. Adicionalmente, había residentes de Mesopotamia, Judea, Capadocia, Ponto, Asia, Frigia y Panfilia; también había representantes egipcios, libios, romanos, cretenses y árabes. Muchos nuevos creyentes regresaron a sus hogares y familias, llevando consigo su nueva fe en el Mesías Jesús. De esta manera, se establecieron iglesias en ciudades como Roma poco tiempo después de Pentecostés, sin evidencia de intervención apostólica alguna. Mientras tanto, en Jerusalén, las autoridades religiosas intentaron refrenar el crecimiento del movimiento cristiano por medio de amenazas, azotes y encarcelamientos. Sin embargo, el evangelio continuó difundiéndose de persona a persona y por medio de la predicación y el ministerio de sanación de los apóstoles y, al poco tiempo, el número de creyentes había aumentado a más de cinco mil personas, y el movimiento se extendía desde Jerusalén hacia las ciudades y aldeas de Judea, Galilea y Samaria.

MÁS ALLÁ DE JERUSALÉN

En los primeros capítulos de Hechos, Jerusalén era todavía el epicentro del movimiento. En la siguiente fase (Hechos 6-12), la misión se extiende hasta Samaria y hasta la región costera de Judea, por las ciudades de Gaza, Azoto, Lida, Jope y Cesarea. La Palabra se extendió más allá de las fronteras de Israel a Etiopía, Fenicia, Chipre, Tarso y las ciudades sirias de Antioquía y Damasco.

Estos avances vinieron como resultado de la persecución, no de una cuidadosa planificación. Las autoridades de Jerusalén se opusieron a los ministerios de predicación y sanación de los apóstoles. La ejecución de Esteban por lapidación en el año 31/32 d.C. dio lugar a que los líderes religiosos empiecen una represión más coordinada. Saulo de Tarso lideró esta persecución.

Los creyentes de Jerusalén fueron dispersados a otras regiones. Sin embargo, los apóstoles permanecieron en Jerusalén; posiblemente no fueron atacados debido a su popularidad entre la gente. O quizás la persecución solo estuvo dirigida contra los cristianos judíos de habla griega, como Esteban y Felipe. La gran mayoría de los judíos vivía fuera de la Tierras Santas, en lo que se conocía como la Diáspora. Eran helenistas; es decir, que hablaban griego y habían sido influenciados por la cultura griega.[1] Miles de judíos de la diáspora regresaban a Jerusalén cada año, haciendo peregrinaciones. Otros se quedaron en la diáspora de manera permanente y establecieron sus propias sinagogas (Hechos 6:9). Bernabé, Esteban, Felipe y Saulo/Pablo eran judíos de la diáspora que vivían en Jerusalén. No es ninguna coincidencia que estos hombres fueron los que lideraron el esfuerzo por llevar el evangelio a las naciones.

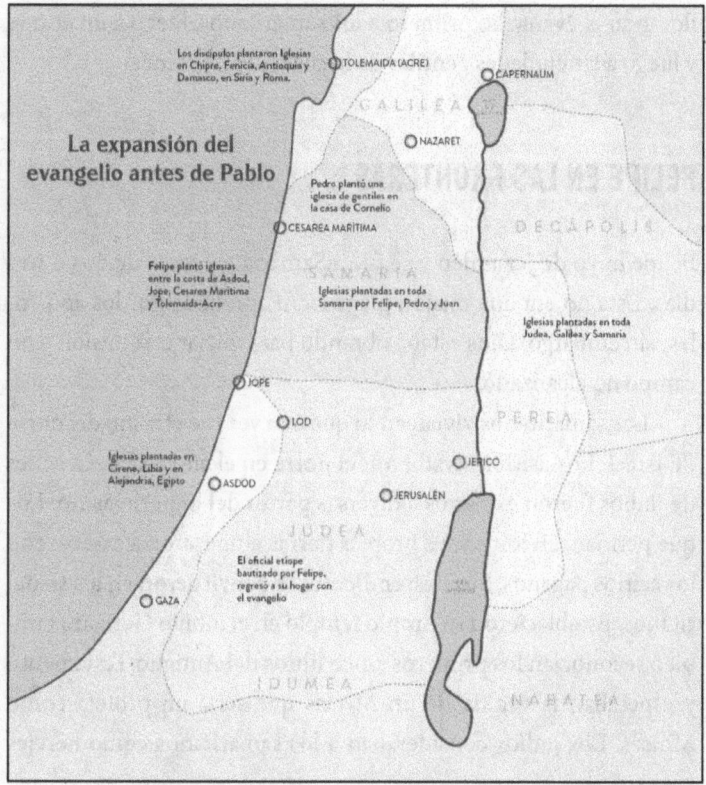

Mapa 8.1. Incluso antes de que Pablo apareciera en el escenario, Dios ya estaba obrando, inquietando a los creyentes en Jerusalén y enviándolos a alcanzar tanto a judíos como a gentiles con el evangelio.

En su juicio, Esteban explicó que la muerte expiatoria de Jesús puso fin al rol central del templo y su sistema de sacrificios por el pecado. La justicia y la santidad solo podían ser alcanzadas por medio de Cristo. La ley judía y el templo habían encontrado su cumplimiento en Jesús. Dios había abierto el camino para que los gentiles se acercaran a él de manera directa, por medio de Cristo.

Esteban fue ejecutado antes de que pudiera llevar el evangelio más allá de las fronteras de Israel; sin embargo, su muerte abrió el camino para que otros lo hicieran. Lo que Saulo y otros planeaban para la destrucción de la iglesia, resultó en la propagación del evangelio a las regiones no alcanzadas. Felipe encabezó el esfuerzo, llevando el evangelio primero a los samaritanos, luego a un etíope y luego a las ciudades gentiles de la costa mediterránea.

FELIPE EN LAS FRONTERAS

Felipe huyó de Jerusalén y se fue a Samaria, un viaje de dos o tres días. Esta no era una misión planeada o aprobada por los apóstoles; sin embargo, Dios estaba obrando para iniciar una misión a un campo no alcanzado.

Los samaritanos vivían en lo que una vez fue el reino del norte de Israel. Los asirios invadieron el norte en el año 722 a. C. Miles de judíos fueron exiliados a diversas partes del imperio asirio. Los que permanecieron en sus propias tierras empezaron a casarse con los asirios paganos. Sus descendientes se convirtieron en los samaritanos. Establecieron su propio templo en el monte Gerizim; también reconocían los primeros cinco libros del Antiguo Testamento y esperaban la venida de un Mesías que sería un profeta como Moisés. Los judíos consideraban a los samaritanos como herejes y mestizos.

Con mucho éxito, Felipe proclamó a Jesús como el Mesías en una ciudad de samaritanos. Al igual que Jesús, Felipe habló con autoridad, expulsando demonios y realizando milagros. Un gran número de personas creyó y se bautizó. Los apóstoles de Jerusalén enviaron a Pedro y a Juan a investigar lo que había sucedido. Cuando Juan (que anteriormente había deseado que descienda fuego del cielo sobre una aldea samaritana que rechazó a Jesús) llegó con Pedro, oraron para que los conversos recibieran el Espíritu Santo. También lidiaron con Simón el mago, cuya nueva fe en Cristo estaba motivada por la codicia de dinero y de poder espiritual. Al poco tiempo, Pedro y Juan regresaron a Jerusalén, predicando el evangelio en muchas aldeas samaritanas en el camino.

Posteriormente, el Espíritu Santo guio a Felipe para que descendiera por el camino en el desierto entre Jerusalén y Gaza. Ahí conoció a un etíope que regresaba a casa después de visitar Jerusalén. Este oficial real era el tesorero de la reina Candace y tenía un profundo apego a la fe judía. Había viajado a Jerusalén como peregrino y poseía un pergamino de Isaías, probablemente en griego. Puesto que era un hombre castrado, no podía convertirse por completo al judaísmo a pesar de su profunda devoción (Deuteronomio 23:1). Sin embargo, Isaías había profetizado que un día incluso los eunucos se unirían a la asamblea del pueblo de Dios (Isaías 56:3-5). Ese día había llegado.

Cuando Felipe aparece en el escenario, el etíope estaba leyendo Isaías 53, sobre el Siervo del Señor que sufrió y fue rechazado y, sin embargo, fue revindicado por Dios. Felipe explicó que, gracias al sufrimiento del Siervo, los marginados como este eunuco podrían ser incluidos al pueblo de Dios. En aquel camino desértico, el primer africano negro que puso su fe en Cristo fue bautizado y recibido en la comunidad del pueblo de Dios. El etíope continuó su viaje a casa donde compartiría con sus amigos y familiares lo que Dios había hecho por él a través de Cristo.

El Espíritu Santo arrebató a Felipe y se lo llevó a Azoto, donde continuó predicando en los asentamientos griegos a lo largo de la costa, hasta llegar a Cesarea. Podemos suponer que en cada lugar Felipe comenzó conectándose con la población judía local y, a través de ellos, con los gentiles que, como el etíope, se habían sentido atraídos por el Dios de Israel.

Las misiones no planificadas de Felipe demuestran cómo Dios se aseguraba de que el evangelio se extendiera a las personas que se encontraban en las fronteras del judaísmo. Hasta este punto, aún no había una misión hacia los gentiles paganos, pero eso estaba a punto de cambiar. Una vez más, era el Señor quien guiaba el esfuerzo.

Felipe y Pedro establecieron iglesias en las ciudades gentiles de la llanura costera al oeste de Judea y Samaria: en Lida, Jope, Cesarea, Tolemaida y tal vez Asdod. Lucas informó que las iglesias en Judea, Galilea y Samaria fueron fortalecidas y alentadas por el Espíritu Santo, y estaban creciendo en número y viviendo en el temor del Señor (Hechos 9:31).

EL AVANCE HACIA ANTIOQUÍA

Felipe fue uno de los muchos creyentes de Jerusalén que fue dispersado por la persecución en el año 31/32 d.C. También hubo otros cristianos judíos de habla griega que fueron forzados a salir de Jerusalén. Estos fueron compartiendo el evangelio entre las comunidades judías de Chipre y entre algunas ciudades fenicias. Algunos huyeron a Antioquía en Siria, donde se dio un nuevo paso hacia adelante.

Después de Roma y Alejandría, Antioquía era la tercera ciudad más importante del Imperio Romano. Tenía una población de 500.000 habitantes y tenía una comunidad judía bien establecida. En Antioquía, los creyentes refugiados continuaron la misión entre los judíos. De pronto, algunos discípulos de Chipre y Cirene comenzaron a compartir el evangelio con los gentiles de habla griega. Lucas nunca nos dice los nombres de estos misioneros. Probablemente comenzaron por compartir el mensaje de Jesús con los judíos y gentiles en las sinagogas de Antioquía. Pronto el evangelio se estaba extendiendo de estos gentiles a sus parientes y amigos paganos. El evangelio se estaba extendiendo más allá de la sinagoga. Tuvo éxito inmediato. Dios estaba con ellos, "y un gran número creyó y se convirtió al Señor" (Hechos 11:21).

La iglesia de Jerusalén envió a Bernabé a Antioquía, no para controlar lo que estaba sucediendo, sino para darle impulso. Se agregaron muchas más personas al Señor.

LA CONVERSIÓN DE PEDRO

Mientras tanto, Pedro viajaba cada vez más desde Jerusalén hacia territorios gentiles. Una de las ciudades que visitó fue Jope, donde "muchos creían en el Señor" (Hechos 9:32-43). Por otro lado, en la ciudad costera de Cesarea, el ángel del Señor se apareció en una visión a un comandante militar romano llamado Cornelio.

Cesarea era el lugar apropiado para que sucediera un cambio importante en la misión de la iglesia primitiva. Después de Jerusalén, Cesarea Marítima, en la costa mediterránea, era la segunda ciudad más importante de Palestina. Era el centro del poder militar y comercial romano. Construida por Herodes el Grande para honrar a César Augusto, fue la sede de los gobernadores romanos como Poncio Pilato, Antonio Félix y Porcio Festo. Cesarea era una ciudad pagana.

Cornelio era un centurión, un comandante de ochenta hombres. Era un hombre de estatus y rango que ganaba dieciséis veces el salario de un soldado regular.[2] Cornelio y su familia eran personas devotas que temían a Dios, apoyaban generosamente a los pobres y oraban continuamente. Era un hombre muy respetado en la comunidad judía. Al igual que el funcionario etíope, Cornelio estaba en las fronteras del judaísmo. Era uno de los muchos gentiles que rechazaban a los dioses paganos y se sentían atraídos a la fe de Israel en el único Dios verdadero.

En la visión que tuvo Cornelio, el ángel le dijo que enviara a buscar a Pedro. Mientras tanto, Pedro subió a la azotea para orar y, cuando estaba ahí, cayó en un trance donde vio algo como una gran sábana que descendía del cielo. En ella había toda clase de animales ritualmente impuros para un judío. El Señor ordenó a Pedro que matara y comiera, pero él se negó a hacerlo. Esta no fue la primera ni la única vez que Pedro cuestionó a Jesús. Tampoco fue la primera ni la única vez que Jesús extendió las barreras que excluían a las personas del reino.

La visión se repitió tres veces, y cada vez Pedro se negó a comer. Finalmente, el Espíritu le dijo a Pedro que se levantara y fuera con los hombres que estaban por llegar. Al día siguiente, Pedro viajó con ellos a la casa de Cornelio. Cuando llegó a Cesarea, encontró a Cornelio esperándolo con una casa llena de familiares, sirvientes y amigos cercanos. Es probable que el grupo también haya incluido a sus colegas militares y comerciales; en la cultura de la época, todos ellos podrían estar incluidos como parte de su "hogar" o su *oikos* en griego.[3]

Mientras estaba en Cesarea, Pedro se dio cuenta de que la visión que había visto no se trataba solo de comida, ¡sino también de personas! Pedro compartió las buenas nuevas de Jesús con Cornelio y su hogar. Les habló sobre el ministerio de Jesús, su muerte y resurrección. Pedro declaró que Dios había designado a Jesús para ser juez de los vivos y los muertos. Finalmente, les aseguró que todos los que creyeran en Jesús recibirían el perdón de sus pecados.

Antes de que Pedro terminara su mensaje, el Espíritu Santo cayó sobre todos los que escuchaban y comenzaron a hablar en lenguas y alabar a Dios. Los creyentes judíos que vinieron con Pedro estaban asombrados de que los gentiles hubieran recibido al Espíritu Santo tal como lo habían recibido los discípulos judíos en Pentecostés. En Pentecostés, Pedro había anunciado que todo el que invocara el nombre del Señor sería salvo. Ahora Pedro llegó a comprender las implicaciones de su propia predicación. Dios no muestra parcialidad; recibe a personas de todas las naciones.

Pedro no era el cerebro detrás de la misión gentil. Era un misionero reacio a los gentiles. Este avance no fue una iniciativa de Pedro, ni de ninguno de los Doce apóstoles, ni de la iglesia en Jerusalén. No fue el resultado de un plan cuidadosamente coordinado. Dios mismo era responsable de la conversión de Cornelio y su hogar. Dios había determinado que los gentiles serían incluidos en su pueblo. Fueron recibidos no porque fueran ritualmente puros, sino por su fe en Cristo, evidenciado por la presencia del Espíritu Santo en sus vidas.

En Pentecostés, el Espíritu Santo fue derramado sobre los primeros creyentes judíos. Posteriormente, los samaritanos también recibieron al Espíritu Santo con poder. Ahora los gentiles habían recibido el mismo Espíritu Santo. Dios estaba reuniendo a su pueblo de todas las naciones del mundo.

Puesto que Dios había recibido a estos gentiles, Pedro reconoció que también debía recibirlos en la iglesia. Mandó que se bautizaran en el nombre de Jesús. Unos días después, Pedro regresó a Jerusalén, dejando atrás una nueva comunidad de discípulos que probablemente continuaron reuniéndose en la casa de Cornelio.

El ejemplo de Cornelio mostró que, aunque había muchos gentiles en Palestina que podrían haber sido el enfoque del alcance misionero, los líderes del movimiento cristiano aún no habían hecho ningún intento deliberado por llegar a ellos. El Señor intervino. Preparó a Cornelio; y lidió con las objeciones de Pedro. Envió al Espíritu Santo sobre los gentiles con señales visibles para confirmar la realidad de su salvación, sin necesidad de venir bajo la ley mosaica. Por medio de Cornelio, una persona de paz, el evangelio se extendió a su familia, sirvientes, amigos y colegas.

NO LO QUE CONOCES SINO A QUIÉN CONOCES

Para que el movimiento cristiano se extendiera a los campos no alcanzados, los creyentes tenían que viajar. Algunos viajaron intencionalmente como misioneros. Otros viajaron por motivos de negocios o familiares. Dios también usó la persecución para mover a los creyentes de Jerusalén al resto del mundo.

¿Cómo se conectaron estos primeros seguidores de Jesús con las personas en un lugar nuevo? Sabemos que Dios guio a Felipe al etíope y a Pedro a Cornelio. Eran personas que Dios ya había preparado. Eran receptivos. Pedro era un extranjero, pero Cornelio era alguien conocido y respetado dentro de la comunidad, lo cual llevó a que el evangelio se difundiese rápidamente.

Es razonable suponer que la misma dinámica estaba en juego cuando los nuevos creyentes en Pentecostés, como también el funcionario etíope, regresaron a sus hogares en tierras lejanas. Cuando los creyentes que huyeron de la persecución en Jerusalén llegaron a Chipre o a una de las ciudades fenicias, inicialmente habrían hecho contacto con miembros de la comunidad judía local. Es posible que lo hubiesen hecho a través de relaciones personales o familiares. Por medio de esos lazos, el evangelio se difundía a la comunidad judía local y a los gentiles que estaban conectados con ella. En Antioquía el evangelio se extendió aún más, logrando que se conviertan los gentiles paganos.

Cuando llegaban a un nuevo lugar, las personas *de afuera* como Felipe y Pedro dependían de las personas receptivas "de adentro" para difundir el evangelio en su comunidad. Felipe no se estableció en Samaria. Pedro se quedó con Cornelio solo unos cuantos días. Compartían el evangelio ampliamente. Encontraban a personas receptivas. Les proporcionaban instrucciones básicas y confiaban en ellos para llevar adelante el ministerio. Regresaban posteriormente para fortalecer y animar a las nuevas iglesias.

APRENDER HACIENDO

Los métodos de la iglesia primitiva eran sorprendentemente casuales. La comisión que Jesús dio a los discípulos era clara, pero no había instrucciones en cuanto a la manera exacta en la que la tarea debía completarse. Aparte del ejemplo de Jesús, no había precedentes de lo que estaban tratando de lograr. Los seguidores de Jesús tenían que aprender sobre la marcha.

El evangelio avanzó desde Jerusalén en círculos geográficos cada vez más amplios. Al hacerlo, alcanzó a personas cada vez más alejadas del judaísmo.

Estas son solo algunas de las lecciones que aprendieron los primeros misioneros.

1. **Dios tomaba la iniciativa.** La expansión misionera del movimiento cristiano no fue un proceso natural. No había nada de inevitable en ello. Sin excepción, cada avance importante y cada nuevo avance fue resultado de la intervención de Dios.

   Los doce apóstoles eran participantes activos en la difusión del evangelio. Lo que sorprende es su falta de control centralizado en el esfuerzo misionero. Fueron Felipe y algunos creyentes anónimos quienes abrieron el camino para cruzar las fronteras culturales y geográficas. Los apóstoles no los enviaron. La iglesia de Jerusalén no planificó estas misiones. La misión llegó a ellos cuando fueron expulsados inesperadamente de Jerusalén por la persecución. Dios confrontó las actitudes de Pedro y la iglesia en Jerusalén para que puedan recibir a los creyentes gentiles como miembros plenos del pueblo de Dios.

2. **Dios obraba por medio de su pueblo.** Muchos judíos de la diáspora convertidos en Pentecostés regresaron a sus hogares y llevaron el evangelio con ellos. El mensaje acerca de Jesús se escuchó en toda Jerusalén, y miles de personas se agregaron a la iglesia. Creyentes anónimos que huían de la persecución llevaron el evangelio a Judea, Galilea, Samaria, Cesarea y otras ciudades de la costa sur, Chipre, Fenicia y Antioquía.

   Dios obró por medio de los apóstoles, los líderes de la iglesia y creyentes comunes y corrientes. Escuchamos las historias acerca de Pedro y Pablo, pero también leemos acerca de Felipe, Bernabé, Apolos, Priscila y Aquila,

Tabita y Lidia. El Espíritu Santo trabajó a través de una variedad de personas.

3. **Dios preparaba personas de paz.** Jesús había entrenado a sus discípulos para buscar una "persona de paz" en los pueblos a los que iban, alguien en la comunidad que acogiera tanto al mensajero como el mensaje. En el libro de Hechos, encontramos muchos ejemplos donde el evangelio se propaga por medio de redes relaciones: Cornelio, Simón el curtidor, la comerciante Lidia en Filipos, el carcelero filipense y Crispo, el gobernante de la sinagoga en Corinto.[4] Dios había preparado a estas personas para que funcionaran como puentes para alcanzar a sus comunidades.

4. **Dios los mantenía en movimiento.** Había un sentido de urgencia en el movimiento cristiano primitivo. Muchos de los nuevos creyentes en Pentecostés regresaron a tierras lejanas donde compartieron su fe y formaron comunidades de discípulos. Dios esparció a los creyentes en Jerusalén, y ellos llevaron el evangelio a los samaritanos, a la diáspora judía y, finalmente, a los gentiles.

Tan pronto como los discípulos empezaban a ponerse cómodos, Dios los inquietaba nuevamente. A pesar del éxito de la misión samaritana, Felipe, Pedro y Juan no se quedaron para pastorear a los nuevos creyentes. Continuaron en movimiento, tal como lo había hecho Jesús. Después de darles la instrucción inicial, dejaban nuevos creyentes en cada lugar quienes formaban nuevas comunidades de discípulos y asumían la responsabilidad de alcanzar al resto de la región. La persona con mayor probabilidad de convertirse en el líder de la nueva iglesia reunida en la casa de Cornelio no era Pedro, sino Cornelio mismo.

5. **Dios usaba a personas no-calificadas, sin experiencia y de escasos recursos.** Piense en todo lo que este

movimiento misionero no tenía. El financiamiento era limitado. No existía una estructura organizativa central. No había un sacerdocio profesional. Ninguna escuela para entrenar misioneros. Los galileos no eran bien vistos en el resto de Israel. Los judíos eran "personas externas" a la cultura grecorromana dominante. Los poderes políticos y religiosos de la época estaban en contra de los discípulos. No había ningún precedente histórico para lo que estaban intentando lograr.

Los discípulos solo tenían el ejemplo de Jesús, su enseñanza, el mensaje de su muerte y resurrección, su autoridad y el poder del Espíritu Santo. Aparte de eso, no tenían mucho más para ayudarles a cumplir la misión.

El hilo conductor que une y hace posible el avance del evangelio desde Jerusalén hasta el resto del mundo es la intervención de Dios. Cada avance es el resultado de su iniciativa. Hay factores humanos, pero son causas secundarias. La Palabra avanza a pesar de los fracasos de los discípulos, a pesar de la violenta oposición, a pesar de la resistencia dentro de la iglesia de incluir a los gentiles. Nada puede impedir el avance del evangelio. Y Jesús sigue guiando el camino hasta el día de hoy.

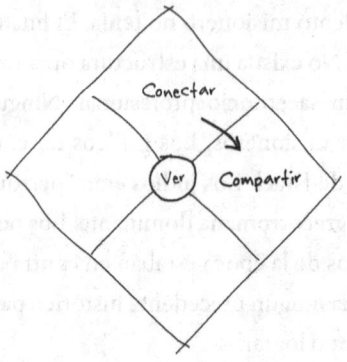

9. NOTICIAS DE TESTIGOS OCULARES

El evangelio del reino, tal como lo encontramos en el libro de Hechos, es el anuncio del perdón y el don del Espíritu que fluyen únicamente del trono del crucificado y resucitado Rey-Salvador.

—CHRIS GREEN,
GOD'S POWER TO SAVE

CLEOFÁS Y SU AMIGO EMPRENDIERON un viaje de dos a tres horas de Jerusalén a Emaús. Habían pasado tres días desde la crucifixión de Jesús. Estos dos discípulos estaban luchando por entender la noticia que habían escuchado esa mañana, de que la tumba de Jesús estaba vacía.

Mientras avanzaban por el camino se les acercó un extraño. Parecía no saber nada acerca estos eventos. Cleofás y el otro discípulo compartieron su confusión con él. Quizás esperaban que él mostrara simpatía por ellos. Sin embargo, en lugar de esto, el hombre los reprendió por su incredulidad y les dio una lección en las Escrituras, explicando cómo Moisés y los profetas habían predicho que el Mesías sufriría antes de entrar en su gloria.

Una vez en Emaús, el extraño accedió a comer con ellos. Cuando partió el pan durante la comida, se les abrieron los ojos y reconocieron que era el Señor resucitado. Al instante, desapareció. Los discípulos corrieron de regreso a Jerusalén para decirles a los demás que Jesús estaba vivo. Mientras les contaban lo que había sucedido, Jesús se apareció al grupo. Les dijo que las Escrituras se habían cumplido. Que el Mesías debía sufrir y resucitar de entre los muertos al tercer día. Que el arrepentimiento para el perdón de los pecados debía proclamarse en mundo, comenzando en Jerusalén. Pero antes de eso, debían primeramente esperar en Jerusalén, hasta que el Espíritu Santo les revistiese de poder.

Hubo muchos encuentros como este en los días posteriores a la resurrección. Hasta donde sabemos, durante ese tiempo Jesús no sanó a nadie. No expulsó ningún demonio. No discutió con los fariseos. No había ninguna misión en Jerusalén ni en los pueblos y aldeas de la Palestina rural. En lugar de esto, Jesús preparó a sus discípulos para la misión.

En un espacio de cuarenta días Jesús les enseñó que él era el Mesías prometido, que murió en la cruz por los pecados del mundo, que resucitó de entre los muertos al tercer día, que fue exaltado a la diestra de Dios, y que regresaría a establecer la victoria de Dios de una manera final y visible. Mientras tanto, las personas podían ser salvas únicamente por medio de la fe en él (Hechos 4:12).[1] Jesús se aseguró de que sus discípulos tuvieran claro el mensaje, la misión y su necesidad de actuar en dependencia del poder del Espíritu Santo.

Después de la muerte de Jesús los discípulos se encontraban impotentes y derrotados. Ellos no fueron los autores del evangelio. Entre la resurrección y la ascensión, Jesús tuvo que recordarles su misión y su mensaje. Les prometió su presencia y su poder a través del Espíritu Santo. Llamó a seguidores quebrantados, pecadores y derrotados a confiar en él y seguirlo en obediencia.

¿EL EVANGELIO DE QUIÉN?

Cuando Pedro se levantó para hablar el día de Pentecostés, no predicó *su* evangelio. Habló en representación de los Doce y de los 120 discípulos reunidos en el aposento alto, pero tampoco era el evangelio de *ellos*.

Jesús había pasado tres años enseñando y entrenando a sus discípulos. Ellos conocieron a Jesús, y conocían su mensaje y el significado de su muerte y resurrección. Una vez resucitado de entre los muertos, pasó cuarenta días con ellos explicándoles el sufrimiento y la victoria del Mesías, según el Antiguo Testamento. Les enseñó acerca del evangelio del reino y de cómo debían proclamarlo en todo el mundo, en el poder del Espíritu.

Cuando Pedro se puso en pie en Pentecostés, lleno del Espíritu Santo, este pescador galileo de Capernaúm proclamó el evangelio de Jesucristo. Cuando miramos su mensaje en Pentecostés y otros mensajes en Hechos, podemos identificar los temas principales del evangelio que fueron proclamados por el movimiento cristiano primitivo:

- Jesús es el Mesías prometido, enviado por el Dios de Israel.
- La salvación ha llegado por medio de la vida, muerte y resurrección de Jesús.
- Jesús ha sido exaltado a la diestra de Dios como la cabeza de un Israel restaurado.
- Ahora está presente entre su pueblo por medio del Espíritu Santo.
- Jesús regresará en gloria para juzgar al mundo y restaurar todas las cosas.

- Dios manda que todos se arrepientan y pongan su confianza en Jesús, para recibir el perdón de los pecados, ser bautizados y recibir el don del Espíritu Santo y la salvación eterna.[2]

La proclamación de la iglesia primitiva revela un mensaje consistente respecto a la persona y obra de Jesús. Sin embargo, ese único y verdadero evangelio fue adaptado para diferentes públicos y contextos.

Al centro de la fe de los discípulos está la historia de la vida, muerte y resurrección de Jesús, quien ahora envía el Espíritu Santo. Los mensajes de Hechos, dirigidos a judíos y gentiles, revelan la creencia que tenían en un solo Dios y Creador del mundo, que es Señor sobre todo y que un día juzgará al mundo. Jesús, que hoy ofrece el perdón de los pecados, es quien será nuestro juez en el día final. Todos deben arrepentirse y creer en el evangelio, sin importar su trasfondo religioso.[3]

Jesús manda tanto a judíos como a gentiles a volver al Dios vivo. Los judíos deben volver a Yahvé, quien se ha revelado a sí mismo en Jesús el Mesías. Y los gentiles deben volver al único Dios verdadero, cuya revelación en Jesucristo, el Salvador, proporciona la única posibilidad de recibir el perdón de los pecados.

Jesús fue la fuente y origen de este único y verdadero evangelio. Durante las primeras décadas de la iglesia primitiva, antes de que se escribieran los relatos de los Evangelios, las enseñanzas e historias de Jesús se difundían de boca en boca. Las personas aprendieron acerca de Jesús por medio de la predicación y enseñanza de los apóstoles; memorizaban el mensaje y lo compartían con otros. Esto sucedió bajo la supervisión de testigos oculares del ministerio de Jesús. Los primeros entre los testigos oculares fueron los apóstoles nombrados por Jesús. Ellos fueron elegidos para presenciar sus obras y conocer sus enseñanzas. Después de la resurrección, compartieron la tradición que habían recibido de Jesús. Se convirtieron en testigos autorizados del evangelio.[4]

La enseñanza de los apóstoles se convirtió en el fundamento del movimiento cristiano, pero el origen del evangelio y el poder para salvar descansaban en Jesús. El evangelio fue algo que la iglesia primitiva recibió del Señor.

¿EL REINO PERDIDO?

El reino de Dios era el tema central del ministerio de Jesús, sin embargo, el libro de Hechos parece dejarlo en el olvido. El término *reino* aparece cuarenta y dos veces en el Evangelio de Lucas, pero solo ocho veces en Hechos. ¿Por qué un tema tan importante en el mensaje de Jesús ahora parece quedar en el olvido?

Las referencias que mencionan el reino de Dios en Hechos son pocas, pero a la vez significativas. El libro de Hechos comienza con Jesús enseñando a sus discípulos sobre el reino (Hechos 1:3) y termina con Pablo bajo arresto domiciliario en Roma, proclamando audazmente el reino de Dios desde la mañana hasta la tarde (Hechos 28:17-31). Según lo ve Lucas, la historia de la expansión del movimiento cristiano demuestra la realidad del reino.

Lucas relata que cuando Felipe fue a Samaria para proclamar a Cristo, sanar a los enfermos, expulsar demonios y bautizar a los nuevos creyentes, predicó las buenas nuevas del reino. Cuando Pablo y Bernabé regresaron para fortalecer a los discípulos que habían formado y a las iglesias que habían plantado, les recordaron que debían pasar por muchas dificultades para entrar en el reino de Dios. En Éfeso, Pablo entró en la sinagoga y durante tres meses habló con valentía sobre el reino de Dios. En su discurso de despedida en la playa de Mileto, Pablo les recordó a los ancianos de Éfeso cómo había ido entre ellos predicando el reino y proclamando así el consejo completo de Dios.[5]

En Hechos, el ministerio del reino se expresa en un evangelismo pionero, en la formación de discípulos, y en la plantación y fortalecimiento de iglesias. El reino vendrá en su plenitud al final de los tiempos. Mientras tanto, los discípulos deben perseverar en medio de muchas dificultades (Hechos 14:22). La realidad del reino puede experimentarse hoy en día por medio de una vida de discipulado mutuo que comienza con el arrepentimiento y la fe en Jesús. La proclamación del reino se ha convertido en la proclamación del Rey cuya vida, muerte y resurrección marcan el comienzo de la victoria de Dios. Jesús es el que gobierna activamente su reino.

El evangelio del reino en Hechos es el anuncio del perdón de los pecados y el don del Espíritu, los cuales fluyen del trono del crucificado y victorioso Rey-Salvador. El gobierno real de Jesús está diseñado para edificar y capacitar la iglesia. El evangelio del reino no es una alternativa al evangelio de Cristo crucificado por nuestro pecado. Jesús vino a anunciar el reino de Dios y a realizar el acto decisivo por medio del cual Dios traería su reino. Hablar del reino de Dios requiere que hablemos de la cruz, la resurrección y la venida del Espíritu Santo.

Los discípulos continuaron proclamando las buenas nuevas del reino, pero el énfasis pasó del reino al Rey que trae el perdón de los pecados y el don del Espíritu. Dondequiera que la gente responda a la Palabra y al nombre de Jesús con fe, el poder del reino está obrando.[6]

PERSECUCIÓN Y PODER

Jesús les prometió a sus discípulos tres cosas: que serían completamente intrépidos, absurdamente felices y estarían en constante dificultad.
William Maltby, citado por William Barclay, *The Gospel of Luke*

Hay un patrón que se repite en el libro de Hechos: la combinación de señales y maravillas con la predicación del evangelio resulta en nuevos creyentes y comunidades, a pesar de la persecución.[7] En Hechos, Lucas nos muestra cómo se ve la vida entre la llegada del reino en Jesús y la venida del reino en toda su plenitud al final de los tiempos. El pueblo de Dios experimenta la bendición de su victoria: perdón, vida eterna, el Espíritu Santo, señales del poder de Dios. También enfrentan persecución y sufrimiento, porque el señorío completo de Dios sobre todas las cosas aún no se ve en toda su plenitud hasta el regreso de Jesús en gloria.

Poco después de Pentecostés, Pedro y Juan se encontraron con un mendigo lisiado mientras se acercaban al templo. Lo sanaron por el poder de Jesús. Algunas personas se sorprendieron y otras se enfurecieron. Las autoridades arrestaron y golpearon a Pedro y a Juan y les advirtieron que no hablaran acerca de Jesús. Ellos no hicieron caso.

Los discípulos en Jerusalén respondieron con oración. No tenían la capacidad de resistir a sus poderosos opositores; sin embargo, no oraron por seguridad. Oraron para que pudieran continuar hablando la Palabra con gran denuedo y poder. Oraron para que Dios extendiera su mano para sanar y realizar señales y prodigios en el nombre de Jesús. "Después de haber orado, tembló el lugar en que estaban reunidos; todos fueron llenos del Espíritu Santo, y proclamaban la palabra de Dios sin temor alguno" (Hechos 4:31). El coraje vino como fruto de estar llenos del Espíritu Santo.

Una característica distintiva de la misión de los primeros discípulos fue su valor y audacia frente a la persecución. Proclamaron con valentía el evangelio y advirtieron a sus oyentes del juicio de Dios. Hablaron abierta y públicamente. Su coraje no fue algo natural. Era una obra milagrosa de Dios, al mismo nivel que la sanación de un mendigo lisiado.

Había una estrecha conexión entre el avance del evangelio y las demostraciones del poder de Dios; sin embargo, fue el mensaje acerca de Jesús lo que llevó a la gente a la fe.[8] Por medio de los milagros, Dios se convirtió en el protagonista más importante de Hechos. Él es la razón por la que la Palabra de Dios avanzó como lo hizo. Cuando el evangelio enfrentaba obstáculos, Dios los superaba. Fue así incluso cuando sus mensajeros enfrentaban el peligro, la persecución y la muerte. El evangelio puede expandirse por medio del martirio o el milagro.[9]

PERSONAS ORDINARIAS

En Pentecostés, Pedro citó la profecía de Joel: "Sucederá que en los últimos días —dice Dios—, derramaré mi Espíritu sobre todo el género humano. Los hijos y las hijas de ustedes profetizarán, tendrán visiones los jóvenes y sueños los ancianos" (Hechos 2:17). Anunció a Israel que el Mesías había llegado; ahora todo el pueblo de Dios había recibió el poder del Espíritu Santo para proclamar la salvación por medio de Jesucristo.

A medida que se desarrolla la historia de Hechos, vemos que los actores principales en la expansión del evangelio son personas comunes. Por medio de ellos, las buenas nuevas se difunden entre familiares, amigos y vecinos. No hay ninguna evidencia de que el evangelio haya llegado por primera vez a Roma por medio de los apóstoles. Lo más probable es que los romanos judíos que se convirtieron en la fiesta de Pentecostés del año 30 d.C. establecieran iglesias en Roma. Otra alternativa es que fueron establecidas por cristianos judíos, cuyas familias eran de Roma y que regresaron con sus familiares cuando fueron perseguidos en Jerusalén.[10]

El movimiento cristiano no podría haberse extendido rápidamente si hubiese dependido únicamente de un grupo pequeño de "profesionales" para compartir el evangelio. Los apóstoles y otros obreros cristianos dieron el ejemplo y equiparon a los creyentes comunes para compartir las buenas nuevas dondequiera que vivieran y a dondequiera que fueran. A medida que el mensaje fue recibido con fe, el cristianismo se convirtió rápidamente en un movimiento autóctono, siendo que los mismos nuevos conversos hablaban el evangelio.

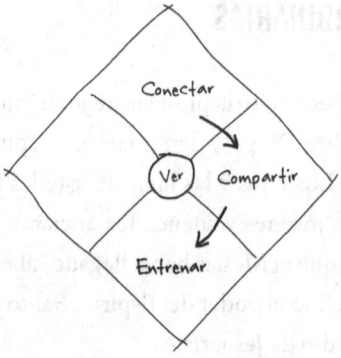

10. LA ESCUELA DE OBEDIENCIA

> *Dichosos más bien... los que oyen la palabra de Dios y la obedecen.*
>
> —LUCAS 11:28

LA PALABRA "*DISCÍPULOS*" ES UNO DE LOS TÉRMINOS FAVORITOS DE LUCAS para describir a los seguidores de Jesús. Lo usa treinta veces en el libro de Hechos. Los discípulos son aquellos que han respondido al evangelio con arrepentimiento y fe en Jesucristo. Sus pecados son perdonados. Han sido incorporados al pueblo de Dios y han recibido el Espíritu Santo. El discipulado, por lo tanto, es un estilo de vida de obediencia que viene como resultado de vivir en una relación con Jesús (Hechos 6:7).

Esto es lo que imagino que sucedió la noche antes de que Pedro y sus amigos se despidieron de Cornelio. Ya es más de la media noche. Pedro está agotado. Tendrá que levantarse temprano

LA ESCUELA DE OBEDIENCIA | 89

para emprender el viaje de tres o cuatro días de regreso a Jerusalén desde Cesarea. Durante su breve estadía con Cornelio, Pedro ha pasado cada momento con él y muchos de sus familiares y amigos. Pedro no tiene nada más para enseñar a estos nuevos creyentes. A pesar de ello, Cornelio insiste: "Vamos, Pedro, cuéntanos otra historia acerca de Jesús antes de irte a la cama".

Pedro tenía pocos días para sentar los cimientos en las vidas de estos nuevos discípulos. Sin duda, esta no sería la última visita que recibirían. Pedro o uno de sus colaboradores retornarían para enseñar y animar a Cornelio y a la iglesia que ahora se reunía en su casa.

Pedro estaba acostumbrado a esta dinámica. ¿Cuánto tiempo tuvieron Pedro y los otros apóstoles para entrenar a los nuevos creyentes en Pentecostés? Tres mil personas fueron bautizadas en el mismo día en que se convirtieron. Muchos de ellos eran peregrinos que visitaban Jerusalén para Pentecostés. Al poco tiempo habrían regresado a sus hogares en tierras lejanas. Antes de irse, Pedro y los otros discípulos necesitaban instruirlos en lo esencial para seguir a Jesús.

Felipe proclamó a Cristo con señales y prodigios en Samaria. Un gran número de personas creyó y se bautizó con gozo. Cuando los apóstoles escucharon que Samaria había aceptado la Palabra de Dios, enviaron a Pedro y a Juan a aquella región. Cuando llegaron, Pedro y Juan oraron para que el Espíritu Santo descendiera sobre los samaritanos. También lidiaron con la influencia corruptora del mago Simón. Habían comenzado a entrenar a los samaritanos en lo esencial para seguir a Jesús.

Lucas no nos dice exactamente cuánto tiempo Felipe, Pedro y Juan permanecieron en aquella ciudad samaritana, pero no pasó mucho tiempo antes de que se fueran de allí. En el camino de regreso a Jerusalén, Pedro y Juan predicaron en las aldeas samaritanas a lo largo del camino. No sabemos cuánto tiempo estuvieron en cada lugar. Si estaban siguiendo el ejemplo de Jesús, podría haber sido solo unos pocos días.

¿Cuánto tiempo estuvo Felipe con el funcionario etíope antes de que se separaran y nunca más se volvieran a ver? ¿Un día? ¿Unos cuantos días? No podría haber sido más que eso.

DISCIPULADO SOBRE LA MARCHA

La iglesia primitiva era un movimiento misionero. Los movimientos se *mueven*. Los líderes claves eran móviles. El movimiento solo podía expandirse rápidamente si el mensaje y la instrucción de los discípulos era simple, recordable y fácilmente transferible.

No había Nuevos Testamentos para regalar a los nuevos discípulos. El Antiguo Testamento estaba disponible en hebreo y griego, pero esos materiales eran escasos y costosos, y la mayoría de las personas no sabía leer. Los nuevos creyentes necesitaban conocer el corazón del evangelio de salvación por medio de Jesucristo. Necesitaban conocer lo suficiente como para poder obedecer el mandato de Jesús de arrepentirse y bautizarse. Necesitaban conocer la presencia y el poder del Espíritu Santo. Necesitaban aprender a seguir a Jesús junto con otros creyentes en la comunidad. Necesitaban estar equipados para compartir su nueva fe con los demás. Necesitaban descubrir cómo podían discipular a los nuevos creyentes.

Los nuevos discípulos tenían que aprender una nueva forma de vida. El conocimiento por sí solo era insuficiente. Desde el principio necesitaban aprender que el discipulado significaba obedecer lo que Jesús mandaba. La meta inmediata no era enseñar a los nuevos discípulos todo lo habido por conocer. Era enseñar a los discípulos a obedecer. Los vacíos en cuanto al conocimiento se irían llenando con el tiempo a medida que las historias de Jesús circulaban y los apóstoles trataban con los problemas que surgían por medio de sus visitas personales y cartas. Había una confianza en que el Espíritu Santo estaba presente en la vida del discípulo, y que Él les ayudaría a discernir las verdades profundas del evangelio y aplicarlas diariamente a sus vidas.

Cuando Jesús les dijo a sus discípulos que "[enseñaran a otros] a obedecer todo lo que les [había mandado]", no estaba imponiendo una nueva ley. El discipulado empezaba con el evangelio y el don del Espíritu Santo, y continuaba a medida que el creyente aprendía a vivir la fe en cada aspecto de su vida. Estos son algunos ejemplos de cómo los mandatos de Cristo fueron aplicados por la iglesia primitiva en el entrenamiento de discípulos:[1]

1. **Arrepiéntanse y crean las buenas nuevas (Marcos 1:15).** En Pentecostés, Pedro llamó al pueblo de Jerusalén a que se arrepintiera y volviera a Dios con fe para el perdón de sus pecados; así recibirían el don del Espíritu Santo. Poco después, desafió a otra multitud en Jerusalén, diciendo: "Por tanto, para que sean borrados sus pecados, arrepiéntanse y vuélvanse a Dios, a fin de que vengan tiempos de descanso de parte del Señor" (Hechos 3:19).

    Incluso Cornelio, un hombre devoto y generoso, necesitaba escuchar que tan solo la fe en Cristo para el perdón de los pecados podía traer seguridad para aquel día en que Cristo juzgaría a los vivos y a los muertos (Hechos 10:42-43).

    Simón el mago creyó y fue bautizado, sin embargo, su corazón no era recto delante de Dios. Simón siguió a Felipe y quedó impresionado con las demostraciones del poder de Dios. Cuando llegaron al escenario Pedro y Juan, les ofreció dinero a cambio del poder para otorgar el don del Espíritu Santo a otros. La reprimenda de Pedro sacudió a Simón hasta la médula: "¡Que tu dinero perezca contigo!... Veo que vas camino a la amargura y a la esclavitud del pecado" (Hechos 8:14-24).

2. **Bautícenlos en el nombre del Padre y del Hijo y del Espíritu Santo (Mateo 28:19).** El arrepentimiento y la fe llevaban inmediatamente al bautismo: los conversos en Pentecostés, los nuevos creyentes en Samaria, el funcionario etíope, Cornelio y su comunidad, Saulo de Tarso, Lidia y su casa, el carcelero filipense y su casa, y los conversos de Pablo en Corinto.

    En el Nuevo Testamento, la conversión tiene cinco aspectos, los cuales ocurren al mismo tiempo, generalmente el mismo día: arrepentimiento, fe, confesión por parte del individuo, la llegada del Espíritu Santo y el bautismo por parte de otro discípulo.[2] Lucas no parece mostrar mucho interés en quién realiza el bautismo. Solo en pocas ocasiones identifica claramente la persona que lo realiza. Ananías, que bautizó a Pablo, era simplemente un "discípulo". La orden de Pedro de bautizar a Cornelio, junto a sus familiares y amigos, probablemente fue llevada a cabo por sus compañeros, a quienes Lucas identifica como creyentes judíos.[3]

3. **Así como yo los he amado, también ustedes deben amarse los unos a los otros (Juan 13:34).** Jesús había enseñado a sus discípulos lo que era el amor. El amor implicaba generosidad, servicio costoso, perdón de las ofensas, valor para confrontar el pecado y pureza sexual en las relaciones. El discipulado implicaba comunidad. Después de Pentecostés, los que fueron salvos fueron añadidos al número de discípulos. Los discípulos de Jerusalén se dedicaban a compartir sus vidas unos con otros. Aprendían, comían y oraban juntos; compartían sus recursos con los necesitados, y adoraban juntos (Hechos 2:42-47).

4. **Hagan esto en memoria de mí (Lucas 22:19-20).** Los discípulos se reunían en casas para compartir en el "partimiento del pan". El término normalmente se refiere a una comida normal. Los discípulos celebraron la Cena del Señor en el contexto de una comida compartida en un hogar. Para los primeros discípulos, el partimiento del pan era el momento en el que estaban más conscientes de la presencia de Jesús.

5. **Oren siempre, sin desanimarse (Lucas 18:1).** Los discípulos estaban juntos constantemente en oración mientras esperaban la llegada del Espíritu. Después de Pentecostés, continuaron reuniéndose constantemente para orar. Los apóstoles dieron el ejemplo como líderes y se dedicaron a la oración y al ministerio de la Palabra. En muchos de los

momentos decisivos para el avance del evangelio, encontramos a los discípulos orando. Oraban juntos, continua y fervientemente. Estaban siguiendo el ejemplo y la enseñanza de Jesús en su vida de oración constante.

6. **Den, y se les dará (Lucas 6:38).** Lucas registra que "todos los creyentes eran de un solo sentir y pensar. Nadie consideraba suya ninguna de sus posesiones, sino que las compartían" (Hechos 4:32). Lucas identifica con nombre a estos primeros discípulos que vivían generosamente. Uno de ellos fue José, natural de Chipre. Los apóstoles lo llamaron Bernabé, que significa *hijo de consolación*. Él era un hombre rico. Cuando surgió una necesidad, vendió sus tierras y llevó las ganancias a los apóstoles para que lo distribuyan a los pobres de la comunidad. Había una discípula en la ciudad costera de Jope cuyo nombre judío era Tabita; su nombre griego era Dorcas. Ella "se esmeraba en hacer buenas obras y en ayudar a los pobres" (Hechos 9:36). Y había muchas otras personas como ella. La generosidad caracterizaba la vida de Tabita y la iglesia en Jerusalén.

Esto no era algo que se imponía sobre las personas. La iglesia no abolió la propiedad privada. Más bien, los discípulos aprendieron a usar los recursos que tenían para demostrar amor a los necesitados.

7. **Vayan y hagan discípulos de todas las naciones (Mateo 28:19).** Todos los días en los patios del templo de Jerusalén y de casa en casa, se proclamaban las buenas nuevas de Jesús, y todos los días el Señor agregaba a la iglesia los que iban siendo salvos (Hechos 2:42; 5:42).

El evangelio se propagó por medio de los apóstoles y líderes como Felipe, Esteban y Bernabé. Creyentes no identificados abrieron el camino para hacer discípulos en Chipre, Fenicia y Antioquía. La tarea de hacer discípulos era responsabilidad de todo el movimiento.

A medida que el movimiento se extendió, se les enseñó a los nuevos discípulos tanto el mensaje del evangelio como la vida que fluía de él. Fueron equipados para formar nuevas comunidades de discípulos en sus lugares de residencia y para continuar haciendo discípulos.

DISCIPULADO DE POR VIDA

A los nuevos discípulos se les enseñaba a obedecer lo que Jesús había mandado. El movimiento se extendía rápidamente. El evangelio se extendía a nuevas regiones. Las multitudes se convertían en discípulos. Los apóstoles y otros obreros no podían asentarse en un lugar y supervisar cada nueva iniciativa. Si lo hubieran hecho, el movimiento se habría estancado. Tenían que encontrar maneras de hacer discípulos que fueran simples y transferibles.

Los apóstoles y otros obreros no controlaban cada aspecto de la misión. Confiaban en que Dios estaba obrando por medio de su Palabra dinámica y el Espíritu Santo. Entrenaron a los nuevos creyentes en el evangelio y sus implicaciones para sus vidas. Con frecuencia, por necesidad, y a veces por diseño, continuaban su viaje hacia otros lados poco tiempo después de que la gente llegaba a la fe en Jesucristo. El discipulado de largo plazo ocurría cuando los líderes retornaban para visitar a los discípulos y las iglesias en un lugar determinado. Si los líderes no podían ir en persona, enviaban a un miembro de su equipo en representación suya o una carta para que se leyera en las iglesias. Pedro viajó por Judea, Galilea y Samaria, participando en un evangelismo pionero. También fortaleció y alentó a grupos de discípulos existentes en ciudades como Jope y Lida en la llanura costera. Estos lugares habían escuchado el evangelio por primera vez por medio de Felipe (Hechos 8:40; 9:31-35).

Antes de que se escribiera el Nuevo Testamento, los creyentes escuchaban, memorizaban y repetían las historias y dichos del Evangelio. Al principio, no había epístolas; a medida que se escribían cartas para tratar con los problemas que surgían, estas cartas se leían en la iglesia y se distribuían a otras iglesias. Con el tiempo, estos documentos se recopilaron y, junto con los Evangelios, se convirtieron en el Nuevo Testamento que tenemos hoy.

Durante la primera década después de Pentecostés, los apóstoles tenían su base en Jerusalén y proporcionaban un testimonio unificado sobre la verdad del evangelio y la exactitud de los relatos en cuanto a las enseñanzas de Jesús y de su obra salvadora. Las enseñanzas de Jesús y los apóstoles circularon de persona a persona y de iglesia en iglesia. Junto con el Antiguo Testamento, este conjunto de enseñanzas proporcionaba el material para el crecimiento de largo plazo en el discipulado.

Entrelazada con este proceso estaba la actividad del Espíritu Santo que estuvo presente en la conversión de los individuos, su transformación a medida que aprendían a seguir a Jesús, y su participación con otros discípulos en la comunidad.[4] El Espíritu Santo y la Palabra de Dios dieron vida al movimiento y encausaron la dirección por donde iría.

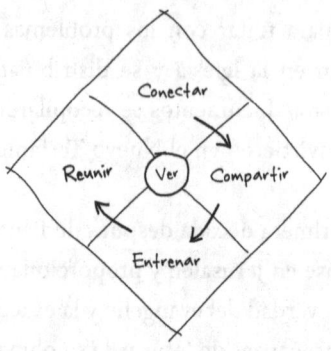

11. LA VIDA EN LA PRIMERA IGLESIA

La historia del crecimiento del movimiento es la historia de la multiplicación de las iglesias, primero en Palestina y, desde allí, por todas las provincias romanas que bordeaban el Mediterráneo.

—PAUL BARNETT,
MESSIAH: JESUS - THE EVIDENCE OF HISTORY

UNO TIENE QUE SENTIR LÁSTIMA por el apóstol Matías. Se lo menciona una vez en el Nuevo Testamento y nunca más se vuelve a escuchar de él. Una perspectiva popular en cuanto a este relato es que los apóstoles cometieron un error al elegir a Matías para reemplazar a Judas, el traidor. Algunos piensan que deberían haber esperado hasta elegir a Pablo como el doceavo apóstol. En lugar de hacer esto, escogieron a Matías, quien posteriormente desapareció de las páginas de la historia del Nuevo Testamento.

Sin embargo, Matías no fue el único apóstol que desapareció del relato de Lucas; nueve de los once apóstoles restantes no vuelven a mencionarse después del primer capítulo de Hechos. Pedro es el único apóstol que Lucas menciona en detalle, pero incluso Pedro pasa al olvido poco después de que Lucas empieza a relatar la historia de Pablo. Tiempo después, cuando el apóstol Jacobo fue ejecutado, no fue reemplazado. Tampoco lo fueron los demás.

Los apóstoles sabían lo que estaban haciendo cuando llenaron el puesto vacante de Judas. Solamente Judas necesitaba ser reemplazado porque él había desertado su puesto por medio de la apostasía. ¿Por qué era tan importante que se restituyera el grupo original de los Doce? Jesús eligió a los Doce para representar a las doce tribus de Israel. Los Doce eran el vínculo que añadía al movimiento cristiano (compuesto por judíos y gentiles) a la alianza que existía entre Dios y la nación de Israel.

Tenían que haber doce apóstoles que testificasen de la resurrección. Doce sobre quienes descendiese el Espíritu. Doce, porque Jesús siempre quiso que después de su muerte y resurrección, se formase de Israel un pueblo de Dios restaurado, al cual los gentiles serían añadidos. El objetivo de la misión de Jesús no era simplemente salvar a personas individuales, sino formar un pueblo para el nombre de Dios.[1] Jesús llamó a los Doce para que fuesen tanto el vínculo con Israel como el comienzo del nuevo pueblo de Dios.

¿QUÉ HAY EN UN NOMBRE?

Para Lucas, la historia de Jesús de Nazaret estaba incompleta sin la historia de la expansión de la iglesia primitiva.

La palabra *iglesia* es simplemente uno de los términos que Lucas usó para describir las comunidades de los seguidores de Jesús. Lucas también se refiere a ellos como *santos, discípulos, cristianos,* el *pueblo, creyentes,* los *hermanos* (el término incluye tanto a hombres como a mujeres) y *los que pertenecen al Camino.* Los términos más comunes que usó fueron la *iglesia,* los *hermanos* y los *discípulos.*

El término *iglesia* no aparece hasta el quinto capítulo de Hechos. La palabra que traducimos como *iglesia* puede referirse a una reunión de personas para cualquier propósito. El uso de la palabra *iglesia* permitió a los seguidores de Jesús distinguir entre sus reuniones y las de las sinagogas judías y de los templos paganos. También permitió a los seguidores de Jesús mantener su vínculo con el pueblo de Dios en el Antiguo Testamento, porque esta misma palabra es la que se usaba en la traducción griega del Antiguo Testamento para referirse a las reuniones del pueblo de Dios.[2] Así como Dios había apartado a Israel como pueblo suyo, su iglesia era ahora el pueblo de Dios restaurado, al cual fueron añadidos los gentiles. Para Lucas, el término *iglesia* podría referirse a una comunidad local de creyentes[3] o al pueblo de Dios entero (Hechos 20:28).

Otro término utilizado para describir a los seguidores de Jesús era el término *cristianos* (pertenecientes a, o seguidores de Cristo). Este término fue usado por primera vez en Antioquía. Anteriormente, los seguidores de Jesús eran considerados una facción del judaísmo. En Antioquía, por primera vez en la historia, un gran número de gentiles se convirtió a Cristo sin convertirse primeramente al judaísmo. El término *cristiano* los distinguió, no como un grupo de gentiles paganos ni una secta dentro del judaísmo, sino como un movimiento diferente fundado por Jesús.[4]

Los términos que usamos para describir las comunidades de los discípulos de Jesús son importantes, pero no tan importantes como la realidad que describen.

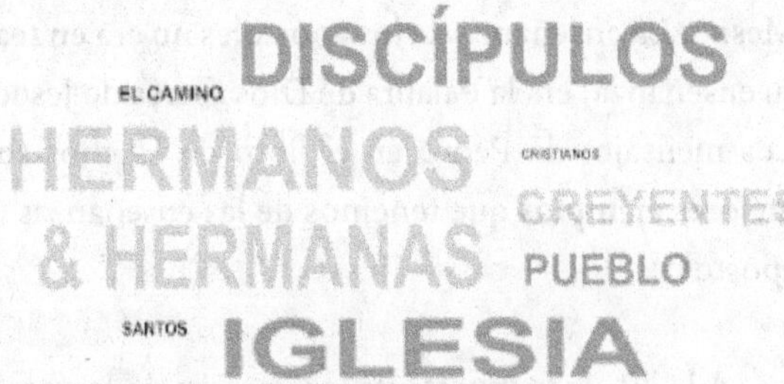

LA VIDA EN LA PRIMERA IGLESIA | 99

DISCÍPULOS
EL CAMINO
HERMANOS CRISTIANOS
& HERMANAS CREYENTES
PUEBLO
SANTOS **IGLESIA**

Figura 11.1. Una nube de palabras que representa el lenguaje que Lucas usa para referirse a los seguidores de Jesús en el libro de Hechos. Cuanto más a menudo Lucas usa un término, más grande aparece aquí. El término menos común es cristianos.

SIMPLEMENTE IGLESIA

Desde el principio, la iglesia de Jerusalén fue una red de muchas iglesias que se reunían en casas.[5] Jerusalén era una ciudad grande y había miles de seguidores de Jesús. La iglesia también se reunía en el monte del Templo. Los patios exteriores y los pórticos cubiertos que rodeaban el templo interior eran lo suficientemente grandes como para que se reunieran miles de personas. Eran lugares concurridos donde los peregrinos llegaban y donde la gente del pueblo se reunía para socializar o hacer negocios.

Lucas describió la vida de la primera iglesia en cinco declaraciones resumidas.[6] La primera declaración (Hechos 2:42-47) revela cómo el Señor agregó nuevos discípulos a la comunidad y cómo se dedicaban a la enseñanza de los apóstoles, a la comunión, al partimiento del pan y a la oración.

1. **Los creyentes se dedicaban a la enseñanza de los apóstoles.** La enseñanza y la predicación de los apóstoles se basaba en lo que ellos habían visto y oído. Incluía las enseñanzas de Jesús y los eventos de su vida, muerte y resurrección. También incluía textos del Antiguo Testamento que apuntaban en el futuro a Jesús como el

Mesías. La enseñanza de los apóstoles no era en realidad su enseñanza; era la Palabra de Dios acerca de Jesucristo. Los mensajes de Pedro en el libro de Hechos son los mejores ejemplos que tenemos de las enseñanzas de los apóstoles.

- A la luz de la muerte y resurrección de Jesús y la llegada del Espíritu Santo, Pedro llamó a la gente a que se arrepintiera y volviera a Dios.
- Proclamó la oferta de salvación que Dios hace por medio del Mesías, Jesús. La salvación solo se podía encontrar por medio de la fe en él. Dios estaba ofreciendo esta salvación a judíos y a gentiles.
- La salvación implicaba que una persona era perdonada de sus pecados, que recibía el Espíritu Santo y que llegaba a pertenecer a la comunidad del pueblo de Dios. La salvación también incluía el rescate de la persecución, la sanidad de la enfermedad y la liberación de la opresión demoníaca y la codicia.
- Pedro proclamó a Jesús como Señor y Mesías, hijo de David y Siervo de Dios. Jesús es santo y justo, líder y salvador. Ofrece arrepentimiento y perdón de pecados. Dios ha confirmado su autoridad mediante señales y prodigios. Conforme al plan de Dios, fue entregado a hombres malvados para que pudiéramos tener la salvación por medio de su muerte. Al tercer día Dios restableció a Jesús levantándolo de entre los muertos.

Lucas usó *la Palabra* para describir el mensaje apostólico respecto a Jesús. Es la Palabra dinámica de Dios que trae salvación y permite que más discípulos se agreguen a la vida de la iglesia. Es este evangelio de salvación por medio de Jesucristo el que hace posible la existencia de la iglesia.

2. **Se dedicaban a la comunión, al partimiento del pan y**

a la oración. Los primeros seguidores formaron comunidades de discípulos. Compartieron unos con otros su nueva vida en el Espíritu. La mayoría de las sinagogas en el campo y fuera de Israel se reunían en casas, por lo que también era natural para los seguidores de Jesús reunirse en casas privadas. Los seguidores de Jesús, excluidos de las sinagogas judías, con frecuencia se reunían en las casas de conversos prominentes que podían albergar hasta cincuenta personas. Cuando Pedro fue liberado de la prisión, fue a la casa de María donde los creyentes estaban orando. Era una casa grande con un portal que conducía a un patio y a las habitaciones. Jacobo y los hermanos se reunían en otros lugares.[7]

Lucas registra que los creyentes estaban juntos y que eran de un mismo sentir y pensar (Hechos 4:32). Expresaban su amor por Dios en la adoración colectiva. Su amor fraternal se expresaba en acción. Los miembros más ricos vendían sus posesiones libremente y compartían las ganancias con los necesitados. Compartían la Cena del Señor mientras partían el pan en los hogares.

Los creyentes oraban juntos con regularidad. La oración y el ministerio de la Palabra eran las prioridades de los apóstoles (Hechos 6:4). Cuando la iglesia estaba bajo amenaza de persecución, se reunían para orar, clamando a Dios para que les diese valentía en la proclamación de la palabra y poder en las señales y prodigios (Hechos 4:24-31). En casi todos los puntos importantes de inflexión en la misión de la iglesia primitiva, Lucas menciona la oración.[8]

3. **Y cada día el Señor añadía a su número los que iban siendo salvos.** La vida de la iglesia en Jerusalén dio fruto. Los seguidores de Jesús proclamaron el evangelio públicamente en el templo y sus alrededores. Proclamaron el evangelio en las sinagogas de Jerusalén. Proclamaron el

evangelio al reunirse en hogares en distintas partes de la ciudad.

Con valentía, proclamaban las buenas nuevas todos los días a pesar de las amenazas y la persecución por parte de las autoridades. Cuando la oposición llegó, los creyentes no oraron por seguridad, sino por valentía. Las señales del poder de Dios acompañaron al evangelio. La gente llegaba a Jerusalén desde las ciudades y aldeas de Judea, trayendo enfermos y personas afligidas con espíritus inmundos para que los sanaran.

El número de seguidores de Jesús en Jerusalén creció dramáticamente: de 120 personas a tres mil, luego a cinco mil, entre ellos muchos fariseos y sacerdotes. Lucas indica que la gente del pueblo tenía miedo de unirse a ellos, sin embargo, tenían a los creyentes en alta estima (Hechos 5:13-16). Todos los días, hombres y mujeres llegaban a la fe en Jesús y eran agregados a la iglesia.[9]

LIDERAZGO

Lucas no explica en gran detalle la manera en la que se organizó la iglesia primitiva, tampoco lo hace Pablo.[10] Lucas identificó algunos de los roles de liderazgo; sin embargo, parece interesarse más en la propagación del evangelio que en la necesidad de describir un sistema de gobierno eclesiástico.

Los Doce. Durante los primeros años, los Doce apóstoles ejercieron liderazgo sobre la iglesia en Jerusalén. Oraban, predicaban y enseñaban. Desempeñaron un papel en la disciplina de la iglesia. Se dedicaron al evangelismo en Jerusalén, Judea, Samaria y más allá. Llevaron la iniciativa en la resolución de conflictos y en el nombramiento de colaboradores. Consolidaron iglesias en nuevas regiones. Tomaron parte en las decisiones importantes con respecto a la misión entre los gentiles.[11]

Los mismos apóstoles explicaron que su responsabilidad principal era *"la oración y [el] ministerio de la palabra"* (Hechos 6:4). Hoy la frase "oración y ministerio de la palabra" evoca ideas de un ministerio monástico y tranquilo. Sin embargo, en Hechos, esta frase no podría significar nada menos que un evangelismo pionero, la instrucción de nuevos discípulos y la plantación y fortalecimiento de nuevas iglesias. En el libro de Hechos, la *palabra* es una fuerza dinámica e imparable que crece y se multiplica y da como resultado la formación de nuevas comunidades de discípulos. La *oración* es realizada en medio de los desafíos y las oportunidades que enfrenta este movimiento misionero dinámico. La *oración* precede la llegada capacitadora del Espíritu para cumplir la misión. Después de ser liberados de su custodia, Pedro y Juan se unen a los creyentes en *oración*, pidiendo valentía para proclamar el evangelio. Pedro está en *oración* cuando Dios interviene para llevarlo a la casa de Cornelio. *"La oración y [el] ministerio de la palabra"* fueron actividades de los líderes de un movimiento misionero dinámico y expansivo.

Alrededor del año 41 d.C., el rol de los Doce como líderes de la iglesia en Jerusalén cambió. Herodes Agripa ejecutó al apóstol Jacobo, y Pedro huyó de Jerusalén. El liderazgo de la iglesia en Jerusalén parece haber sido transferido de los Doce a un consejo de ancianos, siendo Santiago, el hermano del Señor, quien se convirtió en el "primero entre iguales".

La ciudad se había vuelto demasiado peligrosa para Pedro y los otros apóstoles. Cada vez más, Pedro funcionaba como un misionero móvil que iba más allá de Jerusalén. Existe alguna evidencia de que los apóstoles restantes siguieron el ejemplo de Pedro y también emprendieron el alcance misionero más allá de Jerusalén.[12]

Los Siete. A medida que la iglesia crecía con rapidez, surgió un conflicto en cuanto a la distribución de alimentos para las viudas de habla hebrea y griega en la iglesia. Las viudas de habla griega estaban siendo desatendidas. Los apóstoles resolvieron los problemas nombrando a siete líderes para lidiar con el asunto. Estos líderes fueron elegidos por la fuerza de su fe y la calidad de su carácter. Todos tenían nombres griegos. Su nombramiento liberó a los Doce para enfocarse en la oración y el ministerio de la palabra (Hechos 6:1-6). Sin embargo, al menos dos de los Siete, Esteban y Felipe, también participaban activamente en la evangelización. Felipe parece haber preferido el evangelismo y la plantación de iglesias a "servir mesas".

Los Siete nunca fueron llamados "diáconos" en el sentido en que Pablo usaba la palabra. La palabra *servicio*, de donde sale el término "diácono", se usa tanto para los Doce como para los Siete. Los Siete tenían un ministerio (servicio) de servir las mesas, así como los Doce tenían un ministerio (servicio) de predicar la palabra y orar.

El nombramiento de los Siete mostró la disposición de la iglesia de Jerusalén de adaptar las estructuras y roles de liderazgo para satisfacer las nuevas necesidades.

Santiago y los ancianos. Los ancianos desempeñaban un rol de liderazgo cada vez mayor en la iglesia de Jerusalén, junto a los apóstoles. Cuando los cristianos de Antioquía enviaron apoyo material para los creyentes pobres en Jerusalén, los ancianos fueron los que recibieron sus regalos (Hechos 11:30). En el concilio de Jerusalén, los ancianos se enumeran junto con los apóstoles. Cuando Pablo visitó Jerusalén por última vez alrededor del año 57 d. C., no hay ninguna mención de los apóstoles; sólo permanecieron los ancianos de Jerusalén, con Santiago como líder indiscutible.

Para el año 41-42 d.C., Santiago y los ancianos parecen haber asumido el liderazgo de la iglesia de Jerusalén después de que los apóstoles huyeran de la ciudad. Santiago, el hermano del Señor, fue el líder de la iglesia de Jerusalén desde el año 41 d.C hasta el año 62, cuando el historiador judío Josefo registra que el sumo sacerdote lo mandó a apedrear hasta la muerte.

Lucas no relata cómo ni cuándo estos ancianos fueron nombrados. Tampoco nos dice cómo Santiago se convirtió en líder en

Jerusalén, o cómo fue reemplazado después de su muerte. El enfoque de Lucas es otro. Según Hechos, la fuerza impulsora en la iglesia de Jerusalén no era un cargo particular de liderazgo ni una forma de organización, sino la Palabra dinámica de Dios y la presencia del Espíritu Santo.

La historia de Jesús de Nazaret hubiera estado incompleta sin la historia de la expansión de la iglesia primitiva. Entrelazados con los informes de Lucas sobre el progreso de la Palabra de Dios están los relatos de la vida y el crecimiento de las comunidades de discípulos.

La iglesia primitiva fue sorprendentemente libre para formar su vida como pueblo de Dios. Ni los apóstoles, ni Santiago el hermano del Señor, ni Pablo controlaban a las iglesias. La iglesia, guiada por el Espíritu Santo, se expandía y multiplicaba por medio de la dinámica Palabra de Dios.

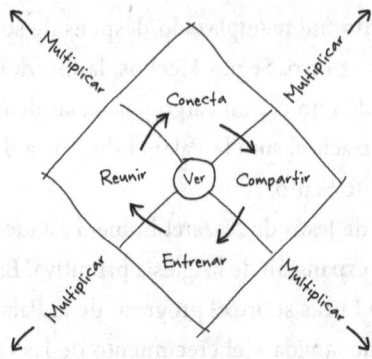

12. DESDE JERUSALÉN HACIA EL MUNDO

Sacrificio y coraje eran lo único que los apóstoles necesitaban para viajar a Germania o a España, a Etiopía o a Escitia, o a la India.

—ECKHARD SCHNABEL,
EARLY CHRISTIAN MISSION

Si leer el libro de Hechos es como ir en una caminata, los acontecimientos principales no son el producto de manos humanas; sino únicamente el resultado de las acciones de Dios.

—BEVERLY GAVENTA,
THE ACTS OF THE APOSTLES

EL NACIMIENTO DE LA IGLESIA EN JERUSALÉN fue también el nacimiento de un movimiento misionero internacional. Jerusalén tenía 100.000 habitantes. A partir de la reconstrucción del templo por parte de Herodes el Grande, Jerusalén se convirtió en la ciudad más visitada de todo el Imperio Romano. En el día de Pentecostés, podría haber hasta un millón de peregrinos acampados en Jerusalén y sus alrededores.[1]

La diáspora (conformada por la mayoría de los judíos que vivían fuera de Palestina en las ciudades del mundo antiguo) había abandonado su tierra natal como resultado de la derrota y el exilio a lo largo de los años, o por elección propia por razones laborales. Muchos de los que estuvieron presentes en Pentecostés y se habían unido a este nuevo movimiento, llevaron consigo su nueva fe en Jesús cuando retornaron a casa, lo cual explica el nacimiento de nuevas comunidades cristianas en lugares como Damasco, Roma y Alejandría.[2]

Mientras tanto, los discípulos de Jesús llevaron el evangelio a Judea, Samaria, Siria y Roma. Se dedicaron a la obra misionera entre judíos, samaritanos, gentiles temerosos de Dios y paganos. A medida que se extendía el movimiento, los apóstoles y otros misioneros multiplicaron obreros, capacitando a los nuevos creyentes para alcanzar a sus amigos y familiares, para recibir y dirigir comunidades de discípulos en sus hogares, y para participar en la proclamación del mensaje en las regiones no alcanzadas. No hubo nada automático en la propagación del evangelio desde Jerusalén hacia el mundo.

JERUSALÉN

Un grupo de hombres poderosos y peligrosos, que representaban la misma aristocracia religiosa que había orquestado el arresto de Jesús y su entrega a los romanos, se levantó en oposición al movimiento de Jesús en Jerusalén.[3] Entre este grupo se encontraban el sumo sacerdote Anás y su familia, la guardia del templo, expertos en la ley y miembros del consejo gobernante judío.

La oposición surgió cuando Pedro y Juan sanaron a un cojo y se pusieron a predicar en los recintos del templo. Los apóstoles fueron llevados ante un grupo formidable; Lucas los describe como los gobernantes, ancianos y maestros de la ley (Hechos 4:5-6).

Como era de esperarse, estos hombres estaban preocupados por su poder y reputación. No podían aceptar el mensaje de Jesús ni tampoco a los mensajeros. Estaban indignados por la sinceridad y la autoridad con la que hablaban estos pescadores galileos, sorprendidos de que Pedro y Juan fueran hombres comunes y corrientes, sin formación teológica ni credenciales adecuadas. Aquí había dos "dones nadies", desafiando las enseñanzas de los eruditos y la autoridad de los líderes del pueblo de Dios.[4] Su única característica distintiva era que habían estado con Jesús.

Después de amenazarlos, las autoridades liberaron a los apóstoles ilesos. Muchas de las personas que escucharon el mensaje de Pedro creyeron las buenas nuevas acerca de Jesús el Mesías, y la iglesia creció a cinco mil personas (Hechos 4:4). Los creyentes se reunían regularmente en hogares privados, lo cual creó una necesidad para cientos de líderes locales.

La información que Lucas proporciona muestra cuán exhaustivamente la iglesia primitiva cumplió el mandato de Jesús en Jerusalén. Dios aumentaba al número de creyentes diariamente, a medida que el movimiento se extendía por medio de

- La predicación de la Palabra
- La sanación de enfermos
- El testimonio de creyentes ordinarios ante sus familias, vecinos y amigos
- La calidad del amor que se tenían unos por otros
- El coraje que mostraban ante la persecución violenta
- El perdón que extendían a aquellos que los perseguían

Toda Jerusalén escuchó el evangelio por medio del testimonio de estos discípulos, y lo vio demostrado en actos de poder y obras de amor. Sus oponentes se quejaban de que habían "llenado Jerusalén" con sus enseñanzas. Cuando Pablo visitó Jerusalén en el año 57 d.C., había decenas de miles de seguidores de Jesús en toda Jerusalén y la región circundante (Hechos 21:20).

JUDEA, GALILEA Y SAMARIA

Jerusalén fue la cuna y el centro del movimiento en sus primeros años, pero no era un centro institucional, tampoco era un centro que coordinaba la misión. Jerusalén no ejerció control sobre las nuevas iglesias. En lugar de esto, las iglesias en Siria, Cilicia, Galacia, la provincia de Asia, Grecia, Roma y Alejandría se establecieron y desarrollaron independientemente del control central.[5]

Los discípulos probablemente habrían llevado las buenas nuevas desde Jerusalén a los pueblos cercanos de Betania y Emaús poco después de Pentecostés, formando comunidades de discípulos que habrían seguido asistiendo a la sinagoga local. María, Marta y Lázaro vivían en Betania, y Lucas registra el encuentro de Jesús con los dos discípulos que viajaban por el camino a Emaús. Lucas nos dice que las personas también llegaban de los pueblos alrededor de Jerusalén para ser sanadas.

Los apóstoles, guiados por Jesús, ya habían participado en campañas para alcanzar a los pueblos y aldeas rurales de Galilea y Judea. Después de Pentecostés, podrían fácilmente haber seguido el ejemplo de Jesús y haber dirigido equipos misioneros hacia los ochenta pueblos y aldeas de Judea, compartiendo el mensaje del Mesías crucificado y resucitado. Las primeras cartas de Pablo indican que él conocía acerca de "las iglesias de Dios en Cristo Jesús que están en Judea" (Gálatas 1:22; 1 Tesalonicenses 2:14).

Jesús era de Galilea y tenía parientes y muchos seguidores en la región. Lucas registra que la iglesia en Galilea se estaba multiplicando junto con la iglesia en Judea y Samaria. Pablo menciona que los hermanos de Jesús participaban en la actividad misionera, posiblemente en Galilea. Pedro y Andrés tenían familias en Capernaúm y Betsaida, al igual que el apóstol Felipe.[6]

Pedro, Juan y Felipe el evangelista participaban activamente en el evangelismo y la plantación de iglesias en toda Samaria (Hechos 8:4-14, 25). Lucas informa que la iglesia en toda Samaria continuó creciendo en tamaño y profundidad. Más tarde explica que "todos los creyentes de Samaria" estaban animados por los informes de Pablo y Bernabé (Hechos 9:31; 15:3).

CIUDADES EN LA COSTA MEDITERRÁNEA

Felipe, Pedro y otros proclamaron el evangelio y establecieron iglesias en Lida, Jope, Cesarea, Tolemaida-Acre y probablemente Azoto. Estas iglesias se convirtieron en centros de alcance en las regiones circundantes. Durante "un buen tiempo" Pedro tuvo su centro de operaciones en Jope. Cesarea, que tenía dieciséis aldeas bajo su control, probablemente fue el centro de operaciones para Felipe por algunos años (Hechos 9:43; 21:8).

Los creyentes que emigraron de Jerusalén después de la muerte de Esteban fueron a Antioquía en Siria, convirtiendo tanto a judíos como a griegos y plantando iglesias (Hechos 11:20-21). Lucas menciona Fenicia y Chipre en ese mismo contexto, lo que podría indicar que los creyentes estaban involucrados en una misión a lo largo de toda la costa mediterránea, desde Cesarea hasta Antioquía, en Biblos, Berytus, Dora, Sidón y Tiro.

SIRIA Y CHIPRE

La llegada del evangelio a Antioquía fue uno de los acontecimientos más importantes en la expansión del movimiento cristiano primitivo. Antioquía era la capital de la provincia romana de Siria; era la tercera ciudad más grande del imperio. Los creyentes de Jerusalén llevaron el evangelio a Damasco y Antioquía,[7] continuando la misión entre los judíos. Pero algunos discípulos de Chipre y Cirene comenzaron a compartir con los gentiles de habla griega. Lucas informa que "el poder del Señor estaba con ellos, y un gran número creyó y se convirtió al Señor" (Hechos 11:21).

Los acontecimientos en Antioquía fueron un gran paso en la misión a los gentiles. Los apóstoles en Jerusalén no tomaron la iniciativa en este avance, pero jugaron un papel importante al enviar a Bernabé a Antioquía para consolidar y extender la obra. Bernabé reclutó a Pablo para que lo ayudara.

La iglesia en Antioquía creció rápidamente y un gran número de personas, tanto judíos como gentiles de habla griega, creyeron y se convirtieron al Señor. Un año después, Antioquía se convirtió en la plataforma de lanzamiento para una nueva fase de alcance misionero a los gentiles, dirigida por Pablo y Bernabé.

ROMA

La fe cristiana se estableció en Roma ya en el año 31 d.C. La explicación más probable es que los peregrinos judíos que se convirtieron en Pentecostés, al regresar a su hogar, empezaron a proclamar en las sinagogas de Roma que Jesús era el Mesías. Roma tenía una población de hasta un millón de habitantes; de ellos, entre cuarenta y cincuenta mil eran judíos, la segunda comunidad judía más grande fuera de Palestina. Los judíos se reunían en al menos once sinagogas esparcidas por toda la ciudad, pero se concentraban en la zona conocida como Trastevere ("al otro lado del Tíber").[8] Había muchos conversos gentiles y simpatizantes relacionados con las sinagogas de Roma que habrían sido receptivos al evangelio. Es muy probable que judíos convertidos y gentiles temerosos de Dios establecieran las primeras iglesias en la zona de Trastevere. A partir de allí, el evangelio se extendió al resto de la ciudad y a la población gentil.[9]

Una vez que se abre el camino para que el evangelio llegara a los gentiles, Lucas mantiene su enfoque en el apóstol Pablo hasta que el evangelio llegó a Roma. En el año 49 d.C. hubo un grave disturbio en la comunidad judía de Roma que llevó a su expulsión por parte del emperador Claudio (Hechos 18:2). La evidencia sugiere que los disturbios fueron una reacción a la presencia de judíos cristianos que proclamaban a Jesús como el Mesías en las sinagogas de Roma. La carta de Pablo a los Romanos identifica múltiples iglesias que se reúnen en diferentes partes de la ciudad a mediados de la década de los 50 (Romanos 16:3-16).

ÁFRICA DEL NORTE

Lucas no informó todo lo que sabía acerca de la propagación del movimiento cristiano primitivo en el libro de los Hechos. La evidencia sugiere que el cristianismo se extendió a Egipto, particularmente a Alejandría, en los años 30.

La mayor concentración de judíos fuera de Palestina se encontraba en Egipto, especialmente en Alejandría, donde la comunidad judía databa del siglo VI a.C. El Nuevo Testamento menciona a judíos y cristianos judíos de Cirene en el norte de África, una importante ciudad griega con una gran comunidad judía. Los judíos de Cirene estaban presentes en Pentecostés del año 30 d.C. (Hechos 2:10). Su sinagoga en Jerusalén fue uno de los lugares donde Esteban enfocó su ministerio. Algunos de ellos se convirtieron y llevaron el evangelio a Antioquía en Siria. Uno de los principales profetas y maestros de la iglesia en Antioquía fue Lucio de Cirene. Es probable que se haya establecido una iglesia en Cirene en una fecha temprana.[10]

INDIA

Según fuentes eclesiásticas posteriores, existe evidencia creíble de que el apóstol Tomás llegó a la India. Los productos indios estaban disponibles en los mercados palestinos. Las rutas para la navegación mercante entre Egipto, Arabia y el sur de la India estaban bien establecidas desde el siglo I a.C. La evidencia de la presencia cristiana en la India data del siglo III. No hay ninguna razón para creer que el evangelio no pudiera haberse extendido tan lejos como la India en el lapso de una generación.[11]

MULTIPLICANDO OBREROS

Nunca fue la intención de Lucas el contar toda la historia del surgimiento del movimiento cristiano. Nos da fragmentos cuidadosamente seleccionados en lugar de darnos historias detalladas.

No se nos dice qué sucedió finalmente con Pedro o los otros apóstoles. En Hechos, el enfoque que les da a ellos es el mismo que les da a Esteban, Felipe, Bernabé y los creyentes que llevaron el evangelio a la diáspora judía. El Espíritu Santo estaba obrando por medio de todo tipo de personas. Lucas no estaba escribiendo biografías individuales; era la historia del imparable avance de la Palabra desde Jerusalén hacia el mundo.

No había paralelos en el mundo antiguo para un movimiento misionero internacional. Jesús fue el modelo de los discípulos. Así como Jesús había entrenado a sus primeros discípulos, ellos entrenaron y enviaron a otros. Los Doce eran judíos de Galilea que hablaban arameo. Casi desde el principio reconocieron la necesidad de formar un liderazgo en Jerusalén que incluyese judíos de habla griega de la diáspora.

Entre los líderes que nombraron, al menos dos de ellos jugaron un papel fundamental en llevar el evangelio más allá de Jerusalén. Felipe encabezó el esfuerzo en alcanzar a los samaritanos. Otros llevaron el evangelio por primera vez a los paganos gentiles de Antioquía. Estos dos acontecimientos fueron avances dramáticos en la expansión del movimiento más allá de las barreras raciales y religiosas. Ninguno de ellos vino por iniciativa de los apóstoles. Sin embargo, los apóstoles en Jerusalén rápidamente apoyaron y trabajaron junto con aquellos que habían abierto el camino. Reconocieron que Dios estaba obrando.

Los apóstoles hicieron su contribución a la expansión del evangelio, pero Jesús les había enseñado que la tarea nunca podría completarse a menos que capacitaran y multiplicaran obreros. El movimiento cristiano se extendió gracias a los esfuerzos de innumerables creyentes no identificados. No se habían establecido escuelas formales. Los obreros eran entrenados sobre la marcha.

No hay ninguna evidencia de que un apóstol haya iniciado la iglesia en Roma. La iglesia en Roma podría haberse establecido por judíos romanos que se convirtieron en Pentecostés o por creyentes que fueron esparcidos por la persecución que vino tras el martirio de Esteban. Muchas otras iglesias se establecieron de esta manera "accidental". Nuevas iglesias estaban surgiendo y creciendo en tantos lugares diferentes que los apóstoles en Jerusalén no tenían ninguna manera de controlar el movimiento.

La misión cristiana primitiva fue mucho más allá de cualquier precedente establecido por el alcance misionero de la diáspora judía. La diáspora judía atrajo gentiles a la sinagoga. Los gentiles fueron atraídos a la fe de Israel en un solo Dios verdadero que era santo, justo y amoroso. Sin embargo, los primeros misioneros cristianos fueron aún más lejos. En lugar de esperar a que el mundo viniera a ellos, ellos viajaron a ciudades y regiones no alcanzadas para proclamar el evangelio de Jesucristo y establecer comunidades de discípulos.[12]

En cada ciudad, pueblo y aldea donde el evangelio se afianzó, los creyentes compartieron su fe con familiares, amigos y vecinos. Así es como la mayoría de la gente escuchó las buenas noticias. Los misioneros pioneros no se acomodaron en un solo lugar para pastorear las nuevas iglesias. En lugar de esto, capacitaron a líderes locales para que asumieran esa responsabilidad y, habiendo hecho eso, procedían a un nuevo territorio, regresando ocasionalmente o enviando representantes o cartas.

En un lapso de cuarenta años, los misioneros cristianos habían plantado iglesias en Siria-Cilicia, Chipre, Galacia, Asia, Misia, Macedonia, Acaya, Capadocia y Ponto-Bitinia. También había grupos en Italia y Roma, en Dalmacia, en Creta y posiblemente en Ilírico y Egipto. Se plantaron iglesias en las principales ciudades del Imperio Romano: Jerusalén, Damasco, Cesarea, Antioquía, Roma, Corinto, Alejandría y Éfeso.[13] Esas iglesias sirvieron como bases para alcanzar a las regiones circundantes. Los primeros cristianos estaban siguiendo el ejemplo de Jesús para alcanzar a *todas* las personas de una región, ya sea que vivan en ciudades o en pequeños poblados, sin importar su condición social u origen religioso.

Sabemos que Jesús llamó a algunos a la vida misionera de tiempo completo. Su misión era pescar personas, conducirlas a la fe en Jesús y llevarlas a entrar en comunión con otros discípulos. Podemos identificar al menos cuarenta de estos obreros en el Nuevo Testamento.[14] Su tarea principal era llevar el evangelio a lugares nuevos y no alcanzados. Buscaban reunir a los primeros discípulos en una comunidad o comunidades y establecerlos en la fe antes de continuar a otro lugar.

En lugar de centralizar el liderazgo en Jerusalén, los apóstoles se dispersaron alrededor del año 41-42 d.C. para así poder proclamar las buenas nuevas en Judea, Samaria y las naciones. Pedro se convirtió en un misionero móvil entre judíos y gentiles. Pablo no fue el único misionero activo entre los gentiles (Romanos 15:20; 1 Corintios 9: 5).

El liderazgo de Pablo llevó el movimiento a un nivel completamente nuevo, pero la misión hacia los gentiles ya estaba en marcha antes de que él apareciera en escena. Y es porque la misión no comenzó con Pablo, ni con Pedro, ni con ninguno de los apóstoles. Jesús de Nazaret sentó las bases. Después de Pentecostés, el Señor resucitado continuó haciendo avanzar a la iglesia primitiva en su misión mundial.

Jesús fundó un movimiento misionero. Sus métodos para formar obreros fueron sencillos y reproducibles. Estos obreros, a su vez, capacitaron a otras personas como él los había capacitado: enfocándose en su cabeza, corazón y manos. No se requirieron grandes sumas de dinero ni estructuras complejas para que este movimiento se expandiera. Lo único que los discípulos necesitaban era fe y obediencia.

Jesús de Nazaret sentó las bases para un movimiento misionero mundial por medio de su ejemplo y la capacitación que hizo de los discípulos. La resurrección de Jesús y la llegada del Espíritu Santo transformaron a estos discípulos desesperados y derrotados en una fuerza misionera que con valentía proclamó el evangelio y reunió a los discípulos en comunidades de adoradores dondequiera que iban.

El movimiento avanzó más allá del control de los apóstoles originales a medida que Dios multiplicaba obreros que llevaban el evangelio a regiones no alcanzadas. Los apóstoles apenas podían seguir el ritmo de lo que Dios estaba haciendo en la periferia. El liderazgo de Pablo llevó la misión a un nuevo nivel, pero Dios ya había trabajado por medio de otras personas para preparar el camino.

Antes de pasar a Pablo, haremos una pausa para considerar nuestro próximo estudio de un caso contemporáneo.

INTERLUDIO
YING KAI Y EL PODER DE LA MULTIPLICACIÓN

Pero las otras semillas cayeron en buen terreno. Brotaron, crecieron y produjeron una cosecha que rindió el treinta, el sesenta y hasta el ciento por uno.

—MARCOS 4:8

Ying y Grace Kai son de Taiwán. Durante varios años sirvieron como misioneros en Hong Kong. Cada año plantaban una nueva iglesia y guiaban a unas treintena personas a los pies de Cristo.[1] En el año 2000, un hombre de negocios de Hong Kong habló con Ying sobre las necesidades de una región no alcanzada en Asia que, por razones de seguridad, llamaremos "Nandong".

Ying se mostró reacio. Conocía la reputación del gobierno autoritario de Nandong. Así que el empresario llevó a Ying y a Grace a visitar la región. Después del viaje, Ying reflexionó sobre su experiencia:

> Mientras viajábamos en el tren, pasamos por muchas fábricas. El hombre nos hablaba sobre cada fábrica que pasábamos. Decía: "Esta fábrica tiene 3.000 trabajadores. Conozco al dueño. Él anhela que alguien venga a compartir el evangelio, pero no encontramos a nadie dispuesto a venir".

La fábrica más grande que vimos tenía 70.000 trabajadores. Cuando vimos a toda la gente perdida de estas fábricas, Dios abrió nuestros ojos y nuestras mentes. Me di cuenta, "esta gente necesita el evangelio".[2]

Ying fue llamado por Dios para alcanzar a los veinte millones de habitantes en este centro urbano de rápido crecimiento, donde cada día llegan miles de nuevos trabajadores migrantes en busca de trabajo y una vida mejor.

Ying sabía que para alcanzar a la gente de Nandong tendría que modificar su estrategia. Sabía que no sería suficiente simplemente agregar discípulos e iglesias; tenía que aprovechar el poder de la multiplicación. Mientras Ying oraba, Dios le dio tres ideas en cuanto a las personas que están llamadas a hacer discípulos:

- **Ir, no venir.** La Gran Comisión no dice que debemos invitar a las personas a venir a nosotros. Dice que nosotros debemos *ir*. Debemos ir a la gente perdida y capacitar a los nuevos creyentes para que ellos también vayan hacia los perdidos—en las fábricas, hogares, tiendas y vecindarios.
- **Todos, no algunos.** Debemos hacer discípulos de *todos*, no solo de algunos. Por lo general, escogemos con quién queremos compartir el evangelio, tratando de prejuzgar quién podría aceptarlo. Pero Dios nos instruyó que lo compartamos con todos. No podemos predecir quién creerá y a quién usará Dios para dar a luz un movimiento.
- **Hacer discípulos y entrenadores, no miembros de iglesia pasivos.** Jesús quiere verdaderos *discípulos* que obedecen sus mandamientos, incluyendo el mandato de testificar a los demás y capacitar a los nuevos creyentes para que ellos hagan lo mismo. Todo discípulo debe ser un entrenador.

INTERLUDIO: YING KAI Y EL PODER DE LA MULTIPLICACIÓN

Ying, el plantador de iglesias y pastor, se convirtió en Ying, el capacitador y catalizador para movimientos de plantación de iglesias. Denominó su proceso para formar discípulos "Entrenamiento para Entrenadores" (T4T: Training for Trainers). La palabra "entrenador" transmite la idea de alguien que crece en su amorosa obediencia a Jesús y, a la vez, transmite lo que aprende a otros por medio del testimonio y el entrenamiento.

El proceso T4T capacita a los creyentes para compartir el evangelio y hacer discípulos de una manera reproducible. El proceso de discipulado incluye la formación de nuevos grupos e iglesias junto con el desarrollo del liderazgo.

Ying y Grace comenzaron capacitando a una clase de treinta creyentes. Enseñaron a los participantes que cada uno de ellos tenía una historia única que contar acerca de cómo conocieron a Jesús. Los capacitaron para contar su historia y los ayudaron a identificar a cinco personas con las que compartirían esa historia la siguiente semana.

A la semana, diecisiete de los treinta participantes afirmaron haber compartido su historia, y un agricultor la había compartido con once personas. La semana siguiente, Ying elevó el nivel de responsabilidad y permitió que solo aquellos que estaban compartiendo su historia continuaran con la capacitación. Dos meses después, los aprendices habían iniciado veinte grupos pequeños. Después de seis meses, había 327 grupos pequeños y 4.000 creyentes recién bautizados esparcidos por diecisiete pueblos. En doce meses, había 908 iglesias en casas con más de 12.000 nuevos cristianos.

Un anciano agricultor que nunca había plantado una iglesia comenzó doce iglesias en casas en dos meses y 110 en el primer año. Comenzaba cada día leyendo su Biblia desde las 5 a.m. hasta las 7 a.m. Luego trabajaba en el campo hasta las 5 p.m., momento en el que se iba a casa para cenar y pasar tiempo en familia. A las 7 pm. volvía a salir, esta vez para trabajar en "los campos de Dios" hasta la medianoche.

En otro pueblo, una mujer de sesenta y siete años se hizo cristiana y en un año llevó a más de sesenta familias a convertirse en creyentes.

Tomando otro ejemplo, Ying perdió el contacto con un empleado cristiano al que había entrenado en una fábrica. Después de seis meses se enteró de que el hombre había sido trasladado a otra fábrica grande con diez mil trabajadores. Durante esos seis meses, el hombre había comenzado setenta grupos pequeños, y había visto diez generaciones de reproducción (iglesias plantando iglesias).

Para el año 2003, Ying y Grace estaban entrenando entre 300 y 400 creyentes cada mes. Mientras los Kais los capacitaban para ser entrenadores de entrenadores, descubrieron que muchos de los estudiantes compartían su fe, que algunos comenzaban nuevos grupos, y que un grupo aún más pequeño capacitaba a los nuevos miembros de sus grupos para repetir el proceso. Cientos y luego miles comenzaron a llegar a la fe.

Inmediatamente después de llegar a la fe, los nuevos creyentes eran equipados y hechos responsables de testificar acerca de su fe con familiares, vecinos y amigos cercanos. Se les enseñaba a estos nuevos creyentes a capacitar y hacer seguimiento a las personas a quienes habían llevado a Cristo. Los capacitadores aprendieron lecciones bíblicas simples y reproducibles y las enseñaron a los nuevos creyentes que fueron alentados a formar parte de las nuevas iglesias.

A medida que los creyentes cambiaban de trabajo, se trasladaban de un barrio a otro y de una fábrica a otra. La capacitación T4T prepara a los nuevos creyentes para actuar como semillas, de modo que cuando la iglesia se dispersa, ya sea por peligros u oportunidades, nuevas iglesias son plantadas.

En la encuesta más reciente del ministerio de la familia Kai, más de 1,7 millones de personas han llegado a la fe y se han bautizado. Cada mes, obreros capacitados plantan dos mil nuevas iglesias en casas y grupos pequeños en pueblos, departamentos en las ciudades y fábricas. Se han iniciado más de 140.000 iglesias en lo que actualmente se conoce como el movimiento de plantación de iglesias de más rápido crecimiento en el mundo.

En otras partes del mundo, el T4T ha dado lugar a nuevos movimientos de plantación de iglesias en contextos hindúes, musulmanes y animistas, entre pueblos alfabetizados y analfabetos. El T4T también ha comenzado a rendir frutos en Estados Unidos y Australia.

La estrategia de Ying Kai ha sido la de capacitar agresivamente a todos los cristianos locales fieles en cómo ser más obedientes en su vida espiritual, cómo compartir su fe de manera efectiva de persona a persona, cómo hacer un seguimiento inmediato de los nuevos creyentes y cómo iniciar grupos reproducibles que a menudo se convierten en iglesias. El capacitar, alentar y responsabilizar a los cristianos nuevos y existentes para que se conviertan en entrenadores de entrenadores ha sido la marca distintiva de este movimiento de plantación de iglesias. La historia de Ying demuestra el poder de la multiplicación en acción.

En el corazón de este asombroso movimiento se encuentra un proceso simple para entrenar discípulos.[3] Cuando los estudiantes se reúnen, su tiempo se divide en tres partes iguales. Pasan tiempo enfocándose en cada una de estas tres áreas.

1. MIRANDO HACIA ATRÁS

Cuidado pastoral. Los aprendices se preguntan unos a otros: "¿Cómo estás?", tomando tiempo para ministrar a las necesidades de los demás brindando oración, consejo bíblico y ánimo.

Adoración informal. Los aprendices alaban a Dios de una manera culturalmente apropiada y reproducible. Pueden orar o cantar, con o sin un instrumento o reproductor de música. Algunos grupos leen los Salmos en voz alta.

Rendición de cuentas. En amor, los aprendices rinden cuentas unos a otros respecto a la manera en la que han estado siguiendo a Jesús (obediencia a la lección bíblica anterior) y viviendo como pescadores de hombres (testificando y capacitando a otros) desde la última reunión.

Proyección de la visión. Se les recuerda a los estudiantes el diseño que Dios tiene para sus vidas y lo que él planea hacer por medio de ellos.

2. MIRANDO HACIA ARRIBA

Los estudiantes reciben suficiente contenido bíblico para obedecer y compartir con otros. Después de una serie de seis lecciones básicas de discipulado, los participantes aprenden cómo hacer un estudio bíblico inductivo, haciendo las siguientes preguntas: *¿Qué dice? ¿Qué puedo obedecer? ¿Qué compartiré con otras personas?*

3. MIRANDO HACIA ADELANTE

Práctica. Los estudiantes pasan tiempo practicando lo que han aprendido para ganar confianza y destreza y así poder transmitirlo a otros.

Metas y oración. Los aprendices establecen metas sobre cómo obedecerán la lección y cómo tomarán pasos para testificar y entrenar a otros; luego se encomiendan unos a otros por medio de la oración.

PARTE TRES
LO QUE JESÚS CONTINUÓ HACIENDO

PABLO Y SU EQUIPO

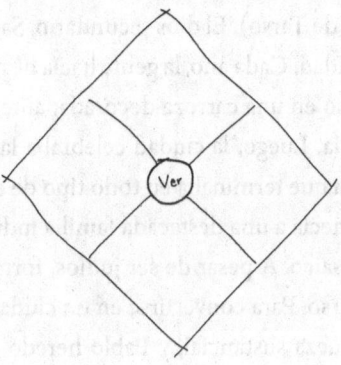

13. ¡POR FIN LO ENTIENDE!

> *La misión de Pablo fue un acontecimiento sin precedentes, en términos de la historia antigua de la religión y la historia posterior de la iglesia... Con Pablo, vemos por primera vez el objetivo específico de llevar adelante una obra misionera por todo el mundo.*
>
> —MARTIN HENGEL,
> *BETWEEN JESUS AND PAUL*

EL APÓSTOL PABLO ERA DE TARSO, la capital de la provincia romana de Cilicia en la costa sureste de lo que hoy es Turquía. Tarso era una ciudad rica de medio millón de habitantes; también era un centro importante de aprendizaje del idioma griego.

Pablo (conocido por su nombre judío "Saulo" hasta comenzar su obra misionera entre gentiles)[1] creció en un mundo de judaísmo devoto, rodeado del peor paganismo. El dios principal de Tarso era

Baal Tars (señor de Tarso). El dios secundario, Sandan, figuraba en los ritos de fertilidad. Cada año, la gente hacía desfilar a Sandan por las calles de Tarso en una carroza decorada, antes de quemarla en una pira funeraria. Luego, la ciudad celebraba la resurrección del dios en una fiesta que terminaba en todo tipo de excesos.[2]

Pablo pertenecía a una destacada familia judía con vínculos al movimiento farisaico. A pesar de ser judíos, formaban parte de la élite social de Tarso. Para convertirse en un ciudadano de Tarso se requería una riqueza sustancial, y Pablo heredó ciudadanía tanto de Tarso como de Roma por su padre.

La ciudadanía romana traía estatus y privilegios. Un ciudadano acusado tenía la garantía de ser juzgado en un juicio público justo. Un oficial local no podía ejecutarlo, golpearlo, encadenarlo o torturarlo sin un proceso adecuado, el cual incluía el derecho de apelar a un juicio en Roma. Un ciudadano romano condenado por un delito capital se salvaba de la vergonzosa muerte por crucifixión. En al menos tres ocasiones, Pablo usó su ciudadanía a su favor (Hechos 16:37; 22:25-29; 24:27; 25:11).

Habiendo crecido en una familia judía, Pablo podía hablar arameo y hebreo. Puesto que vivía en una ciudad gentil, también podía hablar y leer griego con fluidez. Probablemente sabía algo de latín. Cuando Pablo era joven, su familia se mudó a Jerusalén, donde finalmente estudió en la escuela rabínica de Gamaliel, el erudito más respetado de su época. Esta era una oportunidad a la que solo los ricos podían acceder. Como todos los rabinos, Pablo aprendió un oficio para poder mantenerse económicamente, y eligió ser un fabricante de tiendas de campaña. El término *fabricante de tiendas de campaña* podría tener un significado más amplio de "peletero", ya que la mayoría de las tiendas de campaña eran hechas de cuero.

Pablo llegó a Jerusalén para comenzar sus estudios al menos diez años antes de que Jesús comenzara su ministerio público. Pablo estuvo allí durante el tiempo del ministerio, el juicio y la ejecución de Jesús. No hay razón para creer que Pablo haya conocido a Jesús personalmente, pero debió haber escuchado los informes de aquellos que sí lo habían hecho.

SAULO CAE AL SUELO

El avance del movimiento cristiano no fue responsabilidad exclusiva de los doce apóstoles. Lucas menciona a otros que hicieron una contribución significativa, incluido Esteban, un líder entre los judíos de habla griega en la iglesia de Jerusalén. Esteban fue un hombre lleno de gracia y poder que realizó milagros y proclamó el evangelio a otros judíos de la diáspora que se habían establecido en Jerusalén. Esteban enfrentó oposición por parte de judíos de Cirene y Alejandría en el norte de África que se habían establecido en Jerusalén, y por parte de otros que eran de Cilicia y la provincia romana de Asia (Turquía actual). Estos judíos asistían a la Sinagoga de los Libertos.

Entre los oponentes de Esteban estaba Pablo de Tarso. Pablo estaba enfurecido porque esta secta estaba colocando a Jesús por encima de las tradiciones del templo y la Ley de Moisés —pilares de la fe judía. Se sintió ofendido por el mensaje de un Mesías crucificado cuya muerte expiaba el pecado.

Pablo estaba en la turba que arrastró a Esteban ante las autoridades judías. Durante su juicio, Esteban fue acusado de predicar en contra del templo y la ley. Esteban explicó que el tiempo de la salvación había llegado y que las buenas nuevas debían ir de Jerusalén hacia las naciones. Jerusalén y su templo ya no eran el centro de la misión de Dios. El Mesías Jesús había cumplido la ley y había eliminado la necesidad del templo, y ahora los gentiles podían ser incluidos en el pueblo de Dios.

Esteban fue maltratado y apedreado hasta la muerte mientras Pablo miraba con aprobación. Posteriormente, Pablo surgió como el líder de la campaña contra los seguidores de Jesús. No conforme con la muerte de Esteban y la expulsión de muchos de los seguidores de Jesús de Jerusalén, Pablo trató de "destruir" la iglesia (Gálatas 1:23). En su furia, Pablo pudo incluso haber concretado sus amenazas de matar a los seguidores de Jesús (Hechos 22:4; 26:10).

La campaña de persecución de Pablo fue contraproducente. A medida que los discípulos huían hacia sus amigos y parientes en la diáspora judía, llevaban el evangelio con ellos. Entonces Pablo solicitó autoridad para perseguirlos aun en lugares lejanos como Damasco, en la provincia romana de Siria, 240 kilómetros al noreste de Jerusalén.

Damasco era una ciudad prominente y rica en una de las grandes encrucijadas del mundo antiguo. Tenía una numerosa comunidad judía y, sin embargo, era una ciudad pagana; sus monedas llevaban imágenes de dioses griegos, y el edificio principal de la ciudad era el templo de Júpiter. El viaje de Jerusalén hacia Damasco tomaba algunos días a caballo y más de una semana a pie. Mientras Pablo viajaba por el camino a Damasco, Jesús confrontó a este enemigo del movimiento cristiano y lo transformó en su más grande misionero.

En el camino a Damasco, Pablo fue cegado por una luz y cayó al suelo. Escuchó la voz de Jesús que decía: "Saulo, Saulo, ¿por qué me persigues? Dura cosa te es dar coces contra el aguijón" (Hechos 26:14). Un aguijón era un palo de madera con púas de metal que se usaba para aguijonear y conducir ganado. Patear contra él solo causaría daño al animal. Como un animal terco, Pablo se resistía a Dios y en el proceso se lastimaba a sí mismo.

En un instante, el mundo de Pablo se hizo añicos. Fue humillado, cegado y confundido. El perseguidor impetuoso fue llevado de la mano a Damasco como un prisionero de Cristo.

En el camino a Damasco, Pablo descubrió que Jesús era el Mesías crucificado y exaltado, el Hijo de Dios, el Señor de todo, el Salvador del mundo (Gálatas 3:13-14). El celo de Pablo por la ley lo había llevado a oponerse a Dios y a su Mesías. Pablo, el peor de los pecadores, fue perdonado y reconciliado con Dios por medio de Cristo en el camino a Damasco. La oración final de Esteban, "¡Señor, no les tomes en cuenta este pecado!", había sido respondida.

Los compañeros de Pablo lo llevaron a una casa en Damasco donde permaneció y esperó en oscuridad hasta ver lo que Dios haría a continuación. El Señor se apareció a un discípulo en la ciudad llamado Ananías, y le dijo que fuera donde estaba Pablo y orara para que su vista fuese restaurada. Ananías discutió con el Señor, tal como lo había hecho Pedro cuando recibió una orden que no entendía. La discusión concluyó con el mandato de Dios: "¡Ve!"

Ananías llegó a la casa y reconoció a Pablo como un "hermano". Oró para que la vista de Pablo fuera restaurada y para que Pablo fuera lleno del Espíritu Santo. Entonces Ananías lo bautizó y lo introdujo a la comunidad de discípulos en Damasco. Pablo comenzó a predicar de inmediato en las sinagogas de Damasco. La oposición creció y Pablo se hizo cada vez más poderoso.

Pablo viajó a la cercana Arabia para continuar su obra misionera (Gálatas 1:15-17). No hay ninguna evidencia para respaldar la postura popular de que Pablo pasó tres años en serena contemplación en el desierto de Arabia; Arabia no era solo arena. Incluía las tierras de la moderna Jordania y era el hogar del reino nabateo, una civilización floreciente con ciudades, puertos marítimos y tierras agrícolas. Había sinagogas en ciudades como Petra donde Pablo pudo conocer y conversar con sus compatriotas judíos y con los gentiles locales que se sentían atraídos al Dios de Israel. Por medio de estos gentiles, el evangelio podría haberse extendido al resto de la comunidad.[3]

Cuando hubo completado su misión en Arabia, Pablo regresó a Damasco, donde el representante del rey Aretas de los nabateos intentó arrestar a Pablo (2 Corintios 11:32-33). La misión de Pablo en las ciudades de Arabia había provocado problemas.[4]

Pablo relacionó su misión entre los árabes estrechamente con su llamado a predicar a Cristo entre los gentiles. Les dijo a los gálatas que había empezado a cumplir con este llamado antes de subir a Jerusalén para conversar con los apóstoles. Por tanto, nadie puede decir que alguna autoridad humana, ni siquiera los doce, le había comisionado como apóstol a los gentiles.

EL LLAMADO

La historia de la conversión y el llamado de Pablo es tan importante que Lucas la relata tres veces en el libro de los Hechos (Hechos 9:1-22; 22:2-21; 26:1-23). En cada relato vemos que es Dios, por medio del Señor Jesús, quien toma la iniciativa. Pablo fue elegido para conocer la voluntad de Dios y para ver al Señor resucitado y escuchar su voz. Jesús se apareció a Pablo para nombrarlo siervo y testigo.

La misión de Pablo no fue idea suya. Escribió que en el camino a Damasco fue "alcanzado" por Cristo (Filipenses 3:12). Los apóstoles en Jerusalén no lo comisionaron; no necesitaba su autorización. El llamado para llevar el evangelio a los gentiles vino directamente de Jesús. La misión de Pablo fue una extensión de la misión de Jesús.

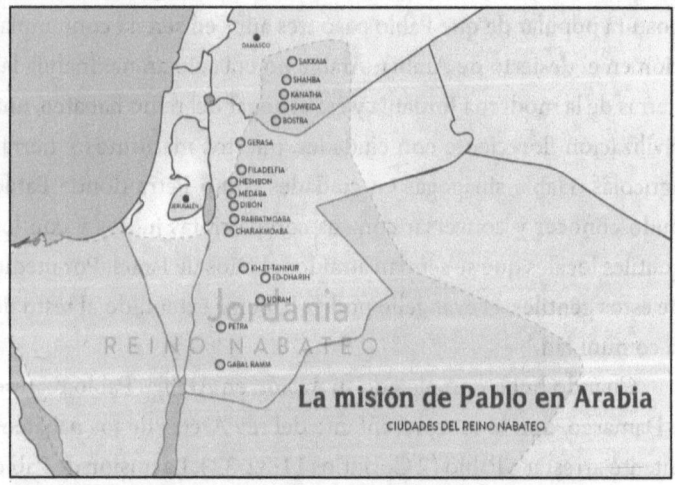

Mapa 13.1. La misión de Pablo en Arabia. Las ciudades árabes en las que Pablo pudo haber ministrado, comenzando con los judíos y gentiles que encontró en las sinagogas locales. Véase Eckhard Schnabel, *Paul the Missionary*.

Pablo recibió muy poca instrucción en su nueva fe (Gálatas 1:12). Lo que le faltaba en información, lo compensaba en obediencia al mandato de su Señor (Hechos 9:15-16).

Él habría de testificar de lo que había visto y oído, y de lo que estaba por ver. Debía abrir los ojos de las personas y llevarlas de las tinieblas a la luz y del poder de Satanás a Dios, para que pudieran recibir el perdón de los pecados y obtener un lugar entre aquellos que son hechos santos por medio de la fe en Cristo.

El alcance de la misión de Pablo no podría haber sido más amplio. Él sería testigo a los judíos, los gentiles y sus reyes, —a "todas las personas". Fue llamado a proclamar el evangelio por todo el mundo. Se le dijo que debía sufrir por el nombre de Jesús. Experimentaría el mismo destino que había infligido a otras personas. El perseguidor se convertiría en perseguido. Pablo cumpliría su llamado en la debilidad, dependiendo del Dios que lo rescataría de todos sus enemigos y aseguraría el cumplimiento de su misión.

LA ESTRATEGIA

Para la fecha en que Pablo se convirtió, el movimiento de Jesús ya se estaba extendiendo por todo el imperio y ya se había establecido en Roma. La misión entre los judíos en Palestina y la diáspora estaba bien avanzada. Pablo ni siquiera fue el pionero de la misión a los gentiles; Felipe, y posteriormente Pedro, habían abierto la puerta para llevar la fe a los gentiles. Unos creyentes anónimos en Antioquía la habían dejado entreabierta, y ahora Pablo la abría de par en par.[5]

Pablo quería alcanzar a la mayor cantidad de personas posible, y la forma más rápida de lograrlo era alcanzando a las ciudades. Pablo viajó desde Jerusalén a través de Siria, a Asia Menor, a Europa, a Roma y posiblemente a España (Romanos 15:19-24).

El mundo conocido era más grande que el Imperio Romano, pero Pablo limitó su misión a provincias de habla mayoritariamente griega dentro del Imperio. Pablo no era un "misionero extranjero" en el sentido moderno de la palabra. Su ministerio se llevó a cabo en contextos culturales y lingüísticos con los que estaba familiarizado.

La gran mayoría de los judíos fuera de Palestina vivían en las principales ciudades del imperio romano. La densidad de población en estas ciudades podría ser de hasta doscientas personas por acre, equivalente a la de los barrios bajos en una ciudad occidental. Las viviendas eran estrechas y la privacidad era poco común. La vida se vivía en las calles, en los mercados y en las plazas públicas.[6] Las ciudades también acogían grandes poblaciones de gentiles de habla griega.

Desde las conquistas de Alejandro Magno, las ciudades se habían convertido en el origen de cambios políticos y sociales en el mundo mediterráneo. Las ciudades eran los lugares donde se centralizaba el poder y donde las nuevas ideas surgían. El Imperio Romano era una federación de ciudades autónomas. Lo que las unía era una cultura grecorromana común y una lengua común (el griego). Eran centros de comunicación y educación. Había un flujo constante de personas, bienes e ideas en el extenso sistema de carreteras y rutas marítimas que conectaba las ciudades.

Bajo el dominio romano, las rutas por mar y tierra eran relativamente seguras en cuanto a piratas y bandidos. Viajar era más fácil y común de lo que había sido en cualquier otra época, o de lo que sería de nuevo, hasta el siglo XIX.[7]

A diferencia de las ciudades, la vida en las aldeas rurales era difícil y enfocada principalmente en la supervivencia, así que la cultura sea más conservadora. Se hablaban idiomas locales en lugar de griego, lo cual dificultaba la comunicación y el flujo de ideas. En las provincias gentiles del imperio no había comunidades judías importantes fuera de las ciudades.

La estrategia de Pablo era simple; viajaba por tierra por las vías romanas y por mar, compartiendo el evangelio de ciudad en ciudad, haciendo discípulos y reuniéndolos en comunidades cristianas. Su punto de contacto con una ciudad no alcanzada era normalmente la comunidad judía. Esto es lo que hizo en Arabia, en Siria, en su provincia natal de Cilicia, en Chipre, en las provincias de Galacia y Asia, en Macedonia y Acaya (norte y sur de Grecia), y posiblemente en España y Creta.[8]

Cada ciudad tenía un sabor único, pero un visitante como Pablo reconocería inmediatamente los templos importantes, los edificios gubernamentales, el mercado y la plaza de la ciudad, el gimnasio, el teatro, incluso las posadas, tabernas y tiendas.[9] A medida que se movía por la ciudad, Pablo no tendría ninguna dificultad de comunicarse con la gente del lugar en griego.

Pablo se veía a sí mismo como un maestro constructor (1 Corintios 3:10-15). En el mundo antiguo, un maestro constructor supervisaba todo el proyecto de construcción, ya fuera una casa nueva o un edificio público, como un templo, un edificio gubernamental, un mercado o un teatro. El empleador de Pablo era Dios. Junto con sus colaboradores tenía un trabajo que hacer.

1. **Pablo veía el fin.** "Así que, habiendo comenzado en Jerusalén, he completado la proclamación del evangelio de Cristo por todas partes, hasta la región de Iliria. En efecto, mi propósito ha sido predicar el evangelio donde Cristo no sea conocido" (Romanos 15:19-20). Gracias a la intervención de Dios, Pablo compartía el mismo sentir de Dios de llevar el evangelio al mundo grecorromano. No podía alcanzar a todos, pero podía alcanzar a algunos y, por medio de ellos, podía reunir a los discípulos en comunidades de fe en las grandes ciudades a lo largo de las rutas comerciales del imperio romano.

2. **Pablo se conectaba con las personas.** "En efecto, mi propósito ha sido predicar el evangelio donde Cristo no sea conocido" (Romanos 15:20). Cuando llegaba a una nueva región, Pablo normalmente buscaba personas receptivas en la sinagoga o el mercado. El compromiso de predicar a grupos no evangelizados y de proceder hacia grupos nuevos cuando el evangelio fuera rechazado implicaba que el ministerio del apóstol era móvil. Pablo reconoció que serían los creyentes locales, y no él, quienes alcanzarían a su región en profundidad. El papel de Pablo

y su equipo era el de encontrar personas receptivas y dejar establecido un cuerpo de creyentes que pudiera evangelizar la región mientras el equipo apostólico avanzaba hacia una nueva frontera.

3. **Pablo compartía el evangelio.** "A judíos y a griegos les he instado a convertirse a Dios y a creer en nuestro Señor Jesús" (Hechos 20:21). Pablo quería salvar a las personas del juicio de Dios. Quería "ganar" al mayor número posible.[10] Para judíos, esto significaba que debían reconocer que Jesús, el predicador crucificado de Nazaret, era el Mesías; la muerte de Jesús fue la solución de Dios para el problema del pecado humano —el problema que ni el pacto con Abraham ni la Ley mosaica pudieron resolver— y Dios vindicó a Jesús levantándolo de entre los muertos. Para los gentiles, esto significaba volverse de los dioses paganos hacia el Dios de Israel —el único vivo y verdadero Dios— y creer en Jesús, quien rescata a los pecadores de la ira de Dios, y aceptando la importancia expiatoria de la muerte de Jesús en la cruz. Los gentiles debían permitir que sus vidas fueran moldeadas por las escrituras judías y por las enseñanzas de Jesús y los apóstoles mientras esperaban el regreso de Jesús (1 Tesalonicenses 1:9-10; 1 Corintios 1:18-2: 5).

4. **Pablo entrenó discípulos.** "Ustedes saben que no he vacilado en predicarles todo lo que les fuera de provecho, sino que les he enseñado públicamente y en las casas" (Hechos 20:20). La proclamación del evangelio no fue suficiente. Pablo quería que las personas escucharan, entendieran, y obedecieran el evangelio (Romanos 10:14-21).[11] Quería llevar a los discípulos a la plena madurez en Cristo en el día del juicio final. Pablo anhelaba que sus conversos fueran su gozo y corona ante Dios en el día final.[12]

Para Pablo, la "obediencia de la fe" era la obediencia que fluía de la fe en Cristo (Romanos 1:5; 15:18). Era la respuesta completa de los discípulos al evangelio en cada área de su vida, no solo su conversión inicial. La vida cristiana inicia y se vive por medio del evangelio.

5. **Pablo reunió comunidades.** "[Sean pastores de] la iglesia de Dios, que él adquirió con su propia sangre" (Hechos 20:28). Pablo no se conformaba simplemente con la salvación de las personas. Reunió a los discípulos en comunidades y trabajó para fortalecer esas comunidades. La salvación llevaba a los discípulos a relacionarse unos con otros. Una vez formada, la nueva comunidad de fe se convertía en un testimonio vivo de la gracia de Dios y un medio para continuar la misión una vez que Pablo y su equipo se hubieran trasladado a otro lugar.

   El ministerio principal de Pablo era establecer iglesias, no sostenerlas. Sin embargo, su ministerio pionero no terminaba con el nacimiento de una nueva iglesia. Pablo regresaba para visitar a las iglesias que había fundado; también les escribía cartas y enviaba delegados para ver cómo estaban. El objetivo del ministerio de fortalecimiento eclesiástico de Pablo era que cada iglesia madurara y empezara a participar en el ministerio apostólico.

6. **Pablo multiplicó obreros.** "ahora... ya no me queda un lugar dónde trabajar en estas regiones" (Romanos 15:23). Mirando hacia atrás a más de treinta y cinco años de ministerio en el año 56/57 d.C., Pablo sabía que aún quedaba mucho por hacer. Sin embargo, consideraba que la obra de un apóstol era predicar el evangelio donde aún no había sido escuchado y plantar iglesias donde no había ninguna. Cuando esas iglesias alcanzaban un nivel básico de madurez y se habían formado líderes locales, el apóstol se alistaba para ir hacia el siguiente campo no alcanzado. En esta ocasión, planeó una misión a España vía Roma.

   En los años 47-57 d.C., Pablo y sus colaboradores fundaron iglesias en las provincias romanas de Siria-Cilicia,

Chipre, Galacia, Macedonia, Acaya y Asia. Fue un logro asombroso. Pablo creía que era posible completar su visión final para una región. Cuando Pablo declaró: "he completado la proclamación del evangelio de Cristo" (Romanos 15:19), se estaba refiriendo al alcance de su misión, que incluía la evangelización pionera; el entrenamiento de nuevos discípulos; la formación de iglesias y su fortalecimiento en el evangelio en cuanto a creencias y conducta; y la capacitación de líderes para las iglesias y la misión en la región. Una vez que esto hubiera ocurrido, el apóstol podría trasladarse a nuevas regiones. Estas fueron las principales tareas apostólicas de Pablo.

La misión de Pablo no tenía precedentes. Por primera vez en la historia, había un esfuerzo misionero unificado en todo el mundo. Lo que Pablo logró no tiene paralelos en los dos mil años de historia del movimiento cristiano. El ejemplo extraordinario de Pablo, junto con la teología que expresa en sus cartas a las iglesias, sentaron las bases para la futura expansión del movimiento cristiano.[13]

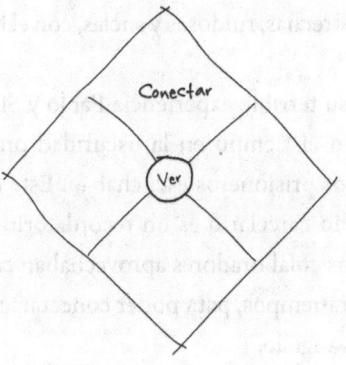

14. COMO LE SEA POSIBLE

Me hice todo para todos, a fin de salvar a algunos por todos los medios posibles.

—PABLO (1 CORINTIOS 9:22)

ERA ALREDEDOR DE LA MEDIANOCHE. Pablo y Silas estaban orando y cantando himnos a Dios; en las celdas contiguas, los otros prisioneros escuchaban. Había sido un día lleno de acontecimientos; Pablo y Silas habían sido atacados por una turba, desvestidos y severamente azotados por orden de los magistrados de la ciudad. Luego fueron encarcelados.

Bajo la justicia romana, un prisionero era azotado en preparación para ser interrogado antes de ser encarcelado. Era una experiencia dolorosa y sangrienta que destruía y desgarraba la ropa que llevaba puesta. Las heridas no recibían tratamiento médico antes de que el prisionero fuera puesto en cadenas. Las prisiones eran estrechas, ruidosas y sucias, con el hedor de los cuerpos mugrientos.[1]

A pesar de su terrible experiencia Pablo y Silas, con cepos en sus pies, pasaron el tiempo en la oscuridad orando y cantando mientras los otros prisioneros escuchaban. Este comienzo imprevisto al ministerio carcelario es un recordatorio de la manera en la que Pablo y sus colaboradores aprovechaban cada oportunidad, incluso los contratiempos, para poder conectarse con las personas y compartir el evangelio.

Pablo compartía el evangelio con cualquier persona dispuesta a escuchar. Habló con funcionarios del gobierno, políticos prominentes, filósofos griegos, turbas enfurecidas, marineros paganos, practicantes del ocultismo, soldados romanos, mujeres de negocios, aristócratas adinerados, artesanos y carceleros. Pablo compartía las buenas nuevas dondequiera que se encontrara. Proclamó el evangelio en los mercados, en hogares privados, en cárceles, en una sala de conferencias pública, en un teatro al aire libre, en la corte, incluso en un barco que se hundía. Su objetivo siempre era comunicar el evangelio a quienes estuvieran listos para recibirlo. Era intencional en buscar personas receptivas en lugares estratégicos.

A fin de alcanzar este objetivo, Pablo centró sus esfuerzos en las ciudades donde había comunidades judías. Ya para el primer siglo, había entre cinco a seis millones de judíos que vivían en ciudades fuera de Palestina. En algunas ciudades, representaban entre el 10 y el 15 por ciento de la población. Había una población judía sustancial en prácticamente todas las ciudades importantes que bordeaban el mar Mediterráneo.[2] Estos judíos de la diáspora eran helenistas —hablaban griego y vivían en una cultura griega.

La expansión cristiana inicial fue a la par de la de la red de sinagogas de la diáspora judía. Pablo y otros misioneros se conectaron con estas redes sociales. En el primer siglo, si había una comunidad cristiana en tu vecindario, lo más probable era que vivieras en una importante ciudad portuaria de lengua y cultura griega que acogía una comunidad judía.³

Los judíos de la diáspora habían logrado atraer simpatizantes y conversos gentiles a su fe. Estos judíos y gentiles helenistas que adoraban al Dios de Israel eran las personas más receptivas al evangelio en el imperio romano. Los judíos que vivían fuera de Palestina estaban abiertos a nuevas ideas. Los gentiles que estaban atraídos a la fe judía eran aún más receptivos. Una vez convertidos, se convirtieron en el punto de partida para que el evangelio se extendiera a profundidad entre la población pagana en general.

Mapa 14.1. Así que, habiendo comenzado en Jerusalén, he completado la proclamación del evangelio de Cristo por todas partes, hasta la región de Iliria (Romanos 15:19). Véase Paul Barnett, *Paul: Missionary of Jesus*.

Lo que era cierto para Pablo también lo era para los cristianos comunes y corrientes que llevaron el evangelio a diversas partes del imperio. Para los misioneros que salían de Jerusalén, las primeras preguntas apremiantes eran: *¿A dónde debemos ir? ¿Quién nos recibirá?* Las respuestas parecían obvias. A lo largo del mundo grecorromano había comunidades relativamente acomodadas de la diáspora judía con las que los misioneros tenían vínculos: parientes (aunque fueran muy lejanos) o amigos de amigos.

LA PALABRA LLEGA A CORINTO

Junto con Éfeso, Corinto era una de las dos ciudades más importantes que Pablo visitó como misionero. En ambos lugares, permaneció la suficiente cantidad de tiempo como para poder establecer iglesias que pudieran llegar a las regiones circundantes. Los romanos destruyeron la antigua Corinto y luego la reconstruyeron como colonia romana en el año 44 a.C. Ya para principios de los años 50 d.C. Corinto se estaba convirtiendo en la ciudad más próspera de Grecia. Era una ciudad portuaria comercial de 145.000 habitantes, bien comunicada con las ciudades del Mediterráneo y del resto de Grecia.

Los corintios adoraban a los dioses y las diosas griegos y romanos, y también al emperador. La religión de Corinto era famosa por su inmoralidad sexual. El templo de Afrodita (la diosa del amor) estaba construido sobre una montaña cercana, desde la cual se podía observar la ciudad. En ese lugar había mil esclavas que servían como prostitutas del templo.

Pablo llegó a Corinto a principios del año 50 d.C., "con tanta debilidad que temblaba de miedo" (1 Corintios 2:3). Desde el momento que entró en la provincia de Macedonia, había sido expulsado de una ciudad tras otra, pero no antes de haber establecido pequeños grupos de creyentes en Filipos, Tesalónica y Berea. Los atenienses no lo habían expulsado, pero en su mayoría, habían respondido al evangelio con indiferencia y burla.

El tiempo que Pablo pasó en Corinto fue una excepción al patrón normal del ministerio de Pablo. Por primera vez en los cinco años desde que había salido de Antioquía con Bernabé, Pablo tuvo un ministerio prolongado en un solo lugar. El fruto de este ministerio era una nueva iglesia entusiasta pero inestable.

En Corinto, Pablo conoció a Aquila y Priscila, recién llegados de Roma. Ellos también eran fabricantes de tiendas (o peleteros). A través de ellos, Pablo consiguió trabajo y un lugar para alojarse. Cortar y coser cuero era un trabajo duro y largo. Los fabricantes de tiendas pertenecían a una clase despreciada por los ricos y los educados. Pablo, que se sentía cómodo en presencia de gobernantes, filósofos y aristócratas adinerados, voluntariamente volvió a trabajar con sus manos.

Como de costumbre, Pablo comenzó su misión en la sinagoga de Corinto. Algunos judíos y gentiles creyeron. Otros ridiculizaron y rechazaron su mensaje, y pronto la oposición estalló en la sinagoga. Pablo se sacudió la ropa en protesta y declaró que se iba a los gentiles. Pablo y los nuevos creyentes abandonaron la sinagoga y, con este grupo, formó el núcleo de una pequeña comunidad de discípulos. Su base de ministerio estaba ahora en la casa de Ticio Justo, un gentil recién convertido.

Anteriormente, el rechazo en la sinagoga había llevado a que Pablo fuera expulsado de la ciudad. Esta vez las cosas eran diferentes. Jesús intervino por medio de una visión y le dijo a Pablo que se quedara y continuara la misión en Corinto. Le prometió protección y frutos porque tenía mucha gente en Corinto (Hechos 18:9-10). Instó a Pablo a que siguiera hablando y no guardara silencio. Con este estímulo, Pablo se quedó otro año y medio (50-52 d.C.).

El ministerio de Pablo en Corinto pasó a tener un enfoque predominantemente gentil. Individuos judíos todavía se convertían, pero ahora Pablo ministraba en una misión y una comunidad de discípulos que no provenían de la sinagoga. Su enseñanza sacudió aún más a la comunidad judía cuando Crispo, el gobernante de la sinagoga, llegó a creer y ser bautizado junto con su familia. Muchos más los siguieron, tanto judíos como griegos.

Más adelante, Pablo escribiría a los corintios y a "todos los santos en toda la región de Acaya" (2 Cor 1:1). Su ministerio pionero había dado fruto en la gran ciudad de Corinto y se estaba extendiendo por toda la provincia circundante de Acaya.

PLANES DE VIAJE

Pablo siguió una estrategia general de llevar el evangelio a las ciudades no alcanzadas. A medida que avanzaba, estaba abierto a la intervención y la guía de Dios con respecto a lugares particulares. A menudo, la estadía de Pablo se veía acortada por la persecución, pero Dios todavía estaba obrando: incluso la persecución no interrumpiría su plan para la difusión de la Palabra y el establecimiento de nuevas iglesias.

Pablo planeaba sus viajes misioneros, pero sabía que dependía de Dios para llevar a cabo sus planes. Era guiado por la obediencia al llamado que Dios le había hecho en el camino a Damasco de predicar el evangelio a judíos y gentiles, siendo estratégico en ir a las principales ciudades con comunidades judías a lo largo de las rutas comerciales del imperio romano. Era guiado por visiones, oraba y pedía que otros oraran para que Dios lo guiara y tomara decisiones racionales a la luz de las circunstancias. Era guiado por el rechazo de su mensaje y por su llamado a ser un misionero pionero en campos no alcanzados. En algunos casos, no tuvo control directo sobre los lugares a los que iba o las personas con las que hablaba.

Dos elementos se mantienen constantes en la toma de decisiones de Pablo: su perseverancia en obedecer el llamado de Dios y la intervención de Dios para guiarlo por medio del sentido común, las revelaciones y las circunstancias. Fuera de esos dos elementos, no existe una fórmula para describir la manera en la que Pablo elegía los campos en los que trabajaría o las personas con las que hablaría.

En Hechos 16 se nos describe la manera en la que Pablo y sus compañeros viajaron por lo que ahora se conoce como la Turquía moderna, alrededor de Frigia y Galacia, porque "el Espíritu Santo les había impedido que predicaran la palabra en la provincia de Asia". Intentaron entrar en Bitinia, pero el Espíritu de Jesús no se los permitió, así que bajaron a la ciudad portuaria egea de Troas. En ese momento, Pablo debe haber estado confundido en cuanto a qué debería hacer a continuación. ¿A dónde debía ir?

Finalmente, en Troas, Pablo tuvo una visión de un hombre que le rogaba que fuera a Macedonia a ayudar. El mensajero de Macedonia era una persona receptiva. Cuando Dios quería mostrar a Pablo dónde debía ir, le mostraba una persona receptiva. La receptividad humana era un factor importante que Pablo tomaba en cuenta para determinar a dónde debía ir y cuánto tiempo debía quedarse. Pablo buscaba personas que recibieran el evangelio; cuando encontraba resistencia, se ponía nuevamente en marcha para encontrar personas receptivas.

CUANDO PABLO LLEGABA AL LUGAR

Cuando Pablo y su equipo (Silas, Timoteo, Tito y otros) llegaban a un nuevo lugar, llegaban sin haber sido invitados. No había nadie que preparara el camino para ellos o su mensaje. ¿Dónde y cómo empezaban? ¿Cómo hacían el contacto inicial con la gente?

Pablo no esperaba que la gente viniese a él. Él iba donde ellos estaban. Los buscaba en los lugares donde ellos estuvieran abiertos a escuchar su mensaje y entablar en conversaciones. Para los judíos y gentiles que simpatizaban con el judaísmo, la sinagoga era el lugar natural para conversar sobre asuntos religiosos. Para los gentiles paganos, el escenario para escuchar y discutir asuntos de filosofía y religión era la plaza de la ciudad. En las ciudades griegas era el mercado; en las ciudades romanas era el foro. En otras oportunidades, Pablo se reunía con las personas en salas de conferencia, talleres y casas particulares.

Sinagogas. "Como era su costumbre, Pablo entró en la sinagoga y tres sábados seguidos discutió con ellos. Basándose en las Escrituras," (Hechos 17:2). Inmediatamente después de su conversión, Pablo fue a la sinagoga en Damasco y comenzó a predicar acerca de Jesús y a debatir con sus compañeros judíos que Jesús era el Mesías (Hechos 9:20-22). Este patrón continuó a lo largo del ministerio de Pablo. Pablo buscó ciudades que tuvieran comunidades judías, pasando por alto ciudades importantes como Neápolis, Anfípolis y Apolonia, que no tenían una comunidad judía.[4] Habría tenido conexiones relacionales, directas o por medio de otros, con los miembros de las comunidades judías en las ciudades que visitaba. Por lo general, comenzaba su misión en la sinagoga local. La sinagoga también era el lugar donde Pablo podía conocer gentiles que adoraban al Dios de Israel. Algunos eran conversos plenos (prosélitos), mientras que otros asistían a los servicios, pero no se habían convertido formalmente (temerosos de Dios). Estos gentiles habían rechazado el paganismo por creer en el único Dios verdadero y por los altos estándares morales que fluían de esa creencia. Eran las personas con mayores probabilidades de convertirse en seguidores de Cristo. Estaban buscando al Dios de Israel, pero para convertirse al judaísmo tenían que aceptar el estigma social de la circuncisión. Cuando el requisito de someterse a la ley judía fue removido, estos gentiles temerosos de Dios se convirtieron en el puente por medio del cual el evangelio alcanzó a los gentiles paganos.

Pablo llegaba a la sinagoga como un rabino entrenado por Gamaliel y, con frecuencia, se le daba la oportunidad de enseñar sobre la Ley y los Profetas en el día de reposo. En cada ocasión, Pablo y su mensaje acababan siendo rechazados, pero no antes de que algunos en el público, tanto judíos como gentiles, hubieran respondido con fe. A pesar de la oposición violenta y potencialmente mortal, Pablo continuó visitando las sinagogas de las ciudades a las que llegaba. Si era expulsado de la sinagoga, pero todavía le era permitido permanecer en la ciudad, se trasladaba a otro lugar donde pudiera enseñar, como la casa de un simpatizante rico (en Corinto) o una sala de conferencias (en Éfeso). En Filipos no había una sinagoga (se requería la presencia de diez varones judíos para abrir una sinagoga), por lo que Pablo y sus compañeros salieron por la puerta de la ciudad hacia el río donde supusieron que los judíos y gentiles temerosos de Dios se reunirían para orar (Hechos 16:13, 16). Allí Pablo encontró a varias mujeres, incluida Lidia, una gentil temerosa de Dios que creyó su mensaje y fue bautizada con toda su familia.

Hogares. "Cree en el Señor Jesús; así tú y tu familia serán salvos— le contestaron" (Hechos 16:31). En varias ocasiones, el ministerio de Pablo llevó a la conversión de familias enteras: el carcelero de Filipos, la comerciante Lidia, Jasón en Tesalónica, la casa de Crispo, el líder de la sinagoga en Corinto, y la casa de Estéfanas, también en Corinto.[5] Los hogares privados eran lugares donde las distinciones sociales —entre ricos y pobres, esclavos y libres, hombres y mujeres— podían ser más relajadas que a la vista pública. El hogar (u *oikos*) era el pilar de la sociedad grecorromana. Según la ley romana, el padre de familia tenía autoridad sobre su familia inmediata y otros dependientes como parientes, esclavos, trabajadores contratados e incluso socios comerciales. Los miembros del hogar estaban conectados entre sí a través de vínculos formales e informales: relaciones familiares, laborales y de amistad.

Pablo se refirió a Estéfanas y su familia como los "primeros convertidos" en la provincia de Acaya. Fueron las "primicias"; no solo las primeras personas en convertirse, sino también la garantía de Dios de que otros vendrían. Se convirtieron en el núcleo de una comunidad en crecimiento en Corinto y en toda Acaya. Su trabajo y testimonio dieron como resultado que otros se sumaran a la fe.[6]

Para Pablo, el poder llegar a los hogares de las personas que se habían convertido en nuevos creyentes era una práctica ministerial importante. En los hogares, el evangelio se transmitía de persona a persona, a través de los lazos relacionales existentes. Los hogares privados también proporcionaban un centro natural para la formación de una nueva iglesia.

El taller. "Y, como [Pablo] hacía tiendas de campaña al igual que ellos, se quedó para que trabajaran juntos" (Hechos 18:3). Pablo trabajaba como fabricante y reparador de tiendas de campaña y de otros productos de cuero. Hacía esto porque necesitaba generar un ingreso y no quería ser visto como alguien que vendía el evangelio por dinero.

El trabajo de Pablo no era principalmente un método para conectarse con la gente. En muchos lugares, Pablo no habría tenido tiempo suficiente para establecer un negocio antes de verse obligado a abandonar el lugar. En algunos lugares, su oficio le dio la oportunidad de conocer a una variedad de personas, incluidas otras personas involucradas en el oficio.[7] Las personas que practicaban diferentes manualidades y oficios se agrupaban en las mismas calles y vecindarios. También habría conocido a clientes judíos y gentiles.

La mayoría de las personas en las grandes ciudades del imperio romano vivían en edificios de varios pisos. Las plantas bajas tenían tiendas que daban a la calle; los propietarios vivían encima de las tiendas o en la parte trasera. En algunos casos, también había espacio para un taller y alojamiento para empleados y esclavos. Estos hogares que giraban en torno a una pequeña empresa representaban una buena muestra transversal de la sociedad y estaban vinculados a otros hogares por medio de lazos familiares, comerciales, y de amistad.[8]

Plazas de la ciudad. "Así que [Pablo] discutía... en la plaza con los que se encontraban por allí" (Hechos 17:17). Pablo hablaba a individuos y a multitudes en los lugares públicos. Las ciudades del Imperio Romano estaban densamente pobladas y las casas eran pequeñas y apretadas. La vida se vivía en las calles y en las plazas públicas. La plaza de la ciudad era un lugar ideal para conocer a una amplia variedad de personas.

El mercado (*agora*) era el centro político y comercial de las ciudades griegas. En las ciudades y colonias romanas, los mercados se hallaban dispersos por toda la ciudad, y el foro era el centro político y religioso. Corinto era una ciudad romana con una enorme plaza central que le servía de foro. Fue allí donde Pablo habría predicado.

En Atenas, Pablo iba todos los días al mercado y hablaba con las personas que se encontraban allí. Pablo pudo conocer a un gran número de personas en los mercados, incluidos los gobernantes y funcionarios de la ciudad.

Una sala de conferencias. "Pablo... a diario debatía en la escuela de Tirano" (Hechos 19:9). En Éfeso, Pablo instaló una base de operaciones fuera de la sinagoga en la sala de conferencias de Tirano. Allí enseñó, debatió y persuadió todos los días durante dos años.

En el mundo grecorromano, los negocios (incluyendo capacitaciones para clientes que pagaban) se llevaban a cabo en la parte más fresca del día, comenzando al amanecer y terminando a las 11 a.m. Una comida y un tiempo de descanso por la tarde venían después del trabajo de la mañana. Había más personas dormidas a la 1 p.m. que a la 1 a.m. El trabajo comenzaba nuevamente a las 4 p.m. Las enseñanzas diarias de Pablo probablemente se llevaban a cabo fuera del horario laboral, entre las 11 a.m. y las 4 p.m. Tanto la sala como su audiencia habrían estado disponibles a esa hora. Esto habría dejado las mañanas libres para que Pablo pudiera generar ingresos como peletero.[9]

Interacciones con personas destacadas. "Al ver lo sucedido, el gobernador creyó, maravillado de la enseñanza acerca del Señor" (Hechos 13:12). En algunas ocasiones, el punto de entrada a una comunidad era a través de una persona destacada como Sergio Paulo, el gobernador de Chipre (Hechos 13:6-12) o las "mujeres prominentes" de Tesalónica y Berea (Hechos 17:4, 12). En Éfeso, Pablo tenía amigos entre los "Asiarcas", los principales funcionarios de la ciudad (Hechos 19:31), y en Filipos, la comerciante Lidia fue una de las primeras en creer (Hechos 16:31).[10] Era comerciante de tela púrpura, un artículo de lujo, y tenía una casa que podía alojar a Pablo y sus colaboradores.[11]

Sergio Paulo fue la persona de mayor estatus social que se convirtió por medio del ministerio de Pablo. Después de retirarse de ahí, Pablo y Bernabé se dirigieron al norte hacia Antioquía de Pisidia. Pablo y Bernabé subieron por los empinados caminos que conducían desde la costa hasta las escarpadas montañas Tauro. La ciudad estaba a una gran distancia, al otro lado de las montañas, ¡a 1.100 metros sobre el nivel del mar! El viaje fue arduo y peligroso.

¿Por qué Pablo hizo todo este esfuerzo? Es posible que Sergio Paulo haya sido la razón. Su familia, los Sergii, eran terratenientes importantes de la zona. El gobernador podría haberle proporcionado a Pablo cartas de presentación para facilitar el viaje y conectarlo con familiares y amigos. Antioquía de Pisidia tenía cincuenta pueblos bajo su jurisdicción, con una población total de más de 50.000 habitantes.[12] Lucas registró la conversión de judíos y gentiles cuando la palabra del Señor se extendió por toda la región (Hechos 13:49).

Durante juicios y encarcelamientos. "Y Agripa respondió a Pablo: En poco tiempo me persuadirás a que me haga cristiano" (Hechos 26:28).

Pablo también aprovechó los juicios que tuvo que atravesar ante dos gobernadores romanos (Antonio Félix y Porcio Festo) y un rey judío (Herodes Agripa II) para explicar el evangelio. Hizo lo mismo en su juicio ante el Emperador en Roma (2 Timoteo 4:17).

Pablo pasó algunos años en la cárcel: dos años en Cesarea, otros dos años en Roma y un breve tiempo en Filipos. Pablo escribió que había enfrentado más encarcelamientos que sus oponentes, lo cual sugiere que también pasó otros períodos en la cárcel de los cuales no sabemos nada.

Pablo aprovechó su encarcelamiento de dos años en Roma para proclamar el evangelio a la Guardia Pretoriana y a muchos otros (Filipenses 1:13). Los soldados de la Guardia Pretoriana - los guardaespaldas personales del emperador - tenían dieciséis cohortes de mil hombres. Su rol era proteger al emperador y a su familia, y deshacer y reprimir complots y disturbios. Estaban en el corazón mismo del imperio romano. En el transcurso de esos dos años, muchos de estos legionarios habrían escuchado a Pablo proclamar el evangelio y algunos de ellos transmitieron el mensaje a sus camaradas.

Pablo menciona que había creyentes en "la casa del emperador" (Filipenses 4:22).[13] La casa de un aristócrata romano incluía a su familia, sus sirvientes, sus esclavos y los libertos. A menudo, sus funciones incluían labores especializadas, como ser el servicio doméstico o las tareas profesionales, proporcionando servicio médico, comercial y de secretaría. El hogar de César era el equivalente a un servicio civil moderno, con sede en Roma, pero también en hogares dispersos por las provincias. Los miembros de la casa de César eran poderosos y socialmente móviles, a pesar de ser esclavos y exesclavos.[14] Muchos de ellos también habían escuchado el evangelio y se habían convertido a la fe en Jesucristo por medio del encarcelamiento de Pablo.

Pablo aprovechó cada situación, incluidos los contratiempos, la persecución y el encarcelamiento, para llevar el evangelio a nuevos campos. Cuando era expulsado de una ciudad tras otra, el evangelio se extendía. Cuando se estableció en Éfeso durante tres años, el evangelio se extendió por toda la provincia de Asia. Cuando estaba siendo juzgado, el evangelio seguía extendiéndose. Cuando fue encarcelado en Roma, el evangelio se extendió y llegó hasta la guardia personal del emperador y a su administración pública. Pablo aprovechó cada circunstancia, planeada y no planeada, para conectarse con las personas y promover la expansión del evangelio porque confiaba en que Dios ya estaba obrando.

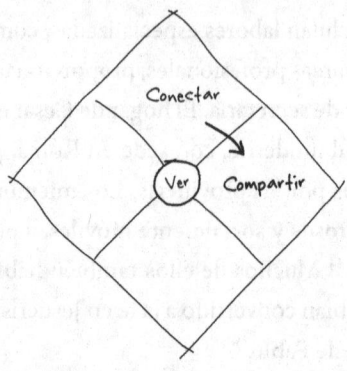

15. UN SOLO EVANGELIO

[Yo, Jesús] te libraré [a ti, Pablo] de tu propio pueblo y de los gentiles. Te envío a estos para que les abras los ojos y se conviertan de las tinieblas a la luz, y del poder de Satanás a Dios, a fin de que, por la fe en mí, reciban el perdón de los pecados y la herencia entre los santificados.

—HECHOS 26:17-18

Sin embargo, considero que mi vida carece de valor para mí mismo, con tal de que termine mi carrera y lleve a cabo el servicio que me ha encomendado el Señor Jesús, que es el de dar testimonio del evangelio de la gracia de Dios.

—PABLO, HABLANDO A
LOS ANCIANOS EN ÉFESO (HECHOS 20:24)

EN EL CENTRO DE LA MISIÓN DE PABLO estaba la proclamación de las buenas nuevas de Jesucristo, el mismo evangelio predicado por Jacobo, Pedro y Juan (Gálatas 1:1; 1: 11–2:10). Pablo no tiene un evangelio propio. Solo hay un evangelio.

EL EVANGELIO PARA LOS JUDÍOS

Pablo y Bernabé llegaron a Antioquía de Pisidia (en la Turquía actual) en el verano del año 46 d.C. La ciudad era una colonia romana y el hogar de miles de veteranos romanos y colonos civiles. Tenía una importante comunidad judía. Como de costumbre, Pablo y Bernabé fueron a la sinagoga en el día de reposo y fueron invitados a hablar a los judíos y gentiles reunidos allí.

El relato de Pablo en Antioquía de Pisidia nos da un ejemplo de la manera en la que comunicaba el evangelio al pueblo judío que vivía en las principales ciudades del imperio. Hay muchos paralelos con el discurso de Pedro en Pentecostés. El mensaje de Pablo aquel día se dividió en tres partes: explicó que la venida de Jesús de Nazaret fue el clímax del plan de Dios para Israel a lo largo de su historia; les dijo que Dios había cumplido sus promesas en la vida, muerte y resurrección de Jesús; y finalmente, llamó a su audiencia a poner su fe en Jesús para el perdón de sus pecados, y les advirtió del peligro de rechazar el regalo de Dios.

En su mensaje, Pablo citó extensamente las Escrituras judías. Presentó a Jesús como el Mesías; por medio del cual llega el perdón de los pecados a todos los que creen. Este mensaje se dirigía tanto a los judíos como a los gentiles reunidos en la sinagoga, pero Pablo adaptó su mensaje para un público predominantemente judío. Los judíos piadosos sabían que necesitaban la gracia de Dios para el perdón de los pecados, y esperaban la venida del Mesías para salvación. Pablo estaba hablando con ellos en términos que ellos entendían. La resurrección de Jesús de entre los muertos era evidencia de que Jesús era el Mesías, cuya muerte en la cruz trajo la salvación final.

Algunas personas recibieron el mensaje, y otros lo rechazaron. Entender el mensaje no era garantía de su aceptación.

Pablo y Bernabé fueron invitados a hablar nuevamente en la sinagoga el siguiente día de reposo. Cuando los líderes de la sinagoga vieron que casi toda la ciudad —una multitud de miles de personas— fue a escuchar la Palabra de Dios, rechazaron a Pablo y su mensaje. Entonces Pablo y Bernabé llevaron el evangelio a los gentiles, quienes lo recibieron.

La Palabra del Señor se extendió a los gentiles que se hallaban dispersos por toda la ciudad y toda la región, que incluía cincuenta aldeas (Hechos 13:48-49). Finalmente, los misioneros fueron expulsados por una poderosa coalición compuesta por líderes judíos, mujeres gentiles de gran prestigio, y los gobernantes de la ciudad, pero con el mismo gesto dramático que Jesús había enseñado a sus discípulos, Pablo y Bernabé sacudieron el polvo de sus zapatos en protesta y advertencia, y luego siguieron adelante.

Por toda la ciudad y la región, ellos dejaron comunidades de creyentes que estaban llenas de gozo y del Espíritu Santo. Algunos meses más tarde, en camino de regreso a Siria, Pablo y Bernabé retornaron para visitar Antioquía de Pisidia. Fortalecieron a los nuevos discípulos, los animaron a permanecer fieles a la fe y nombraron ancianos para cada iglesia (Hechos 14:22-23).

Este mismo patrón, con algunas variantes, se repitió en una ciudad tras otra.

EL EVANGELIO PARA LOS GENTILES

Atenas. Pablo acostumbraba a viajar con miembros de su equipo, pero a principios del año 50 d.C. Pablo llegó a Atenas solo. Sus opositores en Tesalónica habían estorbado el éxito de su misión en Berea, y Pablo salió de Macedonia a toda prisa por mar. El plan era que Pablo esperara en Atenas hasta que Silas y Timoteo lo alcanzaran.

Atenas había experimentado sus días de gloria quinientos años atrás, y la ciudad ya no era importante política ni militarmente. La población se había reducido a unos 25.000 habitantes. Sin embargo, Atenas conservó un aspecto de su fama —su reputación como un gran centro de aprendizaje.

La visita a Atenas no fue un viaje misionero planeado, pero Pablo no era el tipo de persona que simplemente permanecería en un lugar esperando. Mientras deambulaba por la ciudad, quedó profundamente perturbado por los muchos dioses de la ciudad y su ignorancia del único Dios verdadero (Hechos 17: 22-31). Atenas era famosa por sus miles de estatuas de dioses y sus numerosos templos paganos. Cada entrada y pórtico tenía el símbolo de su dios protector. Cada calle y plaza tenía su santuario. ¡Un poeta romano observó que era más fácil encontrar un dios en Atenas que a un hombre![1]

Movido por lo que vio, Pablo llevó el evangelio a los judíos y temerosos de Dios en la sinagoga. Adicionalmente, cada día iba al mercado —el centro de la vida comunitaria en una ciudad griega— y hablaba con quienes iba conociendo allí. Los filósofos de Atenas se enteraron de esto y buscaron a Pablo para que explicara esta "extraña nueva enseñanza" sobre "dioses extranjeros" a los filósofos y al concilio del Areópago —el organismo que aprobaba nuevos altares, templos y adiciones al calendario religioso.

En este escenario, Pablo enfocó su mensaje en la naturaleza de Dios y en la manera en la que Dios puede ser conocido. Su discurso no cubrió la totalidad del evangelio, sino solo un aspecto de este. Pablo explicó que no estaba tratando de presentar a un "nuevo" dios; sino que había venido a explicar la verdadera naturaleza del "dios desconocido" cuyo altar había descubierto mientras caminaba por la ciudad. Este dios no requería un lugar para un templo; el Dios que Pablo proclamaba no vivía en templos hechos por manos humanas. Aquellos a quienes este Dios había creado no podían controlarlo.

A lo largo de su discurso, Pablo usó un lenguaje y argumentos apropiados para un público de filósofos.[2] Buscó puntos en común con ellos, y a la vez, no quería simplemente agregar más a su ecléctico sistema religioso, sino que buscó usar las mismas palabras e ideas de ellos para desafiar sus creencias religiosas. Argumentó que los seres humanos fueron creados para buscar a Dios y conocerlo en una relación genuina. Tristemente, las especulaciones e idolatría de estos filósofos les habían impedido obtener un verdadero conocimiento de Dios.

Una vez que había puesto este cimiento, Pablo habló sobre el juicio que vendría al mundo por parte de Aquel a quien Dios había resucitado de entre los muertos. Llamó a los que estaban presentes al arrepentimiento, dando vuelta a la situación, de tal manera que los cuestionadores se volvieron los cuestionados.

Pablo no empezó su mensaje con citas del Antiguo Testamento y con enseñanzas acerca de Cristo. Con estos filósofos paganos, el punto de partida era Dios, el Creador y Señor de todas las cosas. Pablo declaró que los gentiles que no sabían nada acerca de la revelación que Dios dio a Israel no podían encontrar a Dios en la idolatría o la especulación filosófica. La humanidad había fallado en su intento de conocer a Dios tal como realmente es. Pablo llamó a su audiencia pagana a que abandonara sus dioses tradicionales y se volviera al Dios vivo que solo puede ser conocido por medio del arrepentimiento y la fe en Jesucristo.

La mayoría de las personas que escucharon a Pablo respondieron a su mensaje con cinismo o indecisión. Sin embargo, incluso entre estos filósofos, la Palabra hizo su efecto; algunos de ellos creyeron y se formó una pequeña comunidad de discípulos antes de que Pablo partiera hacia Corinto.

Tesalónica. El mensaje que Pablo presentó en Atenas fue su defensa ante un tribunal. Anteriormente, Pablo había estado todos los días en el mercado, compartiendo el evangelio con individuos y grupos pequeños. Lucas no nos dice cómo Pablo se comunicó con ellos, pero tenemos una idea del mensaje que compartió con los gentiles al mirar su primera carta a los tesalonicenses, escrita alrededor del mismo tiempo que estuvo en Atenas. La carta, escrita unas semanas o meses después de fundar la nueva iglesia, nos ayuda a comprender mejor el evangelio que Pablo predicaba a los gentiles.

Tesalónica era la capital de la provincia romana de Macedonia y la ciudad más grande de la región. En el año 42 a.C. los romanos la habían convertido en una ciudad libre, con derecho a gobernarse según el modelo griego. La mayoría de los nuevos creyentes ahí habían sido gentiles paganos. En su carta, Pablo les recuerda a estos nuevos discípulos cómo él y sus compañeros habían llegado con denuedo, en el poder del Espíritu Santo, hablando la Palabra de Dios, no la de simples hombres. Pablo proclamó que el Dios de Israel era el Dios vivo y verdadero. Llamó a los tesalonicenses a que se apartaran de la futilidad de la adoración de ídolos y se volvieran con fe al Dios viviente de Israel.

Tabla 15.1. Primera Tesalonicenses proporciona una perspectiva del evangelio que Pablo compartía con los gentiles paganos. Véase Roland Allen, *Missionary Methods: St. Paul's or Ours?* 4ª ed. (London: World Dominion Press, 1956), pp. 90-91.

El evangelio en 1 Tesalonicenses
Hay un solo Dios vivo y verdadero (1:9).
La idolatría es pecaminosa y debe ser rechazada (1:9)
La ira de Dios está a punto de ser revelada contra los gentiles paganos por su impureza (4:6) y contra los judíos por su rechazo a Cristo (2:15-16).
El juicio vendrá repentina e inesperadamente (5:2-3).
Jesús, el Hijo de Dios (1:10), que fue entregado a la muerte (5:10) y resucitado de entre los muertos (4:14), es el Salvador que rescata de la ira de Dios (1:10).
El reino de Jesús se ha establecido y todos están invitados a entrar en él (2:12).
Los que creen y se vuelven a Dios ahora esperan la venida del Salvador que regresará del cielo para recibirlos (1:10, 4:15-17).

Pablo explicaba la historia de la vida y el ministerio de Jesús de Nazaret, su muerte y resurrección, y la importancia de estos eventos. El perdón de los pecados y la liberación de la ira de Dios vinieron por medio de la muerte de Jesús en la cruz en el lugar de los pecadores. Por medio de la fe, los tesalonicenses serían liberados del dominio del pecado, para así poder vivir una vida nueva en el Espíritu bajo la autoridad de Cristo. Finalmente, en el tiempo designado por Dios, Jesús regresaría para juzgar al mundo y rescatar a los que creen en él.

EL EVANGELIO SEGÚN PABLO

Pablo hablaba del evangelio como una fuerza incontenible que avanza poderosa y resueltamente.[3] El mensaje del evangelio no son simplemente "palabras" sino Dios mismo obrando para traer salvación. En el corazón del evangelio que Pablo proclamaba estaba un Salvador crucificado y resucitado. Esto le fue revelado a Pablo en el camino a Damasco, pero fue el mismo evangelio dado a conocer a los otros apóstoles.

Pablo proclamó el evangelio tanto en contextos griegos como judíos, adaptando su presentación a su audiencia: "Me hice todo para todos, a fin de salvar a algunos por todos los medios posibles" (1 Corintios 9:22). Su punto de partida con los judíos fue mostrar a Jesucristo como el cumplimiento de los propósitos de Dios para Israel, con extensas citas de las Escrituras judías. Con los paganos, usaba términos y autoridades que ellos conocían y comenzaba presentando a Dios como el Creador y Señor de todo. Cualquiera que fuese su punto de partida, su audiencia o contexto, Pablo siempre retornaba a la centralidad del evangelio: Jesucristo crucificado y resucitado. Pablo adaptó la presentación de su mensaje a diferentes públicos, pero no a expensas del corazón del evangelio. Pablo no evitó hablar del juicio venidero de Dios o de la muerte sacrificial de Jesús por los pecados del mundo. Cualquier otro evangelio no era verdaderamente el evangelio (Gálatas 1:6-10; 1 Corintios 3:10-15).

Pablo sabía que no era natural para un judío o un pagano poner su fe en un Salvador que había sido ejecutado en una cruz. Sin importar cuán culturalmente apropiado Pablo fuera en su comunicación, su mensaje siempre sería un escándalo para los judíos y necedad para los gentiles. Para los judíos, era impensable que el Dios eterno se diera a conocer por medio de un criminal crucificado. Los griegos eran impresionados por la sabiduría humana y las ideas elevadas. La historia de un Salvador crucificado no tenía sentido para ellos.

Para seguir a Jesús, tanto los judíos como los gentiles tenían que abandonar aspectos importantes de su cultura. Los gentiles politeístas de Tesalónica tenían que abandonar su fe en muchos dioses y poner su confianza en un Salvador judío. Tenían que abandonar sus visitas a los templos paganos y ausentarse de las fiestas religiosas y rituales que dominaban la vida pública y privada. Esto los ponía en conflicto con su comunidad. Pablo elogió a los tesalonicenses porque recibieron la palabra con un gozo que el Espíritu Santo había inspirado, a pesar de la persecución que experimentaban (1 Tesalonicenses 1:5-6).

Pablo predicaba con confianza porque Dios mismo estaba trabajando poderosamente para permitir que tanto judíos como gentiles llegaran a la fe en un Salvador crucificado. El poder de Dios estaba obrando en la predicación del evangelio, ya fuese mediante la proclamación pública en las sinagogas y mercados o en conversaciones privadas. La evidencia para el evangelio estaba en su poder para salvar a judíos y gentiles, esclavos y libres, hombres y mujeres. El fruto del evangelio fueron los discípulos que siguieron a Jesús y se reunieron en comunidades.

Pablo rechazó los intentos de "dar evidencia" del evangelio por medio de argumentos ingeniosos. La verdad en cuanto a la salvación por medio de la muerte y resurrección de Jesús descansaba en el poder del Espíritu Santo. La proclamación del evangelio fue eficaz, pero no debido a alguna técnica —fue obra del Espíritu Santo. El evangelio vino no solo en palabras, sino en poder y en el Espíritu Santo con plena convicción (1 Tesalonicenses 1:5; 2 Tesalonicenses 3:1).

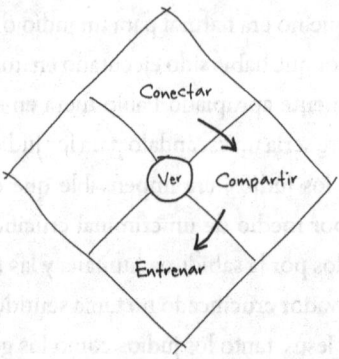

16. LA OBEDIENCIA DE LA FE

Por tanto, les ruego que sigan mi ejemplo. Con este propósito les envié a Timoteo, mi amado y fiel hijo en el Señor. Él les recordará mi manera de comportarme en Cristo Jesús, como enseño por todas partes y en todas las iglesias.

—PABLO (1 CORINTIOS 4:16-17)

PABLO PASÓ LA CUARTA PARTE DE SU MINISTERIO bajo arresto. En una ocasión, Pablo estaba bajo arresto domiciliario, probablemente en Roma, mientras esperaba su juicio. Mientras estaba ahí, un esclavo fugitivo vino a buscarlo.

Onésimo era un esclavo en la casa de Filemón, amigo de Pablo. Onésimo seguramente sabía algo del evangelio, ya que Filemón era un cristiano en cuyo hogar se reunía la iglesia. Onésimo había huido después de haberle hecho daño a su amo en alguna manera. Según la ley romana, un amo tenía el derecho de buscar y castigar brutalmente a un esclavo fugitivo, y cualquier persona que acogiera a un esclavo fugitivo podía verse obligado a pagar una compensación al propietario. Puede ser que Onésimo haya querido que Pablo actuara de mediador entre él y su amo.

Onésimo se convirtió en cristiano por medio de Pablo. Pablo lo amaba, así como un padre ama a su hijo, y llegó a depender de su ayuda mientras estaba bajo arresto. Pablo quería que Filemón y Onésimo se reconciliaran, así que escribió una carta breve para que Filemón recibiera de vuelta a Onésimo.

La carta a Filemón nos da una idea de cómo Pablo entrenó a los discípulos para seguir a Cristo en un mundo corrompido por el pecado. Pablo quería que Filemón viera cómo Cristo podía transformar sus relaciones sociales. Onésimo todavía era un esclavo bajo la ley, pero ya no debería ser tratado como tal porque ahora era un hermano en Cristo. Pablo le recordó a Filemón que tanto los esclavos como los amos son siervos de Cristo y miembros de la misma familia de fe. Filemón mismo, el amo de Onésimo, tenía un amo en el cielo. Pablo podría haber ordenado a Filemón a que actuara de cierta manera; en lugar de esto, apeló a la verdad del evangelio y sus implicaciones sobre cómo Filemón debería tratar a un hermano en Cristo que casualmente resultaba ser un esclavo.

Pablo se ofreció a pagar cualquier daño que Onésimo hubiera causado, pero puesto que Filemón había conocido a Cristo por medio de Pablo, en realidad era él quien le debía a Pablo una deuda mayor de la que Onésimo le debía a él.

Filemón, la carta más corta que Pablo escribió, funciona como una ventana que nos permite ver la manera en la que Pablo entrenaba a sus discípulos. Tanto Filemón como Onésimo llegaron a conocer a Cristo a través de Pablo. Habiendo compartido el evangelio de la gracia de Dios con ellos, Pablo ahora, desde la prisión, les enseñaba cómo podían poner en práctica las implicaciones del evangelio. No estaba imponiendo una nueva ley; les estaba enseñando a los discípulos a seguir a Cristo.

AGRADANDO A DIOS

Pablo no simplemente convertía a las personas y después seguía de largo. Enseñaba a los nuevos creyentes a vivir vidas modeladas por Jesús, vidas que son posibles únicamente por medio del poder del Espíritu Santo.

No fue fácil. Pablo tuvo que lidiar con formas de inmoralidad sexual en la iglesia que ni siquiera eran toleradas por los paganos. Tuvo que lidiar con creyentes que llevaban a sus hermanos espirituales a la corte para resolver sus diferencias. Tanto los conversos judíos como los gentiles estaban en constante peligro de mezclar sus antiguas creencias con su nueva fe en Cristo.

Pablo les escribió a los Gálatas: "Ustedes estaban corriendo bien. ¿Quién los estorbó para que dejaran de obedecer a la verdad?" (Gálatas 5:7). El evangelio no es simplemente algo que creemos; es algo que obedecemos. La obediencia de la fe comienza con la conversión, pero debe continuar hasta incluir un continuo cambio de vida. Pablo les dijo a los Gálatas que continuaba sufriendo como una mujer en parto "hasta que Cristo sea formado en ustedes" (Gálatas 4:19). Llevarlos a la obediencia de la fe era una parte importante de la misión de Pablo.

Las cartas de Pablo generalmente se enfocaban en dos temas: (1) la verdad del evangelio y (2) cómo los creyentes deberían vivir en respuesta a esa verdad. Su prioridad era establecer a los creyentes en la obediencia de la fe — una forma de vida consistente con el carácter de Dios revelado en Jesucristo. Las cartas de Pablo seguían un patrón similar: comenzando con la gracia de Dios en Jesucristo, les recordaba a los creyentes quiénes eran en Cristo y lo que Dios había hecho por ellos. Este enfoque en la realidad de su salvación y todos sus beneficios dominaba las cartas de Pablo. Una vez establecido este cimiento, pasaba a mostrar cómo estas verdades debían transformar la vida del pueblo de Dios.

La conversión de los gentiles a la fe en Jesucristo implicó una ruptura radical con su cultura. Los gentiles tuvieron que abandonar su fe en los dioses y volverse hacia el único y verdadero Dios de las escrituras judías. Tenían que poner su fe en un Salvador que había sido ejecutado como un criminal en una cruz romana y que había resucitado físicamente de entre los muertos.

Imagínese, por ejemplo, los cambios que sucederían en la vida de un nuevo creyente en Éfeso. Ya no visitaría el templo de Artemisa ni participaría en los rituales y fiestas en su honor. No se inclinaría ante la estatua de la diosa cuando visitaba los baños públicos, y removería los ídolos de su hogar. Ya no adoraría al emperador romano como si fuera un dios. Su ruptura con el paganismo no podría ser más evidente para su comunidad.

Además de esto, este nuevo creyente dejaría atrás todo tipo de inmoralidad sexual –adulterio, visitar prostitutas, y comportamiento homosexual– así como también la codicia y la borrachera. Todos estos comportamientos eran aceptables en la sociedad efesia, siempre y cuando se llevaran a cabo con discreción y dentro de los límites.

Por otro lado, un creyente judío tendría que aceptar que Jesús de Nazaret era el Mesías prometido. Los judíos ya no podían confiar en la obediencia a la ley mosaica para salvación. Tendrían que acercarse a Dios por medio de la fe y la humilde dependencia, sin contar con mayores privilegios que los gentiles. Su ascendencia no tenía ninguna ventaja cuando se trataba de entrar a una correcta relación con Dios. Tenían que enfrentarse a la amenazante posibilidad de ser expulsados de la sinagoga y ser rechazados por amigos y familiares que no compartían su fe en Cristo. Los creyentes judíos también tenían que aceptar la inclusión de gentiles incircuncisos a la comunidad del pueblo de Dios.

En la primera carta de Pablo a los tesalonicenses, escrita poco después de que se iniciara la iglesia, Pablo les hizo recordar la verdad del evangelio y los instó a responder a la gracia de Dios con obediencia. Pablo comparó su ministerio entre ellos como el de un padre y el de una madre lactante. Pablo y sus compañeros vivieron entre estos nuevos creyentes en una manera irreprensible y los desafiaron a seguir su ejemplo. Después de que Pablo fue "arrebatado" de ellos, envió a Timoteo de regreso desde Atenas para fortalecerlos en la fe y animarlos mientras enfrentaban la persecución.

Pablo podía desafiar a los tesalonicenses a imitar a Cristo porque estaban aprendiendo y compartiendo las historias y enseñanzas de Jesús. Pablo también les recordó que el Dios que los llamó a imitar a Cristo también les había dado el Espíritu Santo (1 Tesalonicenses 4:8). Elogió su progreso y los desafió a vivir vidas de santidad, evitando la inmoralidad sexual típica de la sociedad pagana. Pablo los animó a crecer en el amor unos por otros, a trabajar con diligencia para no tener que depender de nadie, y a vivir vidas que ganaran el respeto de los incrédulos.

Para Pablo, el discipulado era un asunto de comprender las implicaciones totales de lo que Dios ha había hecho en Cristo y posteriormente ponerlas en práctica en cada aspecto de la vida. Era la obediencia que surge de la fe, y que se hace posible gracias al Espíritu Santo. Pablo estaba seguro de que, aunque había dejado a estos nuevos discípulos prematuramente, el Espíritu Santo estaba presente con ellos y los capacitaría para poder atravesar su sufrimiento con gozo.

Pablo tenía buenas razones para confiar en que estos nuevos discípulos podrían llegar a la madurez a pesar de no estar con ellos. Hasta este punto, ya se habían convertido en imitadores de Pablo y sus colaboradores, y del Señor. Ya eran un modelo de fe para todos los creyentes en Macedonia y Acaya. Su fe en Dios ya era conocida en todas partes (1 Tesalonicenses 1:6-8).

Pablo no era un moralista que introdujo una nueva ley para los discípulos de Jesús. Nunca se cansó de explicar las buenas nuevas de Jesús ni de enseñarles a los creyentes cómo la realidad de su salvación cambia todo. Seguir a Jesús era más que una profesión de fe. Era un camino para ser recorrido, una forma de vida. Ya no debían vivir para sí mismos, sino para Jesús, quien había muerto y resucitado por ellos.[1]

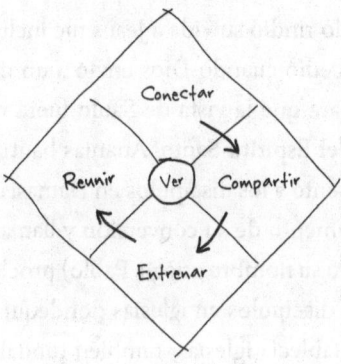

17. CUANDO SE REÚNAN

> *Fue por medio del hogar y la iglesia en casa que el cristianismo y su extraordinaria "asamblea" echó raíces por primera vez y luego creció, de tal modo que empezó a socavar los antiguos valores cívicos y la misma estructura de la ciudad pagana.*
>
> —ROBIN LANE FOX,
> *PAGANS AND CHRISTIANS*

ANTES DE CONOCER A CRISTO, SAULO TENÍA UNA MISIÓN —destruir a la iglesia (Hechos 8:3). Eso conllevaba ir de casa en casa arrastrando a hombres y mujeres a la cárcel para esperar el juicio, el castigo y, a veces, la muerte. En el camino a Damasco, Saulo aprendió que Jesús se identificaba tan estrechamente con su pueblo (la iglesia) que perseguir a sus seguidores era perseguirlo a él (Hechos 8:3; 9:4-5).

Cuando Saulo rindió su vida a Jesús fue incluido en el pueblo de Dios. Esto sucedió cuando Dios envió a un discípulo llamado Ananías a orar para que la vista de Saulo fuera restaurada y recibiera la llenura del Espíritu Santo. Ananías bautizó a Saulo de inmediato y lo presentó a los discípulos en Damasco.

Desde el momento de su conversión y llamado, Saulo (quien finalmente adoptó su nombre griego, Pablo) proclamaba el evangelio y reunía a los discípulos en iglesias dondequiera que iba. Pero Pablo no solo establecía iglesias; también fundaba y formaba comunidades de discípulos.

La naturaleza móvil del ministerio de Pablo le permitió formar muchas iglesias. A menudo se veía obligado a dejarlos después de poco tiempo. Los nuevos discípulos tenían limitada instrucción en su nueva fe y enfrentaban presión extrema de parte de su comunidad local para volver a su antigua forma de vida. Las iglesias fueron sacudidas por el conflicto. La preocupación diaria de Pablo por todas las iglesias fue uno de los mayores desafíos que enfrentó. En su ausencia, escribió cartas y envió colaboradores para fortalecer las iglesias. Cuando podía, regresaba personalmente.

Saulo, el perseguidor, fue de casa en casa arrastrando a los cristianos a la prisión. Quería destruir la iglesia. Pablo, el apóstol, iba de casa en casa enseñando a los discípulos con humildad y lágrimas. Quería fortalecer a la iglesia. Pablo recordó a los ancianos de Éfeso que la iglesia no es solo otra asamblea más, sino "la iglesia de Dios", comprada con la sangre de Jesús (Hechos 20:28).

Corinto y Éfeso fueron las únicas dos ciudades de las que sabemos donde Pablo disfrutó de una estadía prolongada. En muchos lugares, Pablo solo tuvo semanas o meses para formar una iglesia antes de ser expulsado del lugar, pero siempre encontraba alguna manera de mantenerse en contacto. Muchas veces regresaba para visitarlos, o dejaba atrás algún miembro de su equipo, o enviaba un obrero o una carta, todo con el propósito de fortalecer las iglesias. Aunque Pablo era un evangelista pionero y plantador de iglesias, también llevó adelante un ministerio extenso para promover el crecimiento en madurez de las iglesias. Pablo anhelaba ver que las iglesias permanecieran fieles y obedientes al evangelio. Su objetivo con cada iglesia era llevarla a la madurez —donde ya no dependiera de él, sino que pudiera convertirse en copartícipe plena en la expansión del evangelio.

EN ESPÍRITU Y EN VERDAD

El establecimiento exitoso de nuevas comunidades de discípulos estaba estrechamente relacionado con el uso de hogares privados.[1] Los hogares funcionaban tanto como bases para el trabajo misionero como lugares de reunión para los nuevos creyentes. Eran el lugar donde los creyentes podían reunirse con relativa seguridad para adorar, estar en comunión, y aprender.

En las ciudades del imperio romano, la mayoría de las personas vivían en edificios de varios pisos. Muchas familias vivían en una habitación pequeña, demasiado pequeña como para tener una reunión de más de unas pocas personas. Así que la mayoría de los cristianos que vivían en las ciudades se reunían en pequeños grupos de hasta quince personas en edificios de viviendas. No se disponía de grandes instalaciones públicas para reunirse y compartir comidas. Los gentiles se reunían en templos paganos o en hogares privados para compartir comidas y realizar reuniones comunitarias. Los judíos se reunían en casas particulares o en sinagogas, muchas de las cuales eran casas adaptadas. Los cristianos de origen judío y pagano estaban familiarizados con la práctica de reunirse en hogares para compartir comidas de confraternidad. Las reuniones más grandes requerían el uso de casas privadas a las cuales solo los ricos podían acceder. La habitación más grande en la casa de una persona prominente podía recibir entre treinta y cincuenta personas. Era posible acomodar aún más personas si se usaban los pasillos y otras habitaciones.[2]

La conversión de familias enteras habría proporcionado espacio para las reuniones de discípulos. Algunos ejemplos en el ministerio de Pablo incluyen a Lidia la comerciante, el carcelero en Filipos, Crispo, el gobernante de la sinagoga, y Estéfanas en Corinto.³ Si la iglesia en una ciudad o pueblo era demasiado grande para reunirse en un solo lugar, como fue el caso de la iglesia en Roma, se reunía en una red de hogares (Romanos 16). La carta de Pablo a los romanos no estaba dirigida a una sola congregación de creyentes.⁴ Es probable que Febe haya llevado la carta de Pablo a los romanos de una congregación a otra, por toda la ciudad.

Entonces el término "iglesia" podría referirse a una red de congregaciones esparcidas por una ciudad, o podría referirse a una de las congregaciones —"la iglesia que se reúne en tu hogar". Las congregaciones pequeñas, basadas en un hogar individual eran la unidad básica del movimiento cristiano.

Pablo reunió a nuevos creyentes en comunidades de discípulos. Por medio del ejemplo y la instrucción de Pablo, estas nuevas iglesias aprendieron lo que significaba ser el pueblo de Dios en conjunto. Cada iglesia local tenía una organización formal mínima. El liderazgo era determinado por la dirección del Espíritu Santo, quien daba dones a cada uno para la edificación de la comunidad. Cada ministerio, incluido el liderazgo, era un don del Espíritu Santo. Solo hay referencias ocasionales a los detalles de la organización y la estructura de liderazgo de las iglesias en Hechos y las epístolas de Pablo. Esto no fue un descuido; las iglesias de Pablo estaban estructuradas de manera flexible, no sistemática. La iglesia en todo el mundo era una, pero esa unidad estaba "en Cristo". La iglesia única se expresaba en comunidades individuales, unidas por su fe en el único Señor Jesucristo y por su fidelidad al evangelio.

A pesar de esta renuencia a formalizar la vida de la iglesia, esta vida tenía una forma definida que era común a todos.

1. **Escuchar y obedecer la Palabra de Dios.** A medida que se formaban iglesias, los seguidores de Jesús se reunían para escuchar, aprender y obedecer la Palabra de Dios; esta Palabra llegaba a ellos por medio de las Escrituras del

Antiguo Testamento y las enseñanzas de Jesús y los apóstoles, incluido Pablo.

Las iglesias continuaron la práctica de la sinagoga de leer y enseñar las Escrituras, tanto el Antiguo Testamento como los relatos de la vida y las enseñanzas de Jesús. Esos relatos se difundían de persona a persona como historias y dichos memorables antes de ser escritos en formato de evangelios, como los tenemos hoy. También se leían y estudiaban las cartas de los apóstoles. En una época en la que pocas personas sabían leer, la lectura pública de estos escritos era fundamental.

A medida que los seguidores de Jesús leían y aprendían juntos la Palabra de Dios y adoraban a Dios con cánticos, "la palabra de Cristo" moraba entre ellos (Colosenses 3:16; Efesios 5:18-20).[5] Los discípulos aprendían juntos cómo obedecer las enseñanzas de las Escrituras judías y las enseñanzas de Jesús y los apóstoles.

2. **Vida en el Espíritu.** Pablo creía que el Espíritu Santo era quien traía a la existencia la nueva comunidad. Sabía que el Señor Jesús estaba presente con su pueblo por medio del Espíritu. Pablo tenía una profunda confianza en el Espíritu para guiar y fortalecer a la iglesia en su ausencia.[6]

Hubo demostraciones visibles del poder del Espíritu Santo —tanto señales como maravillas y gozo en medio del sufrimiento. La profecía inspirada por el Espíritu era una parte importante de la iglesia, y tanto hombres como mujeres profetizaban. Pablo alentó la profecía con el propósito de edificar la iglesia e incluso la conversión de los incrédulos visitantes.[7]

Pablo les recordó a los gálatas que su vida en el Espíritu, que incluía los milagros que Dios hacía entre ellos, tenía como origen el evangelio y no la obediencia a la ley.

Los corintios tenían una abundancia de dones espirituales que Pablo afirmaba. Algunos de estos discípulos también tenían una obsesión malsana con los dones carismáticos, especialmente el de hablar en lenguas. Pablo no apagó este fuego, pero les enseñó a regular sus experiencias espirituales. Le recordó a la iglesia en Éfeso que Cristo había dotado a algunos como apóstoles, profetas, evangelistas, pastores y maestros a fin de capacitarlos para el ministerio. A medida que cada miembro desempeñaba su papel, la comunidad crecía en la plenitud de Cristo (Efesios 4:11-13).

Cuando los creyentes se reunieran, debían esperar que la Palabra viva de Cristo estuviera entre ellos mientras se enseñaban y se amonestaban unos a otros y adoraban a Dios con cánticos de todo tipo. Todo esto era posible porque estaban llenos del Espíritu Santo. Asimismo, Dios, por medio del Espíritu Santo, inspiraba su oración.[8]

3. **Bautismo y Santa Cena.** Ananías, un discípulo en Damasco, bautizó a Pablo inmediatamente después de que la vista de este último fue restaurada, y fue lleno del Espíritu Santo. Pablo, de acuerdo con la práctica de la iglesia primitiva, requería que los nuevos creyentes se unieran a la comunidad de seguidores de Jesús por medio del arrepentimiento, la fe y el bautismo en el nombre de Jesús. Eran bautizados inmediatamente cuando ponían su fe en Cristo, como señal del limpiamiento del pecado y la reconciliación con Dios por medio de Cristo. Era una señal de que el creyente ahora estaba vivo para con Dios y bajo el gobierno del Espíritu Santo. En contextos pioneros, Pablo bautizó a algunos nuevos conversos. Sin embargo, rápidamente pasó esa tarea a sus colaboradores y a los creyentes recién bautizados (1 Corintios 1:13-17). Pablo no dio ninguna restricción en cuanto a quién podía bautizar a un nuevo discípulo.

Pablo transmitió a sus iglesias lo que "recibió" con respecto a la cena que Jesús instituyó antes de su muerte.

Durante la cena, Jesús identificó el pan y el vino como símbolos de su cuerpo y sangre, que pronto serían entregados en la cruz. Pablo transmitió el mandato que el Señor había dejado al pueblo del nuevo pacto de que celebraran la cena en memoria de él, mientras esperaban su regreso (1 Corintios 11: 17-22). Enseñó a los nuevos creyentes a celebrar la Santa Cena de una manera que expresara su unidad y no sus diferencias. Pablo no impuso ninguna restricción respecto a quién podía dirigir a la iglesia en la celebración de la Santa Cena.

4. **Amor unos por otros.** Así como el mensaje de un Salvador del mundo, judío y crucificado, era absurdo para los oídos de un griego o romano pagano, también era absurda la idea de una comunidad de seguidores. Los griegos recordaban la época de oro cuando una comunidad de iguales gobernaba la ciudad. Sin embargo, esa comunidad de iguales había excluido a esclavos, mujeres y extranjeros —la mayoría de la población. La sociedad romana no era mejor; estaba estructurada como una jerarquía bajo el emperador, a quien se lo consideraba un dios. La idea de una comunidad en la que no importaban las diferencias de riqueza, poder y etnia era extraña, tanto para los griegos como para los romanos.[9] Pero Pablo trabajaba duro para establecer comunidades que reflejaran el carácter de Dios, revelado en Jesús.

Las instrucciones de Pablo respecto a cómo los creyentes deben tratarse "unos a otros", esparcidas a lo largo de sus cartas, revelan la calidad de las relaciones que Pablo esperaba en las iglesias: debían comprometerse unos a otros en amor; debían vivir en armonía unos con otros y aceptarse unos a otros como Cristo los había aceptado a ellos; debían llevar las cargas unos de otros, servirse unos a otros y pacientemente soportarse unos a otros en amor. Pablo les mandó que fueran amables y compasivos unos con otros, perdonándose unos a otros, así como Dios los había perdonado en Cristo. Debían animarse y edificarse mutuamente.[10]

5. **Liderazgo local.** Las iglesias que Pablo inició no eran gobernadas por las iglesias en Jerusalén, Antioquía o en cualquier otro lugar. Desde el principio eran iglesias autogobernadas. Cada nuevo grupo de creyentes era considerado una entidad igual y completa, así como los otros grupos dentro del movimiento cristiano.[11] Ni siquiera Pablo gobernaba estas nuevas iglesias. Las instó a "crecer" en Cristo y a madurar en la fe (1 Corintios 14:20; Efesios 4:14).[12]

No había ninguna élite de liderazgo; solamente Cristo era el Señor. Los creyentes debían seguir el ejemplo de Cristo en su manera de relacionarse entre sí. Pablo se presentó a sí mismo como un modelo porque él mismo seguía el modelo de Cristo. Animó a los creyentes a honrar y seguir el liderazgo de personas como Epafrodito y Estéfanas, quienes dieron sus vidas y se dedicaron a servir al pueblo de Dios (Filipenses 2:28; 1 Corintios 16:15-16).

La autoridad en la iglesia no se basaba en la posición o el poder, sino en la relación y la función. Pablo nunca usó el término *sacerdote* para describir a los líderes locales; no había clérigos ordenados en las iglesias que plantó. El cuerpo de Cristo entero participaba en una variedad de funciones ministeriales, tales como el evangelismo, la enseñanza, mostrar misericordia, la sanación y la profecía. Las funciones que las personas desempeñaban importaban más que los puestos que ocupaban.

Para Pablo era prioritario nombrar líderes locales en lugar de gobernar y controlar la iglesia él mismo. Podía hacer esto gracias a su confianza en el evangelio y en el Espíritu Santo. Intervenía solo cuando la iglesia estaba en peligro de negar a Cristo por medio de falsas enseñanzas o comportamientos pecaminosos. No abandonó a las iglesias que formó, sino que regresaba para fortalecerlas siempre que fuera posible.[13]

Pablo nombró ancianos y obispos en las iglesias que plantó, considerando que habían sido designados por el Espíritu Santo. Parece hablar de ambos roles como sinónimos, diciéndoles a los *ancianos* de Éfeso que "tengan cuidado de sí mismos y de todo el rebaño sobre el cual el Espíritu Santo los [había] puesto como obispos" (Hechos 20:28).[14] Los ancianos surgían de en medio de cada iglesia recientemente formada y ejercerían responsabilidad sobre un grupo de iglesias en una ciudad o región. Sus calificaciones tenían que ver con el carácter de su caminar cristiano y su fidelidad al evangelio.

Pablo instó a las iglesias a someterse a estos ancianos y obispos, y a todos los que se unían en esta obra del evangelio. Pablo recordó a la iglesia en Corinto cómo Estéfanas y su casa les habían servido, y recordó a los efesios que los dones de liderazgo (apóstoles, profetas, evangelistas, pastores y maestros) fueron dados para equipar a la iglesia para el ministerio y la madurez en Cristo. Pablo dio, tanto a Timoteo como a Tito, la responsabilidad de nombrar obispos y diáconos en las iglesias en nombre de él.[15]

Las cartas de Pablo y los relatos en Hechos no brindan muchos detalles sobre la relación entre los obispos, ancianos y diáconos. Esa relación incluso puede haber variado de un lugar a otro. Por lo tanto, no debemos ser demasiado estrictos en aferrarnos a los modelos de liderazgo y gobierno eclesiástico que construimos a partir del ejemplo de Pablo. El liderazgo eclesiástico puede presentarse en una variedad de formas: apóstoles, profetas, pastores-maestros y evangelistas. Cualquiera que sea la forma que adopte, el propósito es el mismo —equipar al pueblo de Dios para el ministerio, para edificar el cuerpo de Cristo, de modo que los creyentes "[lleguen] a la unidad de la fe y del conocimiento del Hijo de Dios, a una humanidad perfecta que se conforme a la plena estatura de Cristo" (Efesios 4:11-13). En última instancia, el enfoque de Pablo no estaba en la posición y el estado de los líderes de la iglesia, sino en la fidelidad al evangelio en su enseñanza y forma de vivir.

6. **Colaboradores en el evangelio.** Las iglesias que Pablo plantó eran comunidades que regularmente añadían nuevos conversos a medida que los creyentes hablaban de su fe: con sus familias, en el taller, en la calle, en el vecindario, o con personas de afuera que visitaban sus reuniones.[16] Pablo elogió a la iglesia en Tesalónica porque la palabra del Señor "[había sido] proclamad[a] no solo en Macedonia y en Acaya, sino en todo lugar; a tal punto se [había] divulgado su fe en Dios" (1 Tesalonicenses 1:8). Pablo esperaba que los creyentes se condujeran de tal manera que pudieran ganar a otras personas a la fe, incluidos esposos y esposas incrédulos (1 Corintios 7:16; 10:31-11:1).

La iglesia en Antioquía proporcionaba una base a la cual Pablo y Bernabé retornaban entre viajes misioneros. Los cristianos de Filipos participaron activamente en la obra misionera de Pablo por medio del apoyo financiero, la oración y la proclamación del evangelio. Durante al menos dos años, la iglesia de Éfeso proporcionó una base para Pablo, desde la cual el evangelio podría salir a toda la provincia romana de Asia (Hechos 19:10). Durante su estancia en Éfeso, el compañero de trabajo de Pablo, Epafras, plantó iglesias en las ciudades vecinas de Laodicea, Hierápolis y Colosas. Más tarde, Pablo escribió para desafiar a los efesios a permanecer fieles en la batalla espiritual y continuar tomando la ofensiva en la proclamación del evangelio (Colosenses 1:3-8; 2:1; 4:13; Efesios 6:10-20).

Pablo se alegró de que su ejemplo en la cárcel (posiblemente en Roma) hubiera inspirado a los creyentes locales a hablar la Palabra de Dios con más valentía y denuedo. Más tarde escribió a la iglesia en Roma solicitando su apoyo convirtiéndose en base para su misión a España, en la parte occidental del imperio romano (Filipenses 1:14; Romanos 15:23-28). Por medio del ejemplo y la enseñanza, Pablo se aseguró de que sus iglesias participaran localmente en la expansión del evangelio y, más ampliamente, en su misión para alcanzar otras ciudades y regiones.

Las personas compartían su nueva vida en Cristo con familiares y amigos; se iniciaban nuevas iglesias en casa a nivel local y en otros lugares. La obra continuó mucho después de que Pablo se hubiera trasladado a nuevos campos. Posteriormente, las iglesias participaban en la misión por medio de la oración, el apoyo financiero y un flujo constante de colaboradores que iban y venían entre Pablo y sus iglesias locales.

Mientras tanto, Pablo continuaba manteniendo su enfoque en la necesidad de llevar el evangelio a otras ciudades y regiones no alcanzadas.

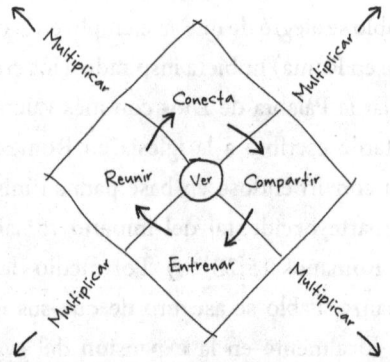

18. NADA MÁS PARA HACER

Lucas no narraba la vida y los tiempos de Pablo... sino un fenómeno y movimiento que continuaba vivo y activo en su época.

—BEN WITHERINGTON,
*THE ACTS OF THE APOSTLES:
A SOCIO-RHETORICAL COMMENTARY*

EN LA PRIMAVERA DEL AÑO 45 d.C., cinco hombres se reunieron en Antioquía de Siria para ayunar y adorar al Señor. En la habitación estaba Bernabé, un levita de Chipre; Simeón llamado Níger ("negro"), posiblemente un africano; Lucio de Cirene, ubicado al norte de África; Manaén, amigo de infancia de Herodes Antipas, el cual había ejecutado a Juan el Bautista y tomado un rol en el juicio de Jesús; y finalmente Pablo, todavía conocido como Saulo, un fariseo nacido en la ciudad de Tarso (en la actual Turquía) y educado en Jerusalén.

La diversidad de este grupo era un reflejo de la ciudad en la que vivían. Antioquía estaba ubicada en el río Orontes; era una ciudad rica y cosmopolita de 250.000 habitantes de diversas religiones y orígenes étnicos. El diez por ciento de la población eran judíos, que habían estado allí desde el siglo II a. C. y habían atraído a muchos conversos gentiles y temerosos de Dios.[1] Solo Roma y Alejandría eran ciudades más grandes e importantes para el imperio, y Antioquía se convirtió, después de Jerusalén, en el centro más significativo del cristianismo. Era una base ideal desde la cual el movimiento cristiano podía extenderse más allá de Palestina al resto del mundo.

El evangelio llegó a la capital siria en el año 31/32 d.C. con un grupo de discípulos que habían huido de Jerusalén. Se extendió a la comunidad judía y a los gentiles relacionados con la sinagoga, y de ellos a sus amigos y parientes paganos. Por primera vez, los gentiles se estaban convirtiendo a la fe en Cristo en grandes números. En Antioquía, los seguidores de Jesús fueron llamados "cristianos" por primera vez (Hechos 11:26),[2] lo cual los distinguía de judíos y paganos como seguidores de Cristo.

Cuando los apóstoles de Jerusalén se enteraron de lo que estaba sucediendo en Antioquía, le dieron a Bernabé la tarea de consolidar la obra. Alrededor del año 43 d.C., Bernabé viajó más de 160 kilómetros, desde Antioquía hasta Tarso, buscando la ayuda de Pablo. Ambos se habían conocido hace una década, después de que Pablo regresara de su misión en Arabia y Damasco para visitar la iglesia en Jerusalén (Hechos 9:27). Desde el momento en el que salió de Jerusalén, Pablo parece haber estado involucrado en un trabajo pionero en Siria y Cilicia entre los años 33 y 43 d.C.[3]

Después de un año de ministerio en Antioquía, Bernabé, Pablo, Simeón, Lucio y Manaén estaban adorando a Dios cuando el Espíritu Santo interrumpió su reunión para revelar que la obra de Bernabé y Pablo en Antioquía se había completado. La nueva iglesia estaba bien establecida. Había llegado la hora para que Bernabé y Pablo regresaran a la evangelización y plantación de iglesias en campos no alcanzados. Antioquía, la primera iglesia con una mezcla significativa de judíos y gentiles, era ahora la base para un grupo de misioneros móviles que buscaban llevar el evangelio a judíos y gentiles paganos en las principales ciudades del imperio romano.

Este encuentro no era una reunión para comisionarlos a la obra misionera. Pablo ya había sido comisionado hace más de diez años en el camino a Damasco, predicando en seguida a judíos y gentiles en Damasco, Arabia y Siria, como también en Cilicia y su capital, Tarso. Pablo ya era un misionero experimentado cuando Bernabé llegó a Tarso y lo reclutó para la obra en Antioquía. Pero ahora que la iglesia en Antioquía estaba establecida, el Espíritu Santo estaba enviando a Bernabé y a Pablo de regreso a la obra pionera. La iglesia debía reconocer esto, bendecirlos y enviarlos. Fue el Espíritu Santo, no la iglesia, el agente principal para llamar y enviar a estos misioneros experimentados.[4]

Pablo y Bernabé regresarían a Antioquía para dar sus informes, pero la iglesia no tenía autoridad sobre su misión. Pablo formó un equipo apostólico al cual las iglesias apoyaban, enviando obreros, dando apoyo financiero y orando.

Pablo veía su campo misionero en términos de regiones. Enfocaba sus esfuerzos en centros estratégicos que serían el medio para llegar a toda una región: Filipos para Macedonia, Tesalónica para Macedonia y Acaya, Corinto para Acaya, Éfeso para Asia. Estas ciudades eran los centros de comunicación, cultura, comercio, política y religión. Pablo hizo contacto, difundió el evangelio, hizo discípulos y sentó las bases para una comunidad cristiana duradera en estas ciudades, con la esperanza de que el evangelio se extendiera desde estos centros a los campos y pueblos circundantes.

Finalmente, Pablo miró hacia atrás y concluyó que su trabajo había sido completado; había predicado el evangelio desde Jerusalén en Palestina hasta Ilirico en la Grecia moderna (Romanos 15:18-24). Había llevado el evangelio a regiones no alcanzadas, formado iglesias y multiplicando obreros, algunos de los cuales servían localmente en congregaciones establecidas, otros que establecían iglesias en las áreas circundantes, y otros que se convertían en misioneros móviles.

EL EQUIPO DE PABLO

Pablo rara vez trabajaba solo. Se rodeaba de colaboradores —misioneros móviles que viajaban con él y obreros locales de entre las iglesias. Lucas escribió con autoridad porque había viajado y ministrado con Pablo.[5]

Hay alrededor de cien nombres relacionados con Pablo en el Nuevo Testamento; treinta y ocho de ellos son colaboradores suyos. La mayoría de los integrantes de su equipo salían de las iglesias que él había fundado. Muchos de sus compañeros misioneros eran cristianos relativamente nuevos. Timoteo llegó a ser responsable de la iglesia en Tesalónica solo tres años después de su conversión. El equipo misionero de Pablo siempre estaba cambiando a medida que los trabajadores iban y venían entre Pablo y las iglesias.

Así como Jesús, Pablo entrenaba a sus colaboradores mientras viajaba y servía con ellos. Los colaboradores de Pablo viajaron cientos de kilómetros por mar y a pie, a veces con Pablo, pero a veces solos. En varias ocasiones Pablo describió su ministerio como "trabajo duro"[6]. El trabajo era difícil —viajes peligrosos, oposición violenta, falta de recursos e incluso prisión. Se mantenían en constante movimiento, mientras vivían de la generosidad de los demás, el trabajo de sus propias manos y las contribuciones financieras de Pablo mismo.

Pablo involucraba a sus colaboradores cuando escribía cartas a las iglesias. Encontramos mención de Sóstenes, Timoteo, "los hermanos" y Silas como coautores en ocho de las trece cartas de Pablo. Las cartas de Pablo revelan cuánto valoraba su servicio y cuánto los amaba. Utiliza diferentes términos para referirse a los miembros de su equipo: hermano, compañero, apóstol, siervo, coesclavo, compañero de milicia, compañero de prisión y compañero de trabajo. Estos colaboradores misioneros no estaban bajo la autoridad directa de sus iglesias sino de Pablo; sin embargo, aunque Pablo era claramente su líder, los términos que usaba para referirse a ellos describen relaciones de igualdad. No son los "asistentes" de Pablo. Son sus socios en la proclamación del evangelio.

Los colaboradores mencionados con mayor frecuencia fueron Bernabé, Timoteo, Lucas, Priscila y Aquila, Silas (también conocido como Silvano), Tito y Tíquico. Algunos, como Timoteo, eran casi como integrantes permanentes del equipo. Otros trabajaron con Pablo durante un tiempo y luego trabajaron por separado —Bernabé, Silas y Apolos— o regresaron a sus iglesias. Los colaboradores de Pablo actuaron de forma independiente y valerosa. Mientras Pablo tenía su base en Éfeso, Epafras fundó iglesias en las ciudades circundantes de Colosas, Laodicea y Hierápolis (Colosenses 1:3-8; 4:13). Priscila y Aquila supervisaron el trabajo en Éfeso mientras Pablo estaba de viaje. Timoteo y Erasto hicieron seguimiento al progreso de las iglesias en Macedonia mientras Pablo permaneció en Éfeso. Gayo y Aristarco se enfrentaron con valentía a la multitud airada, mientras que los discípulos impidieron que Pablo se enfrentara a ella.

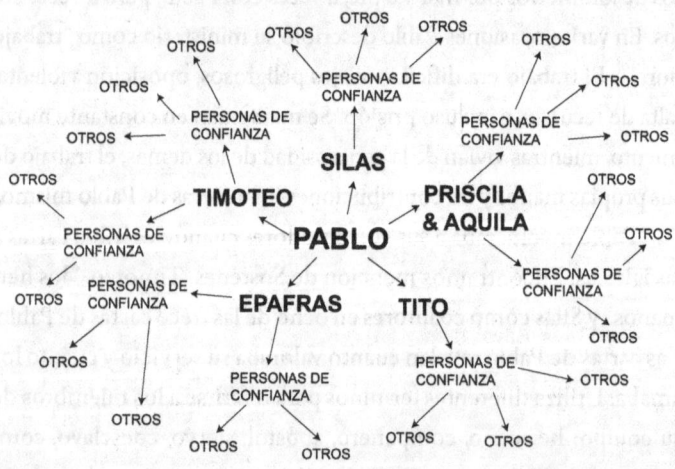

Figura 18.1. "Lo que me has oído decir en presencia de muchos testigos, encomiéndalo a creyentes dignos de confianza, que a su vez estén capacitados para enseñar a otros" (2 Timoteo 2:2). Adaptado de un diagrama desarrollado por primera vez por Nathan Shank y Wilson Geisler. Véase Nathan y Kari Shank, "The Four Fields: A Manual for Church Planting Facilitation," www.churchplantingmovements.com (consultado el 5 de diciembre de 2011), pág. 74.

Las cartas de Pablo nombran a diecisiete mujeres asociadas con su misión. En Romanos 16, Pablo identificó a Febe, una "diaconisa" o servidora de la iglesia en Cencreas (la ciudad portuaria oriental de Corinto) y alguien que apoyaba económicamente a muchas personas, incluido Pablo. También saludó a María, que había trabajado duro para la iglesia. Los misioneros pioneros Junías y su esposo, Andrónico, estaban en prisión con él; Pablo describió a esta pareja como "destacados entre los apóstoles" (Romanos 16:7).[7] Trifena y Trifosa eran dos mujeres que "se esfuerzan trabajando por el Señor". La querida amiga de Pablo, Pérsida, es otra mujer que trabajó "muchísimo en el Señor". En otro lugar, Pablo se refirió a Evodia y Síntique, dos mujeres que "han luchado a mi lado en la obra del evangelio" (Filipenses 4:2-3).

Los esposos Priscilla y Aquila era cercanos a Pablo. Al igual que él, eran fabricantes de tiendas de campaña o peleteros. Hicieron una contribución significativa a la obra en Éfeso, Corinto y Roma. Relativamente ricos, se mudaban de ciudad en ciudad, estableciendo hogares que podían servir como puntos de encuentro para la iglesia.[8] En el año 49 d.C., fueron parte del grupo de judíos expulsados de Roma por el edicto del emperador Claudio. Se mudaron a Corinto donde trabajaron con Pablo en la predicación y la enseñanza. Dos años más tarde, se mudaron con Pablo a Éfeso. Allí, una iglesia se reunía en su casa (Hechos 18:18-19; 1 Corintios 16:19). Invitaron a Apolos, un maestro cristiano itinerante, a su casa y le ayudaron a entender mejor el evangelio (Hechos 18:26). Priscila y Aquila permanecieron en Éfeso para continuar la obra ahí después de la partida de Pablo. Ya para el año 56 d.C., estaban de regreso en Roma, con una iglesia que se reunía en su hogar (Romanos 16:3-5). Dondequiera que iban, recibían, y probablemente dirigían, iglesias en su hogar. Arriesgaron sus vidas por Pablo y, al igual que él, trabajaban con sus manos para mantenerse económicamente —dos ejemplos de la compleja y fluida red de líderes locales y misioneros que Pablo llamó "colaboradores".

ÉFESO, DONDE LAS COSAS SE DIERON

Durante la mayor parte de su ministerio, Pablo apenas tuvo suficiente tiempo para predicar el evangelio y reunir a un grupo de discípulos antes de ser expulsado de una ciudad. A veces tenía semanas, incluso meses, pero nunca años. Sin embargo, en Corinto, justo cuando esperaríamos que Pablo fuese forzado a abandonar la ciudad, Dios intervino por medio de una visión y le dijo que no se fuera. Pablo permaneció en Corinto durante dieciocho meses, lo cual sucedería nuevamente de manera similar en Éfeso.

La estadía de Pablo en la ciudad de Éfeso desde el año 52 hasta el año 55 d.C. fue diferente a cualquier otra. Estos tres años fueron el ministerio más largo registrado de Pablo en una sola ciudad. Pablo pudo completar su obra en esa ciudad, y se fue en el momento de su propia elección. Éfeso fue la última gran campaña de Pablo como hombre libre. No fue simplemente una parada más en el camino; fue el punto culminante de su ministerio y tuvo un impacto sobre toda la provincia romana de Asia. Por siglos venideros, las iglesias formadas a lo largo de Asia estarían entre las más influyentes del mundo.[9]

Éfeso era la capital de la provincia romana de Asia en lo que hoy es Turquía. Con más de 200.000 habitantes, competía con Antioquía de Siria para ser la tercera ciudad más importante del imperio, después de Roma y Alejandría. Todas las carreteras de Asia convergían en Éfeso, lo cual convertía a esta ciudad en el centro cultural, comercial y comunicacional de la región.

En el siglo I d.C., Éfeso experimentó un auge en la construcción. Se edificaron nuevos templos y edificios impresionantes. El Templo de Artemisa, una de las "siete maravillas del mundo", atrajo a turistas de todo el imperio romano.

Pablo llegó a Éfeso a principios del verano del año 52 d.

C. Durante tres meses, tuvo mucha libertad para poder predicar y enseñar abiertamente en la sinagoga (Hechos 19:8). Posteriormente, un grupo dentro de la comunidad judía se opuso a Pablo y ridiculizó a sus conversos. Los judíos que se habían convertido a la fe en Jesús y los gentiles que estaban asociados a la sinagoga tuvieron que salir y formar una comunidad independiente. Este es el último registro de Pablo ministrando en una sinagoga.

La misión de Pablo a judíos y gentiles continuó en la sala de conferencias de Tirano. Allí enseñó, debatió y persuadió todos los días durante dos años. Dios también realizó obras milagrosas de sanación y liberación de opresión demoníaca por medio de Pablo. Éfeso era el hogar de magos, hechiceros y seguidores de muchas fes paganas; los milagros de Pablo mostraron el poder de Dios sobre las enfermedades y los demonios. Los nuevos creyentes confesaban sus pecados abiertamente y quemaban sus libros de hechicería, los cuales valían una fortuna, equivalente al salario de un trabajador durante cincuenta mil días.

Como de costumbre, Pablo no estaba solo. Aquila, Priscila y Timoteo lo acompañaron desde el comienzo de su misión en Éfeso. Otros colaboradores incluyeron a Epafras, Filemón, Aristarco de Macedonia, Gayo de Corinto, Tíquico y Trófimo. También hubo una visita de Estéfanas, Fortunato y Acaico de Corinto.[10]

Este fue un período de crecimiento sin precedentes. Dios había abierto la puerta para una "gran oportunidad" para un trabajo eficaz (1 Corintios 16:8-9). Lucas registra que "la palabra del Señor se difundió ampliamente y creció en poder". Increíblemente, "todos los judíos y los griegos que vivían en la provincia de Asia llegaron a escuchar la palabra del Señor" (Hechos 19:10) por medio de Pablo y los creyentes y obreros que Pablo entrenó y envió a Éfeso y a la región circundante.

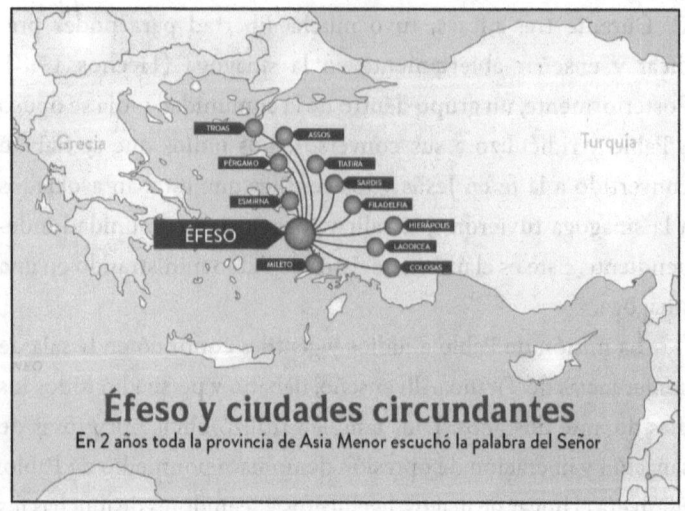

Mapa 18.2. Todos los Judíos y Gentiles que vivían en la provincial de Asia escucharon la palabra del Señor (Hechos 19:10). Mapa adaptado de Arther G. Patzia, *The Emergence of the Church* (Downers Grove, Ill.: InterVarsity Press, 2001), p. 128.

Pablo no llevó el evangelio a toda la provincia de Asia sin la ayuda de otros. Su centro de operaciones era Éfeso, donde enseñaba todos los días. Fue Epafras quien estableció iglesias al oeste, en las ciudades vecinas de Laodicea, Hierápolis y Colosas en el valle de Licos (Colosenses 1:3-8; 2:1; 4:13). Hacia el norte, las iglesias en las ciudades de Esmirna, Pérgamo, Tiatira, Sardis y Filadelfia (a las que se hace referencia en Apocalipsis 2-3) también podrían haberse fundado alrededor de esta época. Por muchos siglos, esta región fue uno de los principales centros del cristianismo.

Hubo un precio que pagar para lograr este gran avance. Pablo tuvo muchos enemigos. Tratar con ellos era como "[luchar] contra las fieras" (1 Corintios 15:32). La fuerza de la oposición es un indicador de cuán eficaces fueron Pablo y sus colaboradores en alcanzar la ciudad y la provincia. Se creía que Artemisa, la diosa más importante de Éfeso, era la hija de los dioses paganos Zeus y Leto. La devoción a Artemisa fue una de las religiones más importantes del mundo antiguo. Había templos de Artemisa en toda la región, desde España hasta Siria. El templo de Éfeso contenía una imagen de la diosa con muchos senos, que supuestamente había caído del cielo. Se creía que Artemisa era la fundadora y protectora de Éfeso, y su imagen y nombre se encontraban en todas partes. Comandaba poderes sobrenaturales y proporcionaba salud y protección. Su templo estaba hecho de mármol y era el edificio más grande del mundo griego. Atraía a muchos peregrinos a Éfeso, y toda la ciudad prosperó gracias a ello. Cuando Pablo vino a predicar acerca del único Dios verdadero revelado en Jesucristo, estaba colisionando frontalmente con el culto de Artemisa y con todos sus seguidores.

La colisión final llevó a un alboroto en los últimos meses de su estadía en Éfeso. Demetrio, un destacado platero que fabricaba réplicas del templo y su diosa, corría el riesgo de perder dinero si el movimiento cristiano continuaba alejando a la gente de la idolatría. El cristianismo se había extendido por toda la provincia y estaba debilitando significativamente su negocio y el de otros artesanos. Motivado por el celo religioso y la codicia, Demetrio convocó una reunión del gremio de plateros, que pronto se convirtió en una turba, reunida en el gran teatro al aire libre en Éfeso, el cual estaba construido en la ladera del monte Pion y podía ocupar hasta 25.000 personas.

La turba se apoderó de Gayo y Aristarco, dos de los colaboradores de Pablo. Pablo quería entrar al teatro y enfrentarse a la multitud, pero los discípulos se lo impidieron. Pablo tenía algunos amigos con cargos importantes entre los "Asiarcas" que ayudaron a protegerlo: los líderes de la provincia y la aristocracia adinerada. El principal funcionario de la ciudad calmó a la multitud cuando les hizo recordar lo que los romanos les podían hacer si se enteraban de los disturbios, y de esta manera el alboroto llegó a su fin.

La Palabra continuó avanzando en Éfeso a pesar de la fuerte oposición de una de las sectas paganas más poderosas de la época. El evangelio penetró tanto en el mundo judío como en el pagano. La provincia entera escuchó la palabra del Señor. Los obreros que Pablo movilizó plantaron iglesias en las ciudades vecinas. Se nombraron ancianos sobre las muchas iglesias que se reunían en Éfeso. Pablo terminó la obra que se le había encomendado y estaba listo para ir a otro lugar. Todo esto se logró en solo tres años.

TERMINANDO LA OBRA

Lucas informa que, finalizada su estadía en Éfeso, Pablo retornó a Jerusalén con una contribución que las iglesias gentiles habían recolectado para los creyentes pobres de Jerusalén. Los creyentes gentiles querían mostrar su agradecimiento a los creyentes judíos por el don del evangelio que vino por medio de ellos. Para Pablo, la colecta fue un símbolo de la unidad entre los creyentes gentiles y judíos.

Después de su visita en Jerusalén, Pablo tenía la intención de viajar a Roma, esperando posteriormente poder llegar a España con su apoyo. Necesitaba la ayuda de los creyentes y quería ser una bendición para ellos. En una afirmación sorprendente, Pablo declara que había completado la proclamación del evangelio desde Jerusalén hasta Ilírico. No tenía "un lugar dónde trabajar" en esas regiones.

¿Cómo podía esto ser posible? Aún quedaba mucho trabajo por hacer. Las iglesias establecidas en Tesalónica, Corinto y Éfeso requerían el liderazgo de alguien como Pablo para continuar creciendo en madurez y para alcanzar a la región con el evangelio. Pablo sabía esto, pero también sabía que su trabajo —la tarea apostólica de evangelizar, establecer nuevos creyentes en su fe y formar nuevas iglesias en centros estratégicos— se había completado. Pablo predicó el evangelio donde nunca se había escuchado. Plantó iglesias donde antes no había ninguna. Llevó a esas iglesias a la madurez suficiente como para poder continuar la obra mientras él se trasladaba a otros campos no alcanzados. Los discípulos en Tesalónica, Corinto y Éfeso ahora eran los responsables de alcanzar a las provincias de Macedonia, Acaya y Asia, respectivamente.

La misión de Pablo en el Mediterráneo oriental estaba llegando a su fin porque Pablo entendía que su llamado era el de participar en la evangelización pionera y establecer comunidades de discípulos, que formarían más obreros para continuar el ministerio en la región. Así como Jesús había hecho anteriormente, Pablo debía seguir adelante.

Más tarde, en el año 112 d.C., Plinio el Joven, gobernador de Bitinia, le escribió al emperador Trajano sobre la expansión del movimiento cristiano: "Esta superstición contagiosa no se limita solamente a las ciudades, sino que se ha extendido por las aldeas y los distritos rurales". Pablo y los demás habían hecho su trabajo.

"Y ASÍ LLEGAMOS A ROMA"

> *El libro de Hechos, como historia de la misión de la iglesia, no tiene final mientras aún aguardamos el cumplimiento de la promesa del retorno de Jesús.*
>
> —Eckhard Schnabel, *Early Christian Mission*

La historia de Lucas y Hechos está llena de movimientos intencionales. Jerusalén es el destino dramático del Evangelio de Lucas; Roma es el destino del libro de Hechos.[11]

Por dos años, Pablo había intentado visitar Roma. Finalmente llegó a Roma como prisionero, después de sufrir alborotos, acusaciones, intentos de asesinato, encarcelamiento, juicios y naufragios en el camino.

Roma tenía entre 600.000 y 1.000.000 de habitantes.[12] Como ciudadano romano que había apelado a César, se le permitió permanecer en su propio alojamiento, ligeramente encadenado a un soldado. Es posible que haya alquilado un departamento en un tercer piso. Las casas particulares en Roma eran caras; la mayoría de las personas vivían en departamentos de edificios. Las plantas bajas estaban reservadas para las tiendas. Solo la gente muy rica vivía en el segundo piso. Por encima del tercer piso, los departamentos eran más pequeños y probablemente no habrían tenido suficiente espacio para Pablo, el soldado y las muchas visitas que venían a verlo. Pablo pagó por su propio alojamiento y, por lo tanto, debe haber tenido acceso a una buena cantidad de dinero para poder alquilar un espacio en el segundo o tercer piso.

Pablo continuó proclamando el evangelio a pesar de estar encadenado a una guardia pretoriana. Predicaba el reino de Dios con valentía y libertad, y enseñaba acerca del Señor Jesucristo tanto a judíos como a gentiles, aun a los soldados que rotaban cada cuatro horas para vigilarlo. Probablemente aprovechó ese tiempo para escribir sus cartas de prisión: Filemón, Colosenses, Efesios y Filipenses. En cada una de ellas anticipaba su liberación.[13]

La escena final de Hechos es un recordatorio del avance imparable de la Palabra de Dios. Nada puede estorbar el plan de salvación de Dios: ni los azotes, ni el encarcelamiento, ni el naufragio, ni siquiera las serpientes venenosas o el poder del imperio. El evangelio llegó a la capital y encontró fe incluso en la casa de César y entre sus guardias predilectos.[14]

Es posible que Pablo haya sido juzgado y condenado, e incluso ejecutado por la espada de un verdugo después de los años bajo arresto domiciliario en el año 62 d.C., aunque es extraño que Lucas no mencione esto. Es más probable que Pablo haya sido liberado y haya regresado a la obra misionera, posiblemente en España, y que posteriormente haya sido arrestado nuevamente y ejecutado en Roma alrededor del año 66 d.C.[15] Lucas dejó inconclusa la historia del movimiento cristiano primitivo; sin importar lo que sucediera con Pablo, el evangelio se difundiría sin obstáculos y daría fruto por todo el mundo habitado. Al dejar su relato sin terminar, Lucas estaba recordando a su generación y a las generaciones futuras que heredan la misión que Jesús dio a sus primeros discípulos. Su misión se ha convertido en nuestra misión.[16]

Concluimos nuestro estudio de Pablo mientras él espera su

juicio en Roma. Mientras tanto, la Palabra continuó avanzando, como lo ha hecho desde entonces. Haremos una pausa para escuchar la historia de Julius Ebwongu y luego pasaremos a examinar cómo podemos unirnos al movimiento que Jesús empezó y cómo podemos desempeñar nuestro rol para cambiar este mundo.

INTERLUDIO
JULIUS EBWONGU
CAMBIA EL PARADIGMA

En julio del año 2008, comenzó un proceso en el que trescientos pastores de las Asambleas de Dios de Uganda (ADU) salieron de sus iglesias con el objetivo de plantar iglesias en cada subdistrito de Uganda. Cada pastor llevó consigo a un aprendiz y dejó atrás a otro aprendiz para liderar la iglesia en su ausencia.[1]

En el transcurso de los próximos seis meses, los pastores y sus aprendices plantaron más de cuatrocientas iglesias. Para marzo del año 2009 habían plantado 857 iglesias; ese número aumentó a 1.300 iglesias para mediados del mismo año. Para junio del año 2010, las ADU habían plantado 2.800 iglesias en solo dos años.

Los pastores y sus familias luego regresaron a sus iglesias de origen, y sus aprendices asumieron el liderazgo de las nuevas iglesias. Las estimaciones más recientes (2011) muestran que ADU tiene ahora más de cinco mil iglesias en Uganda, un gran incremento de las 240 iglesias en el año 2004.

PROYECTO 300

Uganda es una nación africana con un pasado trágico. Desde el tiempo que obtuvo su independencia de Gran Bretaña en el año

1962, Uganda ha experimentado una guerra civil, opresión bajo dictadores asesinos y la epidemia del SIDA. Su población de 31 millones de habitantes es joven y crece a un ritmo de 3,4 por ciento por año. Los ugandeses hablan cincuenta y dos idiomas diferentes.

Desde la década de 1980, Rick Seaward, pastor fundador del Centro de Victoria Familiar en Singapur, ha estado involucrado en un esfuerzo por plantar y fortalecer iglesias en Uganda, en asociación con las ADU. En 1986 plantaron una avanzada de la iglesia Centro de Victoria Familiar en Kampala.

Entre los primeros conversos en esta nueva iglesia estaba un joven ugandés, Julius Ebwongu. Con el estímulo de Seaward, Ebwongu pasó a plantar una iglesia en la capital de la nación, Kampala; esta iglesia creció a 2.500 miembros. En el año 2004, Ebwongu se convirtió en el líder nacional de las ADU.

A Ebwongu le preocupaba que, si bien la mayoría de los ministerios cristianos se enfocaban en las ciudades, el 80 por ciento de los 31 millones de habitantes de Uganda vivían en el campo. Sabía que para alcanzar a Uganda tendrían que llegar a las aldeas. Se requería de un nuevo modelo ministerial.

Con el apoyo de Seaward, las ADU habían crecido de veintiocho iglesias en 1991 a 240 iglesias cuando Ebwongu asumió el liderazgo en el año 2004. El pensamiento predominante en ese momento era de adición, no multiplicación. Los pastores locales creían que la iglesia ideal era una iglesia grande, no una iglesia que se reproducía; por tanto, ese era el tipo de iglesia a la que aspiraban liderar. La mayoría de los líderes y pastores de ADU asumían que plantar una iglesia requería mucho tiempo y una gran cantidad de dinero y recursos. Asumían que los extranjeros tenían los recursos y, por lo tanto, la responsabilidad de alcanzar a la nación.

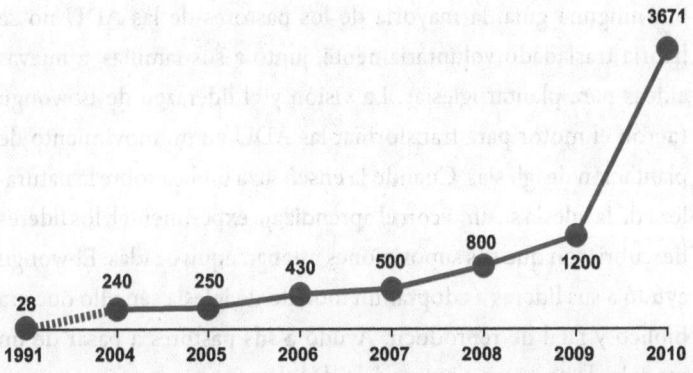

Figura I.0. Crecimiento en el número de iglesias de ADU (2004-2010)

En el año 2005, Ebwongu desarrolló una estrategia llamada el "Proyecto 300", que desafiaba a los trescientos pastores de las ADU a capacitar a dos líderes laicos cada uno: uno para servir como pastor interino y el otro para plantar iglesias. Después de dos años de entrenamiento, cada uno de estos pastores dejaría la iglesia en manos de su aprendiz y saldría con el segundo para plantar una iglesia.

Mientras tanto, Seaward envió a dos personas a Ebwongu —Ray Belfield, su pastor de misiones de ochenta años, y Bill Smith, un bautista, capacitador en movimientos de plantación de iglesias. Juntos, desafiaron a Ebwongu a tener un sueño más alto, no solo de plantar iglesias individuales, sino a impulsar un movimiento de plantación de iglesias en todo el país. Ebwongu invitó a Bill Smith a capacitar a todos sus pastores acerca de cómo multiplicar iglesias. Junto a Smith, Ebwongu ayudó a sus pastores a cambiar su perspectiva, y así pasaron de tener una perspectiva tradicional de la iglesia y el ministerio a una mentalidad de movimientos de plantación de iglesias.

TODO TIENE QUE VER CON LA PERSPECTIVA

Sin ninguna guía, la mayoría de los pastores de las ADU no se habría trasladado voluntariamente, junto a sus familias, a nuevas aldeas para plantar iglesias. La visión y el liderazgo de Ebwongu fueron el motor para transformar las ADU en un movimiento de plantación de iglesias. Cuando la enseñanza bíblica sobre la naturaleza de la iglesia se unió con el aprendizaje experimental, los líderes descubrieron que sus suposiciones estaban equivocadas. Ebwongu ayudó a sus líderes a adoptar un modelo de iglesia sencillo que era bíblico y fácil de reproducir. Ayudó a sus pastores a pasar de un modelo de pastoreo a un modelo de liderazgo pionero.[2]

Tabla I.1. Dos paradigmas en el liderazgo de la iglesia

Viejo Paradigma	Nuevo Paradigma
Las mejores personas para plantar iglesias en Uganda son extranjeros, no ugandeses.	Los ugandeses están mejor posicionados para alcanzar a Uganda que los extranjeros, aún si los extranjeros tienen más recursos y entrenamiento.
No podemos financiar la plantación de iglesias nosotros mismos, y además, no es nuestra responsabilidad.	Estamos llamados a plantar iglesias.
La resistencia externa para plantar una iglesia es demasiado fuerte.	La persistencia a pesar de la persecución resulta en receptividad hacia el evangelio.
El desarrollo de líderes es un proceso largo y formal.	Los nuevos conversos harán lo que se les pida y entrene a hacer, incluyendo plantar nuevas iglesias.

Desarrollar líderes rápidamente resultará en falsas doctrinas, fracaso moral y orgullo.	Personas ordinarias —sin importar su edad, sexo, nivel de educación o tiempo como cristianos— pueden participar y florecer en la plantación de iglesias.
No podemos plantar iglesias a menos que nuestra denominación nos pida hacerlo y proporcione los fondos.	Nuestros esfuerzos por plantar iglesias no acabarán en fracaso. Este es el plan de Dios, no un invento humano.
Las iglesias verdaderas tienen edificios que son financiados por la iglesia matriz, no por los conversos locales.	Un grupo de creyentes, con o sin un edificio, conforma una iglesia.
Solo las iglesias bien establecidas pueden plantar nuevas iglesias.	La oración, seguida por la proclamación, son las actividades prioritarias en la plantación de iglesias.
No podemos saturar nuestra nación con iglesias.	Podemos plantar iglesias en toda Uganda, sin la ayuda de financiamiento externo.
Será más factible alcanzar a la nación con algunas iglesias grandes y bien financiadas que con pequeñas agrupaciones de creyentes sin todos los recursos.	Las iglesias simples y pequeñas son más fáciles de reproducir y están mejor posicionadas para alcanzar a Uganda que las alternativas más grandes, caras, y exigentes en tiempo.

La capacitación de Ebwongu desafió los paradigmas de los líderes de iglesia de las ADU con respecto a la naturaleza de la iglesia y quién estaba calificado para plantar y dirigir iglesias. Los líderes desafiaron la creencia de que los ugandeses solo podían fundar iglesias si tenían acceso a financiamiento y experiencia externos. Desafiaron la creencia de que los ugandeses no podían superar los obstáculos para llegar a toda la nación mediante la multiplicación de iglesias. Desafiaron la suposición de que el tamaño de la iglesia era más importante que la multiplicación de iglesias. Llegaron a la convicción de que el llamado a multiplicar iglesias era un llamado de Dios.

La capacitación se enfocó primeramente en desafiar y redefinir las suposiciones; después de eso prosiguió a equipar a los pastores en cuanto a los esenciales del evangelismo, el discipulado y la plantación de iglesias sencillas. Con una nueva manera de pensar en cuando al ministerio y las habilidades básicas que se requerían, los pastores de las ADU estaban listos.

DE ADICIÓN A MULTIPLICACIÓN

En mayo del año 2008, los primeros pastores dejaron sus iglesias bajo la supervisión de un aprendiz para ir a plantar iglesias en pueblos no alcanzados con el segundo aprendiz. Cada pastor y asistente plantaría dos iglesias. Cada una de esas nuevas iglesias luego plantaría otra nueva iglesia dentro de los próximos seis meses. El objetivo era aumentar el número de iglesias de ADU de ochocientas a 3.600 en dos años.

Después de dos años, los pastores regresaron a sus iglesias originales, mientras que cada aprendiz se quedó para supervisar, orientar, enseñar y capacitar a doce nuevos pastores, que capacitarían y guiarían a doce nuevos plantadores de iglesias.

Las ADU brindaron algún apoyo financiero a los plantadores de iglesias que se mudaron de sus aldeas a distritos lejanos. La financiación terminó en dos años. Las segundas y terceras generaciones de iglesias no fueron financiadas centralmente.

En los primeros dos meses del año 2009, las ADU plantaron la misma cantidad de iglesias que se habían plantado en las últimas dos décadas. Entre agosto del año 2008 y enero del año 2010 plantaron más de 2.500 iglesias. Para fines del año 2010, el número total de iglesias de ADU había aumentado a 4.632.

Ebwongu no está dispuesto a "crecer a cualquier precio". Cada persona en el movimiento está comprometida a entrenar y mentorear en las áreas de conocimiento bíblico, desarrollo de carácter y habilidades ministeriales. Ebwongu se reúne mensualmente con sus supervisores regionales, quienes se reúnen mensualmente con sus doce supervisores de área. Ellos a su vez se reúnen con sus doce líderes seccionales, quienes se reúnen cada uno con doce pastores, quienes capacitan y supervisan a sus asistentes.

La capacitación en la multiplicación comienza una vez que se forma una nueva iglesia. El fundador de la iglesia identifica al líder que plantará la primera avanzada y lo "capacita haciendo". Las ADU continúan plantando iglesias en Uganda. Ya están enviando a algunos de sus plantadores de iglesias más efectivos a otras naciones africanas, así como también haciendo alianzas con iglesias brasileñas de AD para ayudarlas a crecer hacia la multiplicación.

La historia de Julius Ebwongu y las ADU es una historia de colaboración en el evangelio que se extendió desde Singapur hasta Uganda. Es un recordatorio de cómo Dios trabaja por medio de líderes como Ebwongu para desafiar las suposiciones existentes con principios bíblicos. Los pastores de las ADU aprendieron que tenían que ver el mundo de otra manera y convertir una nueva visión en acción obediente. Dios agregó su poder a la fe de ellos y encendió un movimiento.

PARTE CUATRO
LO QUE JESÚS ESTÁ HACIENDO HOY EN DÍA

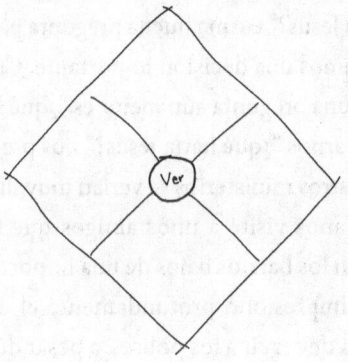

19. VIENDO EL FIN

> *Yo les digo: ¡Abran los ojos y miren los campos sembrados! Ya la cosecha está madura.*
>
> —JESÚS (JUAN 4:35)

PARA EL SEGUNDO AÑO DE LA PRIMERA IGLESIA QUE PLANTÉ, me sentía muy confiado de mis propias habilidades. La nueva iglesia había sobrevivido y crecido. De repente, una dolorosa pelea en la iglesia sacudió mi confianza y me preparó para escuchar a Dios. Por desesperación (no disciplina), me despertaba temprano cada mañana y pasaba dos horas encerrado en mi garaje orando y leyendo las Escrituras. Después de tres meses de buscar a Dios y poner nuevamente mi vida y la iglesia en sus manos, lo escuché hablar. Mi llamado era el de impulsar los movimientos de plantación de iglesias a lo largo de Australia. El momento en el que me sometí a Dios, puse a un lado mis planes y perdí la confianza en mi ministerio, la visión me cautivó.

"¿Qué *haría* Jesús?" es una buena pregunta para hacernos cada vez que enfrentamos una decisión importante. Cuando se trata de nuestra misión, una pregunta aún mejor es "¿qué *hizo* Jesús?" Si en lugar de preguntarnos "¿qué haría Jesús?" nos preguntamos: "¿qué hizo Jesús?" nuestros ministerios se verían muy diferentes.

Hace unos años visité a unos amigos que habían escogido vivir y trabajar en los barrios bajos de una importante ciudad sudamericana. Me impresionó profundamente el compromiso que esta familia tenía de servir a los pobres, a pesar de los altos niveles de delincuencia y enfermedad. Eran un testimonio vivo de la presencia de Dios en un lugar oscuro. Me pregunté qué se necesitaría hacer para poder alcanzar a todo el distrito —más de 120.000 personas, y no solo a un barrio. Nuestra visión debe extenderse más allá de un vecindario, a cada hombre, mujer y niño en lugares como esos.

Jesús habría tenido un plan para alcanzar a todos los vecindarios. Jesús habría estado en movimiento, conectándose con la gente, buscando hogares de paz y capacitando obreros de entre la misma gente. Jesús no estaría satisfecho hasta que la misión se hubiese movido más allá de su intervención directa y se hubiese convertido en un movimiento creciente de gente común.

En su mayor parte, Jesús limitó su misión a las ovejas perdidas de Israel, de modo que en unos pocos años cumplió su llamado. Al mismo tiempo, su misión a Israel tenía el objetivo de alcanzar el mundo entero. Mientras ministraba, Jesús estaba preparando a sus seguidores para llevar el evangelio hasta los confines de la tierra. Estaba sentando las bases para un movimiento misionero.

DESPERTANDO EN UN MUNDO DIFERENTE

El apóstol Pedro estuvo al lado de Jesús durante la mayor parte de su ministerio. en el momento más importante, Pedro falló. Negó a Jesús y se escondió atemorizado. Pero Jesús lo restauró, le enseñó y envió el Espíritu Santo sobre él. Pedro se paró el día de Pentecostés y comenzó a cumplir el mandato de Jesús de hacer discípulos de todas las naciones.

Pedro tenía el entrenamiento, la experiencia y la autoridad para liderar. Sin embargo, diez años después de Pentecostés, todavía estaba luchando por saber cómo cumplir la misión que se le había encomendado. Su visión era limitada. No entendía cómo los gentiles paganos e incircuncisos podrían ser alcanzados, discipulados y agregados al movimiento cristiano. Entonces Dios lo llevó arrastrado a la casa de Cornelio.

La historia de Pedro debería hacernos recuerdo de dos verdades importantes con respecto a la visión. La primera es que no debería sorprendernos si no la "entendemos". Nuestra formación, conocimiento y experiencia no garantizan la claridad y precisión de la visión. Podemos suponer que existen enormes vacíos en nuestro entendimiento que no podemos cubrir en nuestra propia capacidad. Pero antes de que nos desesperemos, hay una segunda realidad revelada en la historia de Pedro: que Dios está a cargo de su misión. Podemos esperar que Dios intervendrá, incluso que nos sacudirá hasta la médula, para revelar sus propósitos.

Entre el momento que fue ungido por el Espíritu Santo y el momento que empezó su ministerio público, Jesús pasó cuarenta días sólo en el desierto, aprendiendo a obedecer la voluntad y los caminos del Padre.[1] De manera similar, nuestra visión final no vendrá por medio de un estudio demográfico o una lluvia de ideas en una pizarra. No vendrá consultando a los expertos y las personas más brillantes. Es algo que viene de Dios y que se graba en el corazón.

"ALCANZANDO TODA MONGOLIA"

En 1990, Augie Joshua plantó una iglesia bautista tradicional en su tierra natal de Mongolia.[2] Después de trece años, había alrededor de cien personas que asistían a la iglesia, pero la iglesia ya no crecía.

La gente no compartía su fe. Simplemente asistían a los servicios dominicales.

Augie estaba preocupado; convirtió su desánimo en oración, pidiendo que Dios le hable por medio de su Palabra. Dios le dijo a Augie: "Quiero que plantes más iglesias". Dios desafió a Augie a dejar atrás los odres viejos y usar odres nuevos que Dios llenaría con su vino nuevo (Marcos 2:22; Lucas 5:37-38). Esta palabra de Dios se apoderó de su corazón. La pregunta que dominaba sus pensamientos era: "¿Cómo podemos llegar a toda Mongolia?".

Así que Augie entregó el liderazgo de su iglesia a otro pastor y salió de esa iglesia para plantar nuevas iglesias.

La siguiente iglesia que Augie plantó fue en una región musulmana, como a una milla de distancia, en la región occidental de Mongolia. Augie visitó un pueblo en la región para hacer una caminata de oración y buscar un hombre de paz. No encontró ninguno, pero luego envió a un equipo misionero a corto plazo al mismo pueblo, y encontraron a un kazajo musulmán que aceptó a Cristo y se convirtió en un puente para que el evangelio se extendiera a sus amigos y familiares.

Estos creyentes kazajos mongoles formaron iglesias sencillas que se reunían en hogares mongoles tradicionales llamados *gers*. Estas iglesias *ger* eran fáciles de iniciar y se adaptaban a la cultura local. Algunas de las iglesias son nómadas. Cuando la gente se mueve con el cambio de las estaciones, la iglesia se mueve con ellos.

El libro de los Hechos es la guía de Augie para mostrarle cómo debería ser la iglesia en Mongolia. Los creyentes comen juntos, comparten juntos, leen la Biblia y permiten que la Palabra de Dios hable. Adoran con canciones mongolas porque Augie dice que esas canciones llegan al corazón.

En la actualidad, cuando Augie habla, rara vez dice más que unas pocas oraciones sin repetir la frase, "llegando a toda Mongolia". Dice: "Esa es nuestra visión, nuestra pasión, nuestra vida, nuestro todo: plantar iglesias que lleguen a toda Mongolia".[3] En el corazón de la mayoría de los movimientos para plantar iglesias se encuentran líderes locales clave como Augie con la visión de alcanzar a las personas.

Para ver el propósito, debemos acercarnos a la Palabra de Dios con un corazón humilde y permitir que su Palabra y su Espíritu alineen nuestras vidas con sus propósitos. Debemos mirar más allá de lo que podemos hacer y preguntarnos: "¿Qué se necesita hacer? ¿Cómo se verán las cosas cuando terminemos nuestra tarea?" Finalmente, debemos actuar. El entendimiento crece con la obediencia.

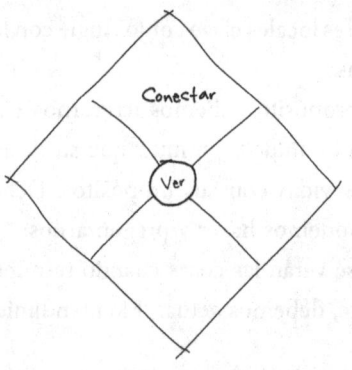

20. CONECTANDO CON LAS PERSONAS

Jesús recorría todos los pueblos y aldeas enseñando en las sinagogas, anunciando las buenas nuevas del reino, y sanando toda enfermedad y toda dolencia. Al ver a las multitudes, tuvo compasión de ellas, porque estaban agobiadas y desamparadas, como ovejas sin pastor.

—MATEO 9:35-36

MICHELLE Y YO HABÍAMOS PLANTADO UNA IGLESIA Y ESTÁBAMOS A PUNTO DE COMENZAZR A PLANTAR UNA SEGUNDA. Yo estaba en Inglaterra visitando varios ministerios, aprendiendo todo lo que podía antes de continuar con la siguiente fase de nuestro trabajo. Mientras el tren de Londres se acercaba a la estación de Leeds, miré directamente al mochilero que estaba a punto de abordar el tren conmigo. Dios habló a mi corazón: "Quiero que compartas el evangelio con él".

¡Yo hice como Jonás, y me fui al otro extremo del tren! No estoy seguro de por qué respondí de esa manera. Quizás quería ver si realmente era Dios quien hablaba. Quizás estaba asustado. Lo que sucedió a continuación fue asombroso. Entré en un vagón al otro extremo del tren y me senté. Un minuto más tarde, el mochilero entró en el mismo compartimento, sin aliento, y se sentó en el asiento frente a mí.

Ya para este momento estaba seguro de que Dios realmente quería que compartiera el evangelio con este sujeto. Así que, de camino a Londres, tuve la oportunidad de conocerlo. Descubrí que Marcos era un compatriota australiano de veintitantos años. Había sido asesor político del gobierno estatal de Queensland. Tras una derrota electoral, se quedó sin trabajo y decidió viajar como mochilero por Europa.

Al poco tiempo nos pusimos a hablar sobre la fe, Jesús y el sentido de la vida. Había una mujer joven sentada a mi lado que escuchaba atentamente nuestra conversación. Después de unos treinta minutos, se sumergió en la discusión y, para mi sorpresa, le contó a Marcos la historia de cómo ella llegó a conocer a Jesús. Seguramente él asumió que ella me conocía, pero nunca la había visto antes en mi vida.

Marcos se bajó del tren justo antes de que llegáramos a Londres. Me volví hacia la joven y le dije: "¿De dónde vienes?" Descubrí que ella también era creyente y estaba involucrada en plantar iglesias en el sur de Inglaterra.

El viaje en tren con Marcos me preparó para mi siguiente tarea. Cuando regresé a Australia, pasé dos años plantando una iglesia en el centro de la ciudad. Pasaba tres días de cada semana conectando con las personas y compartiendo las buenas nuevas. No soy un evangelista por naturaleza, pero cada vez que salíamos, Dios nos guiaba a alguien similar a Marcos.

La misión se trata de alcanzar a personas que están lejos de Dios. Se trata de un pastor que sale a buscar una oveja perdida. Se trata de una mujer que pone patas arriba su casa, buscando una moneda de plata perdida. Se trata de un padre que anhela el regreso de su hijo perdido.

Los discipuladores y plantadores de iglesias eficaces dedican tiempo para conectarse con las personas, y lo hacen de manera intencional.

EL CAMELLO

La leyenda cuenta que todo buen musulmán conoce los noventa y nueve nombres para Alá, pero el nombre número cien solo fue revelado al camello. El centésimo nombre es Jesús, o en árabe, *Isa*.

En algún lugar del mundo musulmán, un extraño entra en una mezquita y busca al imán.[1] Ha venido con preguntas sobre la enseñanza del Corán con respecto a varios temas. Quiere saber qué dice el Corán sobre el profeta Isa (Jesús) y el Injil (Nuevo Testamento). Tiene preguntas sobre el profeta Mahoma y lo que el Corán dice sobre la salvación.

No ha venido a refutar ni a criticar el islam, sino a investigar y permitir que sus preguntas hablen por sí mismas. El imán está feliz de discutir estos temas con el visitante, y un grupo de fieles se reúne para escuchar y unirse a la conversación.

El extraño le pide al imán que lea un pasaje del Corán (Surah Al-Imran 3:42-55) para que puedan discutirlo juntos. Tomado como base el Corán, aprenden tres cosas acerca de Isa:

1. **Isa es santo**. El pasaje describe a Isa como la Palabra de Alá (Dios); él es el Ruhullah (el Espíritu de Dios), y es el Mesías cuyo nombre significa Salvador. Es justo y nació de una virgen.
2. **Isa es poderoso**. Dio vista a los ciegos, sanó a los leprosos y resucitó a los muertos. El musulmán tiene el deber

delante de Alá de obedecer a Isa. Para saber lo que Isa desea que hagamos, debemos leer el Injil.
3. **Isa conoce el camino al cielo.** Alá levantó a Jesús de entre los muertos. Isa está en el cielo y conoce el camino al cielo. Los que siguen a Isa están por encima de los que no creen.

Finalmente, el extraño se va, pero invita a cualquier persona que quiera continuar la conversación a reunirse con él en la tienda local de té.

Sale de la mezquita, camina hacia la tienda de té, pide té y espera. Cualquiera que lo siga a la tienda de té para continuar la conversación podría ser una persona de paz —una persona receptiva, que podría ser una puerta de entrada a una comunidad de relaciones.

Uno de los hombres que escuchó atentamente la discusión sale de la mezquita, cruza la calle y se sienta a hablar con el extraño en la tienda de té. Hablan de Isa mientras toman té. Finalmente, el extraño debe irse, pero le gustaría hablar más después. Pregunta si puede visitar a su nuevo amigo musulmán en su hogar, conocer a su familia y amigos, y hablar más sobre Isa y lo que dice el Injil sobre él.

Derrotar a un musulmán en un argumento teológico rara vez produce un nuevo seguidor de Jesús. Pero un enfoque de conexión eficaz rápidamente nos pone en contacto con una amplia gama de personas y nos permite identificar posibles *personas de paz* que reciben al mensajero y su mensaje y son puentes hacia una comunidad.

Observe cómo, en este caso, el extraño se mueve rápidamente de la multitud a la persona receptiva y luego de esa persona a su mundo relacional. Si el evangelio es recibido con fe, será posible abrir grupos de discipulado en la comunidad que se extiende por medio de lazos relacionales.

El rol del mensajero no es reubicar a estos nuevos creyentes en un ambiente cristiano existente. Eso solo los alejaría de su comunidad y sofocaría el avance del evangelio. El mensajero debe ayudar a estos nuevos discípulos a aprender cómo seguir a Jesús y formar comunidades de discípulos en el mundo donde ellos viven.

ESTRATEGÍAS PARA CONECTAR

Tim Scheuer visita hogares en Airds, un suburbio desfavorecido de Sídney. Él y sus compañeros realizan una simple encuesta para identificar a las personas receptivas.[2] El 95% de las personas a las que van conociendo están de acuerdo con ser encuestados. La última pregunta de la encuesta es: "Si fuera posible conocer a Dios de manera personal, ¿estaría interesado?" En esta región de Sídney, donde hay muy poca presencia cristiana, un asombroso 25 por ciento de las personas responde: "Sí". En seguida, Tim comparte brevemente la historia de cómo él llegó a conocer a Cristo y le pregunta a la persona si puede regresar y hablar más. Si la persona está interesada, Tim pregunta si estaría dispuesto a invitar a sus amigos, familiares y vecinos para que lo escuchen.

Mi esposa, Michelle, dirige un ministerio para estudiantes e inmigrantes internacionales. El punto de conexión son las clases de conversación en inglés que incluyen un estudio bíblico de descubrimiento. Las clases de inglés que incluyen un estudio bíblico de descubrimiento son una forma sencilla de conectarse con personas que se encuentran en una transición importante en la vida e identificar a quienes son receptivos. Hacemos un seguimiento de las personas que muestran interés y las invitamos a aprender más. Tenemos gente de Tailandia, Vietnam, China, Irán, Venezuela, Corea y Tibet.

Las estrategias de conexión varían mucho, pero hay ciertas características comunes de las más efectivas. Las mejores estrategias de conexión son las que te ponen frente a un gran número de personas y te permiten identificar a los pocos que están listos para aprender más acerca del evangelio y de lo que significa seguir a Jesús. Estas estrategias necesitan ser de bajo costo, flexibles y fácilmente transferibles a otros colaboradores.

Las estrategias de conexión eficaces no requieren de grandes sumas de dinero, tiempo o personal. ¿Qué le costó a Jesús llegar a la aldea de la mujer samaritana? ¿Qué le costó a Pedro llegar a la casa de Cornelio?

Las estrategias de conexión efectivas no ocultan el evangelio. El propósito no es ganarse a personas desinteresadas o antagónicas. Es identificar a las personas receptivas que están a la puerta de entrada de la comunidad. Normalmente, para encontrar a los pocos que son receptivos, uno debe conectar ampliamente. Ese es el patrón que Jesús estableció. Visitó todos los pueblos y aldeas. Tenía un plan para conectarse con tantas personas como le fuera posible. También estaba abierto a encuentros no planificados. Jesús animó a sus discípulos a seguir adelante cuando su mensaje era rechazado. Pablo hizo lo mismo. La prioridad es encontrar a las personas que Dios ya ha preparado.

¿Cómo identificas personas receptivas? Debes preguntar e invitar. Pregúntales si puedes orar por alguna necesidad. Pregúntales sobre sus creencias religiosas. Invítalos a participar en un estudio bíblico de descubrimiento. Pregúntales si les gustaría saber más sobre cómo tener una relación con Dios.

En el Nuevo Testamento, los métodos para conectarse con la gente variaban. Jesús sistemáticamente visitó todos los pueblos y aldeas de Galilea. Felipe estaba huyendo de la persecución cuando llegó a los samaritanos que necesitaban escuchar el evangelio. Pedro y Juan estaban siguiendo su rutina normal de visitar el templo para orar cuando se encontraron con un mendigo. Los discípulos que llevaron el evangelio a los gentiles en Antioquía también huían de la persecución. Pablo típicamente buscaba llegar a ciudades con comunidades judías.

A menudo hay intencionalidad en las estrategias para conectarse con las personas. A veces es la intervención directa de Dios la que abre la puerta para encontrar a una persona receptiva. En otras ocasiones, el mensajero está en el lugar correcto en el momento correcto.

Tengo un amigo que trabaja en un país comunista de Asia. "Barney" había estado en el campo misionero durante un año y estaba frustrado por la falta de progreso. Una noche se despertó con la fuerte sensación de que debía viajar a una región específica que estaba a ocho horas en autobús. Al día siguiente se tomó el viaje de ocho horas con un colega local, preguntándose si el viaje era una aventura inútil.

Barney y su amigo llegaron hasta el último tramo del viaje. El autobús estaba vacío a excepción de una persona que caminó hacia la parte de atrás y les preguntó si eran cristianos. La noche anterior él también se había despertado con la fuerte sensación de que habría dos personas en el autobús que Dios había enviado a su aldea.

Los tres viajaron al pueblo. Barney y su compañero de trabajo oraron por la gente y compartieron el evangelio. Algunos de los aldeanos fueron sanados de enfermedades. Un joven escéptico los observó todo el tiempo y luego entregó su vida a Cristo, convirtiéndose en el líder de un movimiento que se extendería por toda la región. Diez años después, hay más de diez mil creyentes reunidos en cientos de iglesias.

Esperar a que Dios lo despierte en la noche no es la estrategia normal de Barney. Tampoco era como Jesús, Pedro o Pablo solían actuar. Ellos trabajaron duro para conectarse con las personas en su campo misionero. Esperaban que Dios fuera delante de ellos. Esperaban que Dios los dirigiera y los redirigiera. Trabajaban de manera sistemática.

Muy rápidamente, una estrategia de conexión debe pasar de depender de la *gente de afuera*, a depender de la gente de *adentro*, para que sean ellos quienes se acerquen a sus amigos y familiares. Barney ha vivido en Asia durante más de una década. Conoce el idioma y la cultura. Sin embargo, sigue siendo alguien de afuera, y siempre lo será. Su trabajo es garantizar que el evangelio se difunda rápidamente de los de afuera a los de adentro. El trabajo de conexión es lo que una persona de afuera hace para provocar un movimiento entre los de adentro. Las personas de adentro no necesitan una estrategia de conexión; ya están conectados. Su trabajo es simplemente llevar el evangelio a su mundo de relaciones. Cuando ellos estén listos para ir a campos no alcanzados, también necesitarán una estrategia de conexión.

En la actualidad, Barney está en algún lugar de Asia, promoviendo movimientos de plantación de iglesias entre los musulmanes. Ora por milagros y sale todos los días de la semana a visitar mezquitas y conectarse con la gente, buscando a las personas que Dios ha preparado.

La mayoría de los obreros cristianos se enfocan en su propia eficacia y no piensan en lo que sus discípulos están haciendo. Los obreros que impulsan movimientos de plantación de iglesias ven más allá de lo que ellos hacen y trabajan con las personas de adentro para que el evangelio se propague.

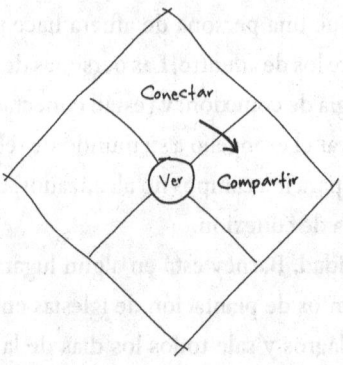

21. COMPARTIENDO EL EVANGELIO

A la verdad, no me avergüenzo del evangelio, pues es poder de Dios para la salvación de todos los que creen.

—Pablo (Romanos 1:16)

ERA EL VUELO DE DELHI A BANGALORE. El avión estaba a punto de despegar cuando vi tres asientos vacíos: mi boleto a la felicidad y a un vuelo tranquilo y silencioso. Lo único que necesitaba hacer era cruzar el pasillo una vez que el avión estuviese listo para el despegue, y esos asientos serían *míos*.

Miré a la izquierda, al muchacho sentado al lado mío. Era de la india. Por un instante, me puse a pensar que quizás debía quedarme y entablar una conversación con él. Pero ¿qué era más importante: mi deseo de dormir o su necesidad de conocer a Jesús? En ese momento recordé lo que le pasó a Jonás. Decidí quedarme en mi asiento y tratar de conocer a este muchacho.

El hombre se llamaba Yusef y trabajaba en la oficina de marketing para una importante empresa de ropa. Su nombre me indicaba que era musulmán, así que entablé una conversación con él acerca de su fe. Estuvimos de acuerdo en que el islam y el cristianismo tienen conceptos en común, como nuestra creencia en un Dios que espera que vivamos con rectitud. Me habló sobre el respeto y la reverencia que tenía por Jesús como profeta de Dios.

Le comenté que había una diferencia muy importante entre nuestras creencias: que Dios, por medio de Jesús, había venido en una misión de rescate por nosotros, para buscarnos. Nuestros mejores esfuerzos nunca serían suficientes. Necesitamos el perdón de Dios por medio de la muerte de Jesús en la cruz. Compartí la Parábola del Hijo Perdido y cómo el padre perdonó a su hijo antes de que el hijo hiciera algo para restituir el daño. Le expliqué que, por medio de Jesús, somos hijos, no esclavos.

A continuación, le hice la pregunta que los predicadores suelen hacer: "Si estuvieras hoy delante de Dios, ¿tienes la certeza de que tus pecados han sido perdonados?".

Me respondió: "No". Permaneció en silencio por un rato, y luego me dijo: "Tengo un amigo cristiano que me iba a conseguir una copia de la Biblia en hindi, pero cada vez se le olvida". Le dije que le enviaría una.

Algunas personas piensan que amar a las personas y compartir el evangelio con ellas son dos cosas independientes una de otra. Mientras Yousuf y yo intercambiábamos nuestra información de contacto al final del vuelo, me di cuenta de que nos habíamos hecho amigos justamente gracias al hecho de que había compartido el evangelio con él.

Renunciar a esos tres asientos valió la pena.

ALGO PARA DECIR

Michelle y yo dirigimos una capacitación sencilla de cuatro semanas para ayudar a las personas a empezar a hacer discípulos y saber cómo formar grupos. Enseñamos a las personas cómo compartir su testimonio personal, cómo compartir el evangelio y cómo discipular a las personas a través de un estudio bíblico de descubrimiento.

En nuestro primer grupo teníamos a alguien que había sido pastor durante más de veinte años. Podría haber dirigido el entrenamiento él mismo. Era como si yo lo estuviera llevando de regreso al preescolar. De repente hizo un comentario: "¿No crees que esto es un poco *formulaico*?" Hasta ese momento no sabía que *formulaico* era una palabra, pero entendí lo que quiso decir.

Hablamos por un rato. Este pastor todavía no estaba convencido de que fuera importante tener un método sencillo para compartir su historia y el evangelio. Sin embargo, la siguiente semana regresó al entrenamiento transformado. Por primera vez en su vida, este pastor había compartido su historia de conversión con su padre, quien nunca había mostrado interés en su fe (nunca habían podido hablar de ello). Su padre ahora tenía noventa años y *escuchó* lo que él decía.

A menudo se dice que debemos ganarnos el derecho de hablar. Ese pensamiento es noble si se refiere a que nuestras vidas deben reflejar el mensaje que proclamamos. Sin embargo, es engañoso si se refiere a que debemos en alguna manera agregar algo a la obra de Cristo antes de que el evangelio pueda ser efectivo. Jesús ya se ha ganado el derecho. Muchas de sus conversaciones fueron con personas con las que no tenía una relación muy profunda o duradera. Lo mismo se podría decir de sus seguidores a lo largo del libro de los Hechos. La idea de que debemos ganarnos el derecho de hablar nunca debe convertirse en una excusa para guardar silencio.

Un amigo mío tiene un ministerio en el que enseña inglés como segundo idioma a los refugiados afganos. Le pregunté cómo estaba comunicando el evangelio con ellos. "No podría hacer eso", me dijo. "No conozco el idioma de su corazón". Él es un ejemplo de los muchos cristianos en el mundo occidental que carecen de confianza y que son reacios a compartir el evangelio. En contraste a eso, el movimiento que Jesús fundó era claro en su mensaje y activo en proclamarlo. Los discípulos confiaban en el evangelio, y lo llevaban al mundo. El evangelio no solo se exponía y defendía los domingos por la mañana, sino que salía del edificio donde se reunían, y se lo escuchaba en el mercado, en las casas de las personas, en el camino y en las cárceles.

ENTRENAMIENTO BÁSICO

Me reuní con algunos trabajadores cristianos en Bangalore, India. Me contaron cómo entrenaban a los creyentes indios para compartir su historia, compartir la historia de Jesús y discipular a nuevos creyentes. Ellos entrenan con la expectativa de que las personas pondrán en práctica de inmediato lo que están aprendiendo. Recientemente habían entrenado a 120 personas. Después de la primera semana, se animó a los participantes a compartir su testimonio con cinco personas antes de que regresaran para la siguiente sesión. Cada semana ponían en práctica lo que estaban aprendiendo. Cada semana el tamaño de la clase se reducía. Después de seis semanas, solo había quince participantes.

Antes de que pudiese preguntarles por qué pensaban que esta estrategia era una buena idea, me dijeron que los quince participantes que permanecieron ya habían comenzado nueve iglesias nuevas. Apuntaron hacia el otro lado de la calle y dijeron: "Hay una iglesia para taxistas y sus familiares reunida en ese garaje".

¿Por qué empezar con 120 personas cuando solo el 10-15 por ciento está listos para actuar en respuesta a lo que aprenden? Porque no puedes predecir quién realmente está abierto a aprender e implementar a menos de que capacites a la mayor cantidad de personas posible y luego veas quién está listo para seguir el camino.

EFICACIA

Esta es una prueba para medir la eficacia con la que compartes el evangelio. ¿Alguien a quien acabas de conducir a Cristo podría retornar a casa ese mismo día y compartir el evangelio con las personas que conoce y ama?

Hay algunos métodos simples que todo creyente debería dominar, especialmente un nuevo creyente.[1]

1. **Compartir tu historia.** Las personas que recientemente han presenciado la conversión de un amigo o familiar tienen mayor probabilidad a ser receptivas al evangelio. Eso significa que es de suma importancia entrenar a los nuevos creyentes a compartir el evangelio para que el evangelio se difunda en sus entornos sociales.

Escuchar la historia de cómo una persona llegó a la fe en Jesús es cautivante. Lucas nos cuenta la historia de conversión de Pablo en Hechos, y Pablo vuelve a contar esa historia en otras dos ocasiones. La historia tiene tres elementos: la vida de Pablo antes de conocer a Cristo, cómo conoció a Cristo, y su vida después de conocer a Cristo, lo cual relata en unos pocos minutos.

¿Puedes contar tu historia en tres minutos? ¿Tienes un método simple para enseñar a otras personas, especialmente a nuevos creyentes, a compartir su historia?

2. **Compartir la historia de Jesús.** Podemos pasar el resto de nuestras vidas y la eternidad sondeando las profundidades de lo que Dios ha hecho por nosotros en Cristo, pero ¿sabemos comunicar el corazón del evangelio en solo unos minutos?

La iglesia primitiva seguía un patrón al proclamar el evangelio, que podía adaptarse para diferentes audiencias. Desafortunadamente, mientras más tiempo alguien es cristiano, más complicada y confusa puede volverse su comprensión del evangelio. Olvidamos cómo empezamos a seguir a Cristo. Mientras más complejos sean nuestros métodos de comunicación, más difícil será para los nuevos creyentes compartir el evangelio con sus amigos y familiares. ¿Podemos comunicar el evangelio de manera clara y sucinta para que los nuevos creyentes puedan seguir nuestro ejemplo?

3. **Hacer discípulos.** Muchos de nosotros no sabemos qué hacer si alguien con quien compartimos el evangelio quiere aprender más acerca de cómo seguir a Jesús. ¿Los invitamos a nuestra iglesia? ¿Le presentamos a nuestro pastor? ¿Le damos un libro para leer o un video para ver?

Desde la perspectiva de los movimientos, la estrategia más eficaz es la que se transfiere fácilmente a los nuevos creyentes. Un ejemplo de tal estrategia sería un estudio bíblico de descubrimiento. Hay diferentes enfoques; un modelo, *Las Siete Historias de Esperanza*, analiza los Evangelios y el libro Hechos; otro modelo, *Desde la Creación Hasta Cristo*, comienza en Génesis y termina en los Evangelios; otro te lleva a través de un Evangelio, una historia a la vez. El proceso es el mismo: lo único que se necesita es un pasaje de las Escrituras y algunas preguntas básicas que cualquier persona podría formular:

- En sus propias palabras, ¿qué dice este pasaje o historia?
- ¿Qué te gustó de la historia?
- ¿Qué nos enseña esto acerca de Dios?
- ¿Qué nos enseña esto acerca de las personas?
- ¿Hay un ejemplo a seguir o una orden a obedecer?
- ¿Qué harás para obedecer lo que has aprendido?
- ¿Con quién podrías compartir este pasaje o historia?

La ventaja de usar el estudio bíblico de descubrimiento como método evangelístico es que integra el aprendizaje con la obediencia. Las personas no solo están aprendiendo información sobre Jesús, también están aprendiendo a seguirlo. La otra ventaja del estudio bíblico de descubrimiento es que es tan simple que un nuevo creyente puede aprender rápidamente a guiar a sus amigos y familiares a través de las Escrituras. (En el próximo capítulo veremos cómo el estudio bíblico de descubrimiento puede convertirse en un método de por vida para crecer en madurez).

4. Alcanzar a familiares, amigos y extraños. ¿Cómo llega el evangelio a mundos relacionales no alcanzados? Asumimos que es nuestro trabajo. El foco de atención está en nosotros o en nuestra iglesia o grupo, cuando debería estar en encontrar una *persona de paz*, una persona de adentro que responda al evangelio y esté mejor posicionada para compartir su nueva fe con las personas que conoce. El evangelio se difunde con mayor eficacia a través de redes relacionales preexistentes. Los amigos y familiares de los nuevos creyentes se convierten rápidamente en algunas de las personas más receptivas. Es muy importante ayudar a los creyentes nuevos y existentes a identificar a las personas en su mundo relacional, a orar por ellas por nombre, y a buscar la oportunidad de compartir con ellas su historia personal y la historia de Jesús.

Solamente Dios puede cambiar el corazón. Nuestro trabajo es compartir e invitar, y permitir que el evangelio haga su trabajo. Todos necesitamos métodos simples y transferibles para compartir nuestra historia y la historia de Jesús. Todos necesitamos poder enseñar a los nuevos discípulos a hacer lo mismo.

Con frecuencia, la razón por la que vemos tan pocas personas llegar a conocer a Cristo es por nuestra falta de voluntad para compartir el evangelio e invitar a las personas a descubrir más. La mayoría de nosotros no somos evangelistas, pero todos tenemos una historia que contar y algo que decir acerca de Jesús.

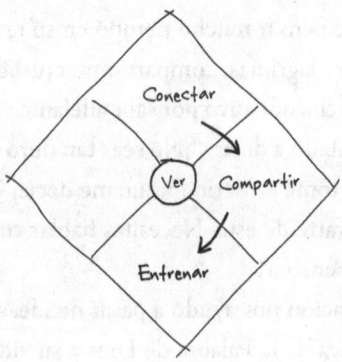

22. ENTRENANDO DISCÍPULOS

Discipula a las personas hasta que se conviertan, no las conviertas para luego discipularlas.

—DAVID WATSON

ESTA SEMANA ME REUNÍ CON un profesional de veintitantos años. Estamos haciendo un estudio bíblico de descubrimiento en el evangelio de Mateo. Yo tenía un plan, pero mi amigo estaba fuera de control. Se suponía que teníamos que leer una historia a la vez, más él estaba devorando grandes porciones de Mateo y llegaba a nuestras reuniones con muchas preguntas.

Intento no ser el experto; quiero que él descubra la verdad por sí mismo. También quiero que comience a obedecer lo que está aprendiendo. Entonces, después de haber hablado durante una hora, le pregunté: "De todo lo que has leído hasta ahora en Mateo, ¿qué es lo que más te ha llamado la atención?"

No tuvo que pensar mucho tiempo en su respuesta. Me dijo: "El perdón". Entre lágrimas, compartió un episodio muy personal de su vida, y la lucha que tuvo por salir adelante.

Me sentí tentado a decir: "¡No seas tan duro contigo mismo!" En lugar de eso, tomé en serio lo que me decía, y dije: "Creo que Dios quiere liberarte de esto. Necesitas hablar con Dios acerca de este asunto esta semana".

Esa conversación nos ayudó a pasar de ideas abstractas a una aplicación práctica de la Palabra de Dios a su vida. Todavía no ha entregado su vida a Cristo, pero está aprendiendo lo que significa ser un discípulo, un paso a la vez.

El discipulado no es un nivel más avanzado en de la vida cristiana que viene después de la conversión. El discipulado comienza con el primer paso de obediencia en respuesta a la verdad revelada. Los discípulos crecen al identificarse con Jesús en su muerte y resurrección, por medio del bautismo, y al aprender a obedecer las enseñanzas de Jesús.

Jesús discipulaba a las personas hasta que se convertían; no buscó primero convertir a las personas y luego convertirlas en discípulos. No necesitas convertir a nadie. Simplemente necesitas encontrar a alguien que esté dispuesto a aprender más sobre Jesús y acerca de cómo puede seguirlo. Empiezas haciendo un estudio bíblico de descubrimiento y haciendo preguntas orientadas a la obediencia. Dios es quien se ocupa de convertir a esas personas.

El objetivo del ministerio de Jesús al tratar con multitudes era hacer discípulos. Los discípulos eran aquellos que obedecían el llamado de Jesús a seguirlo y se sometían a su entrenamiento para hacer discípulos de otros. Calcularon el costo de seguir a Jesús, e hicieron un compromiso con Jesús y con su causa.

Los evangelios dan una imagen realista de los discípulos, tanto de sus virtudes como de sus defectos. Jesús les enseñó, los corrigió, los apoyó, los perdonó y los restauró. Sus seguidores crecieron en el discipulado por medio de la relación que tenían con

Jesús. La misión que Jesús les dio a los apóstoles antes de ascender fue que ellos hicieran discípulos de las naciones. A medida que los nuevos discípulos se bautizaban y aprendían a obedecer sus mandamientos, Jesús estaría presente. El Señor resucitado continúa llamando a los discípulos de entre la multitud para que lo sigan.

¿QUÉ MANDÓ JESÚS?

Un método para hacer discípulos es explorar los mandatos de Cristo, un mandato a la vez, y ayudar al nuevo creyente a entender cómo obedecerlo. El objetivo no es enseñar a los nuevos discípulos todo lo que necesitan saber, sino enseñar a los nuevos creyentes a *obedecer lo que han llegado a entender*. Las preguntas que uno debe hacerse para evaluar cualquier método de discipulado son:

1. ¿Está orientado a la obediencia?
2. ¿Es lo suficientemente simple como para que un nuevo creyente pueda comenzar a discipular a alguien que conoce?
3. ¿Conduce a la formación de grupos de discipulado e iglesias?

Me invitaron a predicar en una reunión de una iglesia para personas que se estaban recuperando de la drogadicción y el alcoholismo. El camino más seguro hubiera sido reciclar alguno de mis antiguos mensajes antiguos, con los que me sentía familiarizado. En lugar de esto, me arriesgué, dividiendo a las personas en grupos de tres a cinco y pidiendo que leyeran la historia de Jesús y la mujer en el pozo (Juan 4:1-42). Luego les pedí que cerraran sus Biblias y vieran cuánto de la historia podían recordar.

Durante los siguientes treinta minutos le di a los grupos una serie de preguntas para ayudarlos a interactuar con las Escrituras y aplicarlas a sus vidas. La habitación estaba llena de energía. Finalmente volvimos a estar juntos y pedí a los grupos que me dijeran qué significaba la historia y cómo iban a obedecer lo que habían aprendido.

Podría haber predicado un buen mensaje sobre este pasaje y haberles dicho a todos cómo debían responder en obediencia. Habríamos llegado al mismo lugar con las mismas verdades esenciales. Pero ahora estas personas tenían un método simple para estudiar las Escrituras por sí mismos, el cual podían compartir con otras personas. Ahora eran dueños de los conocimientos adquiridos. Ahora tenían un grupo de personas que podían preguntarles la semana siguiente: "¿Cómo obedeciste lo que aprendiste? ¿A quién le constaste la historia?"

Disfruto predicar y enseñar, y normalmente recibo respuestas alentadoras de mis mensajes. Creo que tengo el llamado a predicar y enseñar. Pero ningún movimiento puede extenderse en amplitud y profundidad dependiendo de individuos como yo con títulos en teología. Jesús se aseguró de que su mensaje fuera recordable para así ser transmitido por gente común. La Palabra de Dios es una fuerza dinámica que cambia vidas. No puede limitarse a un sermón dominical o a un estudio bíblico cuidadosamente controlado. De alguna manera, la Palabra rebosará y encontrará la manera de llegar a donde está la gente, en sus hogares, en las calles, en los cafés, en las universidades y en los lugares de trabajo. Al centro del discipulado continuo debe haber un método simple, lo suficientemente simple como para que un nuevo discípulo pueda aprenderlo rápidamente y transmitirlo. Debe enfocarse en aprender a obedecer lo que las Escrituras enseñan.[1] Los siete mandatos de Cristo[2] (vea la tabla 22.1) son un buen lugar para comenzar el discipulado básico.

Tabla 22.1. Los Siete Mandatos de Cristo

Mandatos de Cristo	Iglesia Primitiva	Estudio Bíblico de Descubrimiento
Arrepiéntanse y crean (Marcos 1:15)	Hechos 2:38	Jesús y la mujer que vivía una vida pecaminosa (Lucas 7:36-50)
Bautícense (Mateo 28:19)	Hechos 2:39	Felipe y el etíope (Hechos 8:26-39)
Oren (Mateo 6:9-13)	Hechos 2:42	La Enseñanza de Jesús en cuanto a la oración (Mateo 6:5-15)
Hagan discípulos (Mateo 28:19-20)	Hechos 2:28, 47	La mujer samaritana (Juan 4:4-42)
Amor (Mateo 22:37-39)	Hechos 2:42-47	El Buen Samaritano (Lucas 10:25-37)
Celebren la Santa Cena (Lucas 22:19-20)	Hechos 2:42, 46	La última cena de Jesús (Lucas 22:7-20)
Den generosamente (Lucas 6:38)	Hechos 2:45	La viuda que ofrenda (Marcos 12:41-44)

Hay un mundo de diferencia entre un mandato de enseñar a los discípulos y un mandato de enseñar a los discípulos *a obedecer*. El primero se enfoca en el instructor, el segundo en el aprendiz. El primero tiene que ver con la transferencia de información; el segundo tiene que ver con la transformación de la vida.

Aprender a obedecer a Cristo es la meta del discipulado. Jesús está presente, por medio del Espíritu Santo, cuando los nuevos discípulos se reúnen alrededor de su Palabra y aprenden a seguirlo un paso a la vez. Nuestros métodos deben ser simples y transferibles para que los nuevos discípulos puedan comenzar a enseñar a otros de inmediato.

El evangelismo que busca conseguir decisiones en vez de discípulos nunca producirá un movimiento multiplicador. ¡Los movimientos se extienden a través de nuevos creyentes que escuchan, creen y obedecen!

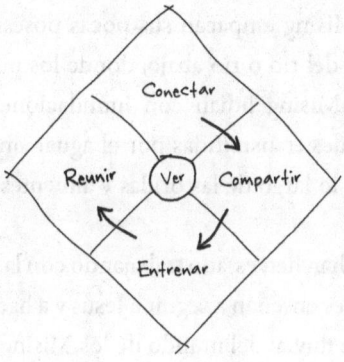

23. REUNIENDO COMUNIDADES

> *En él también ustedes son edificados juntamente para ser morada de Dios por su Espíritu.*
>
> —PABLO (Efesios 2:22)

ES DOMINGO POR LA MAÑANA. Lipok y Nathan están viajando por el impetuoso río Brahmaputra para visitar a los creyentes entre el pueblo Mising de Assam, un estado en el noreste de la India. Viajan en ferry y luego por los caminos de tierra de una isla que es hogar de 300.000 personas.

La gente de Mising vive a lo largo de las fértiles orillas del río Brahmaputra, el cual consideran un río sagrado. Viven en casas con techo de paja levantadas sobre pilotes que brindan protección contra las inundaciones durante la temporada de lluvias y contra los animales salvajes durante la estación seca. Cuando las aguas aumentan, los Mising empacan sus pocas posesiones y se trasladan al otro lado del rio o rio abajo, donde los pilotes ya han sido instalados. Los Mising lidian con inundaciones anuales, malaria y enfermedades transmitidas por el agua; sin embargo, continúan viviendo a lo largo de las orillas y afluentes de su amado río Brahmaputra.

Lipok y Nathan han estado trabajando con la gente Mising durante tres años; les enseñan a seguir a Jesús y a hacer discípulos a lo largo del sistema fluvial del mundo de los Mising. Un obrero local ha iniciado trescientas iglesias en su "arroyo". Él puede llegar a lugares donde los misioneros y los fondos occidentales nunca podrían llegar.

El modelo de iglesia que guía a los creyentes Mising es Hechos 2:38-47. Comienzan sus reuniones confesando sus pecados y arrepintiéndose. Bautizan a los nuevos creyentes en el río. Enseñan la Palabra de Dios, celebran la Santa Cena y oran por los enfermos. Se apoyan materialmente entre sí y, si es posible, suplen de inmediato las necesidades de las personas necesitadas, ya sea por medio de un obsequio o una oferta de ayuda. La adoración surge como una respuesta a la Palabra de Dios. Terminan su reunión recordando el evangelio y comprometiéndose a compartirlo con otra persona antes de que se ponga el sol.

LO MÁS IMPORTANTE

Una historia como la de los creyentes Mising nos recuerda que nuestra experiencia de la iglesia está influenciada por el mundo en el que vivimos. También nos ayuda a identificar lo que todos los seguidores de Jesús compartimos a lo largo del tiempo y de las diferentes culturas.

¿Qué elementos mínimos se requieren para formar una comunidad de discípulos? Si dejamos fuera cualquier elemento esencial, corromperemos inevitablemente la nueva comunidad, y cualquier comunidad que nazca de ella. Por otro lado, si agregamos cualquier elemento no esencial, reduciremos la capacidad del grupo para funcionar y para expandirse sin obstáculos.

Los movimientos saben cuáles son los elementos esenciales de la iglesia, y eso es lo que producen y reproducen. Nada más y nada menos. Otras cosas podrían ser deseables, pero no son esenciales; y los elementos no esenciales enlentecen un movimiento. Por otro lado, algunos elementos son tan esenciales que, si los quitamos, lo que queda ya no es una iglesia.

El apóstol Lucas tenía su lista: la esencia de lo que es una iglesia. Sin llevar equipaje en exceso, ni descuidar elementos esenciales.

Y con muchas otras razones les exhortaba insistentemente: —¡Sálvense de esta generación perversa!

Así, pues, los que recibieron su mensaje fueron bautizados, y aquel día se unieron a la iglesia unas tres mil personas. Se mantenían firmes en la enseñanza de los apóstoles, en la comunión, en el partimiento del pan y en la oración. Todos estaban asombrados por los muchos prodigios y señales que realizaban los apóstoles. Todos los creyentes estaban juntos y tenían todo en común: vendían sus propiedades y posesiones, y compartían sus bienes entre sí según la necesidad de cada uno. No dejaban de reunirse en el templo ni un solo día. De casa en casa partían el pan y compartían la comida con alegría y generosidad, alabando a Dios y disfrutando de la estimación general del pueblo. Y cada día el Señor añadía al grupo los que iban siendo salvos. (Hechos 2:40-47)

Cuanto más se agrega a la lista de los esenciales, más difícil se hace para los nuevos creyentes formar iglesias en su contexto. Si los nuevos creyentes no están formando iglesias, es poco probable que se produzca un movimiento de plantación de iglesias. Puede ser que se planten iglesias, pero no se multiplicarán.

DE PLANTACIÓN DE IGLESIAS A MOVIMIENTOS DE PLANTACIÓN DE IGLESIAS

Cuando Michelle y yo plantamos nuestra primera iglesia, sentíamos que teníamos que formar una iglesia para compartir el evangelio y hacer discípulos. Primero venía la iglesia, y luego el evangelismo y el discipulado. Para nosotros, el evangelismo típicamente significaba invitar a alguien a la iglesia.

Dos décadas más tarde, hemos aprendido a cambiar el orden y las prioridades: primero el evangelio, después discípulos, después iglesias. Cuando nos conectamos con la gente, no estamos buscando que vengan a nuestra iglesia. Compartimos las buenas nuevas acerca de Jesús, no las buenas nuevas acerca de nuestra iglesia. Estamos buscando personas receptivas. A medida que las personas ponen su fe en Jesús, también están aprendiendo a obedecer lo que él ordenó y a convertirse en discípulos.

Así como el evangelismo y el discipulado no deben separarse, el discipulado siempre debe conducir a la formación de una comunidad o iglesia.

Añadir	Multiplicar
Iglesia	Evangelio
Evangelio	Discípulos
Discípulos	Iglesia

El cambio de la primera columna a la segunda columna es la diferencia entre plantar una iglesia e impulsar un movimiento de plantación de iglesias. El evangelio es primordial; a través de él, Dios forma discípulos e iglesias. El evangelio crea a la iglesia, no al revés.

DE LA DEPENDENCIA AL TRABAJO EN EQUIPO

¿No es curioso que Jesús no pasó más de tres años poniendo el cimiento para el movimiento que inició? Al finalizar ese tiempo, su grupo de discípulos no era perfecto en conocimiento, madurez, ni habilidades; sin embargo, los dejó con el desafío. Felipe tuvo poco tiempo con los samaritanos que se volvieron a Cristo. Pedro solo pasó unos cuantos días con Cornelio y su casa. Pablo solo pudo pasar unas semanas o meses con la mayoría de sus iglesias. Pasó dos años en Corinto, pero aun así, los creyentes allí lo decepcionaron.

¿Por qué estos hombres no se quedaron más tiempo para que las cosas salieran "bien" desde un principio? Jesús dijo que era bueno para sus discípulos que él se fuera. Prometió enviarles el Espíritu Santo que les recordaría su enseñanza y los conduciría a toda verdad. Jesús y los apóstoles tenían plena confianza en el poder de la Palabra de Dios y el Espíritu Santo para proporcionar lo que las iglesias locales necesitaban para crecer hacia la madurez, aunque el proceso pudiera ser difícil.

Se esperaba que las iglesias del Nuevo Testamento asumieran la responsabilidad de sí mismas: que gobernaran sus propios asuntos, se financiaran a sí mismas, permanecieran fieles al evangelio en doctrina y práctica, y participaran en la proclamación del evangelio localmente y más allá de su región.

Pablo reprendió a los corintios por la inmadurez espiritual en la que vivían (1 Corintios 3:1-3) a pesar de haber estado siguiendo a Cristo por algún tiempo. Elogió a los filipenses por su participación en el evangelio. Desde el primer día de su existencia como comunidad, estaba confiado que Dios había comenzado y continuaría perfeccionando una buena obra en ellos (Filipenses 1:3).

Entonces, ¿cuáles son algunos de los elementos esenciales que observamos en el Nuevo Testamento para que cualquier grupo llegue a ser una iglesia saludable?

1. **Señorío.** Cristo es la cabeza y el único cimiento de la iglesia. Es Él quien da vida y liderazgo a su pueblo por medio de su Palabra y el Espíritu Santo.
2. **Liderazgo.** Cada creyente tiene un papel que desempeñar en la edificación de la comunidad y la proclamación del evangelio. El liderazgo de la iglesia es tanto local como móvil. Pablo nombró líderes locales en las iglesias que plantó. Pablo y su equipo misionero fueron responsables de la multiplicación y el fortalecimiento de las iglesias.
3. **Cinco funciones.** Las comunidades locales de discípulos deben participar en la adoración, la enseñanza, el discipulado basado en la obediencia, la comunión, y la difusión del evangelio a nivel local y más allá.
4. **Madurez.** Se esperaba que las iglesias rápidamente asumieran la responsabilidad del liderazgo, el financiamiento, la fidelidad en doctrina y práctica, y la participación en proclamar el evangelio.

El libro de Hechos usa una variedad de términos para identificar lo que llamamos "iglesia": los creyentes, los discípulos, los hermanos y hermanas. Sin importar los términos que usemos, es la realidad lo que importa. Los nuevos discípulos deben aprender a formar comunidades que sigan juntas a Jesús. Deben conocer los elementos esenciales de lo que significa ser el pueblo de Dios. Deben tener la libertad para adaptar las formas de la iglesia a su situación. Deben asumir la responsabilidad de sí mismos y no depender de extranjeros. Deben convertirse en colaboradores para difundir el evangelio.

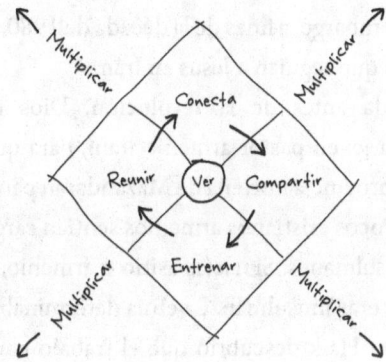

24. MULTIPLICANDO OBREROS

> *"La cosecha es abundante, pero son pocos los obreros. Pídanle, por tanto, al Señor de la cosecha que envíe obreros a su campo"*
>
> —JESÚS (MATEO 9:37-38)

CUANDO EL AVIÓN DE AYATOLÁ KHOMEINI aterrizó en el aeropuerto de Teherán el 1 de febrero de 1979, una multitud de varios millones de iraníes se reunió para darle la bienvenida a casa. El ayatolá era ahora el líder indiscutible de la revolución islámica de Irán.

En 1979, Irán era una nación de 39 millones de habitantes. La gran mayoría de ellos eran musulmanes. La revolución marcó el comienzo de una nueva era de persecución. En 1979, el reverendo Arastoo Sayyah, un sacerdote anglicano de Shiraz, fue degollado. Su asesinato fue el primero en una serie de asesinatos de líderes cristianos. Sin embargo, a fines de la década de 1980, había muchos miles de persas que seguían a Jesús en Irán.

Una década antes de la revolución, Dios llamó a Haik Hovsepian,[1] un joven pastor armenio iraní, para que fuera como misionero a la provincia norteña de Mazandaran para alcanzar a los musulmanes. Pocos cristianos armenios sentían carga por la salvación de los musulmanes. Si nacías asirio o armenio, eras cristiano. Si nacías persa, eras musulmán. La etnia determinaba tu religión.

El hermano Haik descubrió que el trabajo era duro y lento, pero para el año 1976 había comenzado cinco iglesias en casas con alrededor de veinte creyentes de trasfondo musulmán. Tenía fe de que algún día habría millones de creyentes persas y, con esa visión en mente, tradujo y escribió 150 canciones de adoración en farsi, el idioma persa.

En 1981, la iglesia persa en Mazandaran había crecido a sesenta personas, y el hermano Haik pudo entregar la obra a los líderes locales que había capacitado. Regresó a Teherán, donde desafió a los cristianos armenios a abrir sus puertas y corazones al pueblo persa y comenzar a usar el farsi en sus servicios. Nuevos creyentes comenzaron a inundar las iglesias. En medio de un contexto intimidante, las iglesias se reunían en secreto en pequeños grupos que pronto se multiplicaban. Las transmisiones cristianas por satélite ayudaron a difundir el evangelio por todo Irán; estas transmisiones se lograban mediante antenas parabólicas que habían sido introducidas al país de manera ilegal por iraníes comunes y corrientes. El gobierno exigió saber los nombres de los nuevos creyentes de trasfondo musulmán, pero el hermano Haik se negó a dar esa información.

A estas alturas, los persas, especialmente los jóvenes, empezaban a sentir el peso de las duras restricciones impuestas por la ley islámica. En 1993, el hermano Haik informó a la comunidad internacional sobre la difícil situación de Mehdi Dibaj, que había sido encarcelado por los tribunales islámicos durante más de diez años por cargos de apostasía. La campaña del hermano Haik tuvo éxito y el 16 de enero de 1994, Dibaj fue liberado. Tres días después, el hermano Haik desapareció de las calles. Cuando finalmente encontraron su cuerpo, estaba cubierto de múltiples puñaladas.

Cientos de creyentes persas acudieron a honrar al hermano Haik en su funeral a pesar de la presencia de agentes del gobierno que documentaban quienes estaban presentes. Estos creyentes de origen musulmán, inspirados por la audacia del hermano Haik y de otros mártires armenios y persas, asumieron el liderazgo de un movimiento de plantación de iglesias a nivel nacional.

Hoy en día, en Irán, la gente tiene tiempo libre —especialmente los jóvenes. El gobierno impone muchas restricciones a lo que la gente puede hacer. La consecuencia no deseada es que los creyentes tienen tiempo para estar juntos todos los días. Se reúnen para orar, estudiar la Biblia y evangelizar. Una vez que un grupo llega a los veinticinco, forma un segundo grupo. Los nuevos creyentes son entrenados rápidamente para liderar nuevas comunidades de casas y capacitar a otros.

Los grupos hogareños se organizan en varias redes. En el año 2008 había mil grupos que remontaban su origen a la iglesia del hermano Haik en Teherán. Son el fruto del discipulado intencional del hermano Haik de solo unas pocas docenas de creyentes de origen musulmán a fines de la década de 1980 y principios de la década de 1990.

Durante siglos, los persas asumían que, si eras cristiano, era porque eras armenio. Hoy en día, los creyentes persas se refieren a sí mismos como *farsimasihi* (seguidores persas del Mesías). Los *farsimasihi* están enviando y financiando misioneros a las minorías étnicas en las regiones circundantes —los azeríes, los luri y los kurdos dentro de Irán.

Cuando el hermano Haik comenzó su ministerio en 1962, apenas tenía diecisiete años. Pastoreó su primera iglesia en Majidieh, un suburbio de Teherán. Imagina si hubiese permanecido en Teherán el resto de su vida para pastorear una sola iglesia. Sin importar cuán exitosa hubiese sido esa iglesia, nunca habría tenido el impacto de un movimiento. Una vez que el hermano Haik comenzó a multiplicar discípulos, iglesias y líderes, el movimiento ya no dependía de él. Si bien su muerte fue trágica, fue la chispa que encendió un fuego imparable que se extendió por todo Irán.

1 + 1 = 100

Mi abuelo Edgar Bashforth luchó en la Primera Guerra Mundial en Francia en la 11ª Compañía de Ametralladoras. Después de la guerra, recibió ayuda del gobierno para los soldados que regresaban y compró tierras cerca de Brunswick Heads en el norte de Nueva Gales del Sur. Limpió el terreno y lo cercó. Molió la madera y la vendió, y también crió ganado lechero y de carne.

En 1923, Edgar se casó con Lydia Vaughan, una chica local de la cercana Mullumbimby. ¡Se casaron a las 7:30 a.m. para poder salir corriendo y abordar el tren para su luna de miel! Tuvieron siete hijos, uno de los cuales fue mi madre, Joan. Yo soy uno de sus veinticuatro nietos. Hoy, Edgar y Lydia Bashforth tienen cien descendientes —hijos, nietos, bisnietos y tataranietos.

¿Cómo puede una pareja ser la causa de que tanta gente venga al mundo? Pusieron la rueda en marcha y formaron una familia. Más allá de eso, no tuvieron control directo. No financiaron, administraron, ni controlaron la vida de las generaciones futuras. Como buenos padres, criaron a sus hijos para alcanzar un nivel de madurez, definida como una saludable autosuficiencia.

La historia de mis abuelos no es inusual. Es la ley de la multiplicación que Dios ha establecido en el mundo que creó. Donde hay vida y salud, hay multiplicación.

Los movimientos de plantación de iglesias funcionan de la misma manera. El tamaño y la influencia de una sola iglesia no es lo que importa en última instancia. Mucho más importante que eso son las múltiples generaciones de discípulos e iglesias que una iglesia de cualquier tamaño puede producir.

Los sistemas que permanecen bajo una administración externa solo pueden agregar iglesias, nunca pueden multiplicarlas. La multiplicación solo puede ocurrir cuando la descendencia tiene la libertad de producir generaciones futuras. El tamaño de la iglesia no es lo más importante. Lo que realmente importa es la multiplicación saludable. No hay otra forma de llegar a todos los rincones del planeta con el evangelio.

DE VISIÓN A LEGADO

Una visión sin acción es una fantasía. La acción sin una visión es un trabajo pesado. Una visión con acción cambiará el mundo.
—*Una galleta de la fortuna*

Está bien decir que tenemos que multiplicar discípulos e iglesias. Nadie discutiría con eso. Pero ¿quién se despierta por la mañana y dice: "Voy a iniciar yo mismo un movimiento de plantación de iglesias"? Puede ser algo que deseamos que suceda, pero los simples deseos no harán que sea una realidad.

Los movimientos para hacer discípulos son obra de Dios; Dios nos invita a participar en su trabajo como colaboradores. Nuestra contribución es real. Plantamos y regamos, pero solo Dios puede dar el crecimiento.

Estas son tres preguntas que debemos responder para poder ser parte de lo que Dios está haciendo.

1. **¿Vemos el fin?** ¿Cuál es nuestra visión final? ¿Cómo se ve que nuestra tarea está completa? Jesús sabía la respuesta a esta pregunta: fue a todos los pueblos y todas las aldeas. Pablo conocía la respuesta: plantó iglesias que se reproducían en las principales ciudades entre Jerusalén e Ilírico. Prueba este ejercicio: ¿Cuántas personas hay en tu área de interés? No preguntes: "¿qué podemos hacer?" Pregunta: "¿qué se necesita hacer?".

En 1991 Australia tenía alrededor de 11.000 iglesias, o una por cada 1.500 personas. Para el año 2006 teníamos alrededor de 10,000 iglesias, o una por cada 2.000 personas.² La brecha se ensancha cada día. Si nuestra visión final es ver una iglesia por cada 1.000 personas, necesitaríamos 10.000 nuevas iglesias hoy y mil iglesias nuevas cada tres años solo para mantenernos al día con el crecimiento de la población. Mientras tanto, la iglesia promedio en Australia tiene alrededor de setenta personas. Una iglesia por cada mil personas es solo el comienzo.

La razón por la que hacemos estos cálculos es para recordar cuán grande es la tarea que tenemos por delante. Si hacer lo de siempre no logra el objetivo en un país de 23 millones de habitantes, ¿qué esperanza tenemos en un mundo de siete mil millones de habitantes? Solo una estrategia de movimiento tiene el potencial de alcanzar un mundo perdido.

2. ¿Qué haremos? Es bueno tener una visión, pero nada sucederá si no sabemos qué debemos hacer cuando nos levantamos de la cama el lunes por la mañana para enfrentar una nueva semana. Ahí es donde necesitamos disciplina.

- *Conectar.* ¿Cómo estamos formando conexiones con personas que están lejos de Dios? ¿Estamos buscando personas receptivas que podrían ser el puente para que el evangelio llegue hacia nuevos mundos relacionales?
- *Compartir.* ¿Cómo estamos compartiendo el evangelio con palabras y hechos para que la gente ponga su fe en Cristo? ¿Los nuevos creyentes que son miembros de la comunidad están compartiendo el evangelio? ¿Qué tanto?
- *Entrenar.* ¿Cómo estamos enseñando a los nuevos discípulos a seguir a Cristo en obediencia? ¿Nuestros métodos son simples y transferibles? ¿Los discípulos están aprendiendo cómo descubrir y obedecer la verdad de las Escrituras por sí mismos? ¿Están enseñando a otros?

- **Reunir**. ¿Cómo estamos reuniendo a nuevos creyentes en grupos de discipulado? ¿Los grupos se están convirtiendo en nuevas iglesias que crecen en madurez y reproducen discípulos e iglesias?

Cada uno de los puntos anteriores se puede medir mediante actividades concretas. Un obrero puede mirar el calendario al comienzo de una semana o un año y preguntar: "¿Cómo realizaré estas actividades y capacitaré a otros para que hagan lo mismo?".

3. **¿Cómo multiplicaremos obreros?** Jesús pasó gran parte de su ministerio entrenando obreros. Les enseñó a orar por más obreros. Pablo siguió su ejemplo. Nuestros propios esfuerzos nunca serán suficientes. Los que realizan el ministerio también deben convertirse en maestros entrenadores. El ejemplo de Jesús nunca ha sido superado. Así es como él multiplicó obreros para un movimiento misionero:

- *Modelar*: modeló un ministerio eficaz para sus discípulos.
- *Ayudar*: los reclutó para trabajar con él.
- *Observar*: observó lo que ellos hacían y proporcionaba instrucción.
- *Salir*: Finalmente, los dejó para que ellos pudiesen continuar con el trabajo y capacitar a otros.

No es fácil, pero debería ser sencillo. La tarea es inmensa, pero Jesús de Nazaret ha marcado el camino y, como Señor resucitado, continúa obrando por medio de su Palabra y su Espíritu e incluso por medio de nosotros, su pueblo.

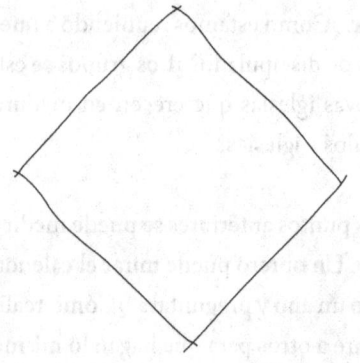

25. EMPEZANDO EN ALGÚN LUGAR

Un viaje de mil kilómetros comienza con un solo paso.

—LAO TZU

HEMOS RECORRIDO UN LARGO CAMINO desde que empezamos este libro, pero el viaje apenas ha comenzado. Lo que suceda a continuación determinará si leer este libro ha sido un ejercicio intelectual o una experiencia que cambiará tu vida. Si Dios te ha hablado a través del mensaje de este libro, lo que importa ahora es la obediencia. Pero, ¿por dónde empiezas?

A continuación, veremos una última historia de la manera en la que Dios guio a un líder, a su iglesia y a un creciente equipo de obreros a una nueva forma de ver el mundo, siendo obedientes un paso a la vez.

DE REGRESO A ANTIOQUÍA

Dave Lawton se detuvo en mi estacionamiento alrededor de las 5:20 a.m. en una fría y oscura mañana de invierno. Yo tenía que viajar con él hasta el otro lado de la ciudad para una reunión de oración a las 6:00 a.m. No acostumbro a empezar el día de esa manera, pero quería aprender más sobre el ministerio de Dave y lo que él y su equipo estaban haciendo.

Dios le había dado a Dave una pasión por los suburbios occidentales de Melbourne. "El Oeste" es la región más desfavorecida e inalcanzada de nuestra ciudad. Durante los últimos doce meses Dave y su esposa, Colleen, habían pasado sus días libres haciendo caminatas de oración por las calles y conociendo gente.

Un día, los Lawton conocieron a Davinda y Mandip, una pareja sij del norte de la India. Mientras hablaban con ellos, descubrieron que Mandip estaba sin trabajo y que las cuentas se estaban empezando a acumular. Dave y Colleen oraron por ellos ahí mismo y pidieron a Jesús que los ayudase en este momento difícil. Al día siguiente, Davinda estaba llorando. Les dijo: "Ustedes oraron y Dios respondió". Mandip había vuelto al trabajo.

Davinda y Mandip eran parte de un grupo de trece sijs que vivían en un pequeño departamento de dos habitaciones. Dave decidió seguir las instrucciones que Jesús les había dado a sus discípulos en el pasado, y se animó ir a la casa de ellos, comer su comida, sanarles y decirles que el reino de Dios había llegado.

Es así como Dave, con un mantel de periódico extendido en el piso y un plato lleno de curry y chapatis, comenzó a guiar a este grupo de sijs a través del evangelio de Marcos, enseñándoles cómo seguir a Jesús.

Dave dice: "No se trata de llevar a las personas a nuestro edificio. Debemos hacer discípulos en el mundo donde ellos se encuentran". Dios abrió puertas y condujo a Dave a diferentes personas de paz que lo recibieron y lo conectaron con sus redes relacionales. La estrategia es simple: Dave y sus colaboradores oran, se conectan con las personas, comparten el evangelio y oran por las necesidades, y buscan personas de paz. No se enfocan solamente en las personas, sino en las redes relacionales.

Dave se toma en serio el mandato de Jesús de ir a las casas de las personas y comer su comida. No tiene la intención de sacar a las personas receptivas de su comunidad y colocarlas en su iglesia. Les lleva el evangelio y la iglesia a ellos. Se conecta con las comunidades relacionales por medio de personas de paz y las reúne para leer las Escrituras, orar y aprender a obedecer a Jesús. Su estrategia para llevar a las personas a Cristo es el discipulado. Quiere que pasen tiempo en las Escrituras, aprendiendo a obedecer, para que el Espíritu Santo pueda comenzar a trabajar en sus corazones. El ejemplo de Dave y Colleen ha inspirado a otras personas. En Australia hay ahora alrededor de sesenta personas que se han comprometido a orar por ellos, conectarse con la gente, compartir el evangelio, hacer discípulos y reunirlos en iglesias simples.

Después de un viaje de cuarenta minutos llegamos a la reunión de oración. Había alrededor de una docena de personas en la sala, todos voluntarios. Este es uno de los cinco grupos que se reúnen en diferentes partes de la ciudad.

Le pregunté a Dave: "¿Dónde consigues a esta gente?"

Me dijo: "Yo oro, salgo a las calles y a las comunidades y empiezo a compartir el evangelio. Voy ahí y empiezo a conocer a personas que necesitan a Jesús. Esa es la mejor estrategia de reclutamiento que tengo. Comprometerse con la cosecha es lo que atrae a las personas indicadas". Dave ha aprendido a seguir el ejemplo de Jesús, llamando y capacitando a trabajadores en la cosecha.

Antes de orar, Dave sacó una pizarra y dibujó en ella todos los "hogares" con los que él y sus compañeros están conectados: sudaneses, sijs, australianos, estudiantes universitarios de China, musulmanes iraníes, vietnamitas y estudiantes universitarios de Australia. Dave y el equipo no están tratando de plantar una sola iglesia. Quieren multiplicar iglesias en toda la ciudad.

Los miembros del equipo informan sobre cómo están

conectando, compartiendo el evangelio y orando por las personas en los hogares. A medida que van conociendo a las personas, las invitan a participar en un estudio bíblico de descubrimiento.[1] Conforme las personas empiezan a poner su fe en Jesucristo, el equipo comienza a formar una iglesia en ese contexto.

El consejo de Dave para las personas que no saben dónde empezar es: "Comienza con la oración, pero ora con la intención de relacionarte con las personas. Debes ser transparente cuando hablas con alguien: que estás ahí para compartir a Jesús. Busca personas receptivas y reúnelas a ellas, y a sus amigos y familiares, para hacer estudios bíblicos de descubrimiento con ellos y deja que el Espíritu Santo haga su obra".

Dave tiene unos sesenta voluntarios en Melbourne: al norte, sur, este y oeste. Se han plantado más de veinte iglesias. La visión no se detiene en Australia. Una pareja australiana-húngara se ha convertido en la primera pareja misionera del movimiento. Regresaron a Hungría para hacer discípulos y plantar iglesias entre los gitanos de Europa.

Hay un detalle inusual en la historia de este movimiento misionero emergente. Cuando Dave y Colleen comenzaron su viaje de descubrimiento, Dave era el pastor ejecutivo de Crossway, una iglesia de cuatro mil personas. Las iglesias grandes tienen horarios exigentes, por lo que su ministerio en el oeste de Melbourne inició en el día libre de los Lawton.

A medida que el ministerio de Dave en los suburbios del oeste ganaba impulso, el liderazgo de la iglesia permitió que dedicara más tiempo movilizando a otras personas. Finalmente, Dave dijo a la iglesia: "¡Tienen que dejar de pagar mi salario!". El liderazgo de la iglesia no quiso hacerlo. Lo único que les importaba era que el evangelio estaba siendo proclamado, que se estaban haciendo nuevos discípulos y se estaban formando grupos. Ni siquiera había la expectativa de que las iglesias que se formaban pertenecieran a "Crossway".

Crossway es una iglesia que sigue los mismos pasos que la

iglesia de Antioquía, que liberó a Bernabé y a Pablo para que regresaran al ministerio pionero.

El equipo de Dave sigue creciendo. Los obreros se están dispersando por Australia. Con la bendición de Crossway, Dave está pasando de ser un pastor asalariado a ser un misionero apoyado por Crossway. Dave está estableciendo una entidad misionera que funciona como socia de Crossway pero que se organiza independientemente.

Cuando las personas escuchan esta historia, comentan que una iglesia tan grande como Crossway puede permitirse el lujo de apoyar y enviar a obreros como Dave. Pero hay otra forma de interpretar esta historia: una de las razones por las que Crossway es una iglesia tan saludable es porque siempre ha estado dispuesta a ofrendar sacrificialmente su dinero y personal a las misiones locales y mundiales. Sin importar su tamaño, una iglesia con una visión como esa atrae buenas personas y, aún más importante, la bendición de Dios.[2]

ULTIMAS PALABRAS

Después de todo, ¿qué es Apolos? ¿Y qué es Pablo? Nada más que servidores por medio de los cuales ustedes llegaron a creer, según lo que el Señor le asignó a cada uno. Yo sembré, Apolos regó, pero Dios ha dado el crecimiento. Así que no cuenta ni el que siembra ni el que riega, sino solo Dios, quien es el que hace crecer. El que siembra y el que riega están al mismo nivel, aunque cada uno será recompensado según su propio trabajo. En efecto, nosotros somos colaboradores al servicio de Dios; y ustedes son el campo de cultivo de Dios, son el edificio de Dios.

1 Corintios 3:5-9

Dave Lawton, Jeff Sundell, Julius Ebwongu, Ying Kai, Augie Joshua, Tim Scheuer; todos ellos nos recuerdan que el Señor Jesús resucitado continúa llevando a cabo su misión por medio de su pueblo. La misión que comenzó en Galilea continúa siendo llevada a cabo por su pueblo, que tiene la palabra dinámica del evangelio y el poder del Espíritu Santo.

Australia, Nepal, Estados Unidos, Uganda, China, Mongolia; los escenarios pueden cambiar, pero hay un solo Señor, una fe, un bautismo y una misión a la que Jesús nos invita.

Por cada líder de movimiento prominente, hay miles de personas que pasarán desapercibidas en los registros de la historia, pero no pasarán desapercibidas por Dios. Es natural que nos enfoquemos en las personas que lideran un ministerio de Dios. Pero sólo son eficaces porque movilizan, inspiran y equipan a la gente común para compartir el evangelio, hacer discípulos y formar comunidades. Cada persona tiene un rol que cumplir.

El movimiento que Jesús fundó avanza porque todos estamos llamados a conectarnos con personas que están lejos de Dios. Todos estamos llamados a compartir nuestra historia y la historia de Jesús —el evangelio. Todos podemos abrir las Escrituras y aprender con otras personas cómo seguir a Jesús en amorosa obediencia. Todos podemos formar grupos simples que se reúnan para adorar, aprender, amar y testificar. Todos podemos participar en la multiplicación de discípulos e iglesias a nivel local y en todo el mundo.

No se trata de nuestro éxito o fracaso. Se trata de la misión que Dios realiza por medio de Jesucristo para redimir un mundo perdido. Nosotros somos sus sirvientes. Él nos invita a participar en la lucha, en el costo y en el gozo de alcanzar a un mundo perdido.

NOTAS

EN EL PRINCIPIO ERA JESÚS

1. Eckhard J. Schnabel, *Early Christian Mission*, Vol. 1, *Jesus and the Twelve* (Downers Grove, Ill.: IVP Academic, 2004), p. 207.
2. Rodney Stark, *The Rise of Christianity: A Sociologist Reconsiders History* (Princeton, N.J.: Princeton University Press, 1996), p. 3.
3. Schnabel, *Early Christian Mission*, 1:880-95.
4. Ibid., p. 498.
5. "La obra misionera de los primeros cristianos no se puede explicar con prototipos en el AT ni con modelos de una misión judía de antaño." Ibid., p. 205. Vea también Scot McKnight, *A Light Among the Gentiles: Jewish Missionary Activity in the Second Temple Period* (Minneapolis: Fortress, 1991), y Martin Goodman, *Mission and Conversion in the Religious History of the Roman Empire* (Oxford: Clarendon Press, 1994).
6. Following Schnabel, *Early Christian Mission*, 1:11-12.

CAPÍTULO 1: EL PORQUÉ VINO JESÚS

1. El arameo había sido el idioma del Imperio Persa que incluía a Israel. Jesús pudo leer en hebreo en la sinagoga de Nazaret (Lucas 4: 16-20). Posteriormente, es probable que haya usado el hebreo para refutar a los fariseos. Siendo que Jesús estaba rodeado de gentiles, es posible que también haya conocido algo de griego. Es dudoso que haya conocido el latín. Incluso los romanos usaban el griego en las provincias. El juicio de Jesús ante Pilato se habría llevado a cabo en griego.
2. Eckhard J. Schnabel, *Early Christian Mission*, Vol. 1, *Jesus and the Twelve* (Downers Grove, Ill.: IVP Academic, 2004), p. 188.
3. Robert Stein, *Jesus the Messiah* (Downers Grove, Ill.: IVP Academic, 1996), p. 72.
4. Schnabel, *Early Christian Mission*, 1:214.

5. Los estimados de la población de Palestina en el tiempo de Jesús oscilan entre 700.000 y 2,5 millones de personas. Vea Schnabel, *Early Christian Mission*, 1:122.
6. Craig L. Blomberg, *Jesus and the Gospels: An Introduction and Survey*, 2nd ed. (Nashville, Tenn.: B&H Academic, 2009), p. 61.
7. Lucas 16:17; Mateo 4:23-25; 8:10-13.

CAPÍTULO 2: VAYAMOS A OTRO LUGAR

1. Vea Eckhard J. Schnabel, *Early Christian Mission*, Vol. 1, *Jesus and the Twelve* (Downers Grove, Ill.: IVP Academic, 2004), p. 215.
2. Marcos 6:3; Mateo 13:53-58; Lucas 4:1-30.
3. Juan 7:2-8; Marcos 3:20-21.
4. María se reunió con los otros para orar antes de Pentecostés. Según Pablo, los hermanos de Jesús estaban involucrados en la obra misionera. El hermano de Jesús, Santiago, dirigió la iglesia en Jerusalén desde el año 41 d. C. hasta su muerte como mártir en el año 62 d. C. (1 Corintios 9:5).
5. Juan 4:46-54; Mateo 8:5-13; Lucas 7:1-10.
6. Hechos 6:7; 15:5.
7. Juan 4:1-42; 7:53—8:11; Lucas 7:36-50.
8. Mateo 27:57-60; Marcos 15:42-43.
9. Mateo 4:25; 5:47; 6:7, 32; 8:5-13; Marcos 3:7-8; Marcos 5:1-20; 7:24-30; Marcos 10:42; Lucas 6:17-19; 7:1-10; Juan 12:20-22. Vea Scot McKnight, "Gentiles," en *Dictionary of Jesus and the Gospels*, ed. Scot McKnight, Joel B. Green and I. Howard Marshall (Downers Grove, Ill.: IVP Academic, 1992), pp. 259-65.
10. Para mayor información sobre el contexto cultural relativo al encuentro de Jesús con la mujer samaritana, vea Kenneth E. Bailey, *Jesus Through Middle Eastern Eyes* (Downers Grove, Ill.: IVP Academic, 2008), pp. 200-216.
11. Schnabel, *Early Christian Mission*, 1:311.

CAPÍTULO 3: EL EVANGELIO DE JESÚS

1. Vea David Jacobus Bosch, *Transforming Mission: Paradigm Shifts in Theology of Mission*, American Society of Missiology Series (Maryknoll, N.Y.: Orbis Books, 1991), pp. 98-104.
2. Vea Lucas 1:77; 3:3; 24:47; Hechos 2:38; 5:31; 10:43; 13:38; 26:18.
3. Vea Lucas 18:9-43; 19:1-10. Alan J. Thompson, *The Acts of the Risen Lord Jesus: Luke's Account of God's Unfolding Plan*, ed. D. A. Carson, New Studies in Biblical Theology (Downers Grove, Ill.: IVP Academic, 2011), p. 41; y Paul Woodbridge, "Theological Implications of 'Eternal Life' in the Fourth

Gospel," en *God's Power to Save: One Gospel for a Complex World?* ed. Chris Green (Leicester, U.K.: Inter-Varsity Press, 2006), p. 92.

4   Mateo 9:13; Marcos 10:45; Lucas 19:10; Juan 9:39; 10:10; 12:46.
5   Para el contexto cultural relativo a esta parábola, vea Kenneth E. Bailey, *Poet and Peasant and Through Peasant Eyes: A Literary-Cultural Approach to the Parables in Luke,* Combined Edition (Grand Rapids: Eerdmans, 1983), pp. 158-206.
6   Vea Tim Keller, *The Prodigal God: Recovering the Heart of the Christian Faith* (London: Hodder & Stoughton, 2008), p. 43.
7   Vea Bailey, *Poet and Peasant and Through Peasant Eyes,* pp. 142-56; e I. Howard Marshall, *The Gospel of Luke: New International Greek Testament Commentary* (Grand Rapids: Eerdmans, 1978), pp. 677-81.
8   Marcos 5:1-20; Lucas 19:1-10; Juan 4:1-42.

CAPÍTULO 4: SÍGUEME Y TE ENSEÑARÉ

1   Para más sobre el llamado que Jesús hizo a sus discípulos vea Kenneth E. Bailey, *Jesus Through Middle Eastern Eyes* (Downers Grove, Ill.: IVP Academic, 2008), pp. 135-46, y Eckhard J. Schnabel, *Early Christian Mission,* Vol. 1, *Jesus and the Twelve* (Downers Grove, Ill.: IVP Academic, 2004), pp. 272-79.
2   Los siete mandamientos de Cristo fueron adaptados de George y Richard Scoggins Patterson, *Church Multiplication Guide,* rev. ed. (Pasadena, Calif.: William Carey Library, 2003).
3   Mateo 26:26-30; Lucas 22:19-20; Marcos 14:22-25; 1 Corintios 11:23-26.
4   La única oración registrada de Jesús en la que no se refiere a Dios como "Padre" es cuando clamó desde la cruz —"Dios mío, Dios mío, ¿por qué me has desamparado?" (Marcos 15:34). Jesús estaba citando el Salmo 22:1.

CAPÍTULO 5: EDIFICARÉ MI IGLESIA

1   Eckhard J. Schnabel, *Early Christian Mission,* Vol. 1, *Jesus and the Twelve* (Downers Grove, Ill.: IVP Academic, 2004), p. 443.
2   Vea Leon Morris, *The Gospel According to Matthew,* Pillar New Testament Commentary (Grand Rapids: Eerdmans, 1992), pp. 424-25.

CAPÍTULO 6: HORA DE IR

1   Vea Eckhard J. Schnabel, *Early Christian Mission,* Vol. 1, *Jesus and the Twelve* (Downers Grove, Ill.: IVP Academic, 2004), pp. 348-82.
2   Mateo 13:47. Vea ibid., pp. 442-44.

INTERLUDIO: IGLESIA EN EL PORCHE

1. Para escuchar una serie de entrevistas y reportes, vea Jeff Sundell, Movements Audio Podcasts, www.movements.net/podcast.
2. Jeff Sundell, *Seven Stories of Hope*, www.ningunlugarsinalcanzar.com.

CAPÍTULO 7: HECHOS DEL SEÑOR RESUCITADO

1. Vea Brian Rosner, "The Progress of the Word," en *Witness to the Gospel: The Theology of Acts*, ed. I. Howard Marshall and David Peterson (Grand Rapids: Eerdmans, 1998), pp. 215-33.
2. Para esta sección vea Eckhard J. Schnabel, *Early Christian Mission*, Vol. 1, *Jesus and the Twelve* (Downers Grove, Ill.: IVP Academic, 2004), pp. 511-17.
3. Vea la manera en la que los Griegos se acercan a Felipe en Juan 12:21.

CAPÍTULO 8: MISIONEROS SIN FRONTERAS

1. De *hellas*, la palabra griega para Grecia. El helenismo fue el proceso por medio del cual la lengua y la cultura griegas se extendieron por todo el mundo antiguo tras las conquistas de Alejandro Magno. El helenismo fue dominante en la parte oriental del Imperio Romano.
2. F. Scott Spencer, *Journeying Through Acts: A Literary-Cultural Reading* (Grand Rapids: Baker Academic, 2004), p. 119
3. Ben Witherington, *The Acts of the Apostles: A Socio-Rhetorical Commentary* (Grand Rapids: Eerdmans, 1997), p. 352.
4. Hechos 9:43; 16:11-15, 25-34; 18:8.

CAPÍTULO 9: NOTICIAS DE TESTIGOS OCULARES

1. Vea Eckhard J. Schnabel, *Early Christian Mission*, Vol. 1, *Jesus and the Twelve* (Downers Grove, Ill.: IVP Academic, 2004), pp. 420, 551.
2. Vea Schnabel, *Early Christian Mission*, 1:404-5; Eckhard J. Schnabel, *Early Christian Mission*, Vol. 2, *Paul and the Early Church* (Downers Grove, Ill.: IVP Academic, 2004), pp. 1562-64; David G. Peterson, *The Acts of the Apostles*, Pillar New Testament Commentary (Grand Rapids: Eerdmans, 2009), pp. 70-75.
3. Vea Peterson, *Acts*, p. 338; y Ben Witherington, *The Acts of the Apostles: A Socio-Rhetorical Commentary* (Grand Rapids: Eerdmans, 1997), p. 100.
4. El término *testigo* en el libro de Hechos no se refiere principalmente a lo que podríamos describir como un testimonio personal de lo que Dios ha hecho

en nuestras vidas, sino al hecho de ser un *espectador* real del Señor resucitado y dar testimonio de eso. Vea Alan J. Thompson, *The Acts of the Risen Lord Jesus: Luke's Account of God's Unfolding Plan*, ed. D. A. Carson, New Studies in Biblical Theology (Downers Grove, Ill.: IVP Academic, 2011), p. 77. Cf. Hechos 2:32; 3:15; 4:33; 5:32; 10:39-41; 13:31; 22:15; 26:16.

5   Hechos 8:12; 14:22; 19:8; 20:25-27.
6   Vea I. Howard Marshall, *New Testament Theology: Many Witnesses, One Gospel* (Downers Grove, Ill.: IVP Academic, 2004), p. 205. También Robert Maddox, *The Purpose of Luke-Acts*, ed. John Riches (Edinburgh: T & T Clark, 1982), p. 139.
7   Hechos 2:43-47; 4:23-31; 4:32-37; 5:14.
8   Peterson, *Acts*, p. 85.
9   Vea P. H. Davids, "Miracles in Acts," en *Dictionary of the Later New Testament and Its Developments*, ed. Ralph P. Martin and Peter H. Davids (Downers Grove, Ill.: IVP Academic, 1997), pp. 144-52.
10 Eckhard Schnabel, "Mission, Early Non-Pauline," en *Dictionary of the Later New Testament and Its Developments*, ed. Ralph P. Martin and Peter H. Davids (Downers Grove, Ill.: IVP Academic, 1997), pp. 752-75.

CAPÍTULO 10: LA ESCUELA DE OBEDIENCIA

1   Vea George Patterson and Richard Scoggins, *Church Multiplication Guide*, rev. ed. (Pasadena, Calif.: William Carey Library, 2003).
2   Robert H. Stein, "Baptism and Becoming a Christian in the New Testament," *Southern Baptist Journal of Theology* 2, no. 1 (1998): 6-17.
3   Vea Hechos 8:12, 38; 9:18; 10:48.
4   Vea David G. Peterson, *The Acts of the Apostles*, Pillar New Testament Commentary (Grand Rapids: Eerdmans, 2009), pp. 61-62.

CAPÍTULO 11: LA VIDA EN LA PRIMERA IGLESIA

1   Kevin N. Giles, "Church," en *Dictionary of the Later New Testament and Its Developments*, ed. Peter H. Davids and Ralph P. Martin (Downers Grove, Ill.: IVP Academic, 1997), p. 195.
2   Deuteronomio 23:1-3; Jueces 20:2; 1 Crónicas 28:8; Nehemías 13:1. En la traducción griega del Antiguo Testamento, la palabra para "asamblea" (ekklēsia) del Señor es la misma que se usa en el Nuevo Testamento griego para "iglesia".
3   Hechos 5:11; 8:1; 11:26; 13:1.

[4] El término "cristianos" solo se encuentra en el Nuevo Testamento en tres lugares. El término es usado unicamente por personas no-creyentes para referirse a los cristianos: Hechos 11:26; 26:28; 1 Pedro 4:16.

[5] Para esta sección vea Eckhard J. Schnabel, *Early Christian Mission*, Vol. 1, Jesus and the Twelve (Downers Grove, Ill.: IVP Academic, 2004), pp. 407-16.

[6] Hechos 1:14; 2:42-47; 4:31-35; 5:12-16; 5:42. Vea Schnabel, *Early Christian Mission*, 1:406-16.

[7] Hechos 12:11-17. Vea Bradley Blue, "Acts and the House Church," en *The Book of Acts in Its Graeco-Roman Setting*, ed. David W. Gill and Conrad H. Gempf (Grand Rapids: Eerdmans, 1994), pp. 119-222.

[8] Hechos 1:24; 8:14-17; 9:11-12; 10:4, 9, 30; 13:2-3. Vea David G. Peterson, *The Acts of the Apostles*, Pillar New Testament Commentary (Grand Rapids: Eerdmans, 2009), p. 118.

[9] Hechos 2:47; 5:14; 6:7.

[10] Banks llama la atención sobre "la poca frecuencia de términos relacionados con la organización y la autoridad" en los escritos de Pablo. Robert Banks, "Church Order and Government," en *Dictionary of the Later New Testament and Its Developments*, ed. Gerald F. Hawthorne, Ralph P. Martin and Daniel G. Reid (Downers Grove, Ill.: IVP Academic, 1993).

[11] Schnabel, Early Christian Mission, 1:426-28.

[12] Ibid., p. 553.

CAPÍTULO 12: DESDE JERUSALÉN HACIA EL MUNDO

[1] Eckhard J. Schnabel, *Early Christian Mission*, Vol. 1, *Jesus and the Twelve* (Downers Grove, Ill.: IVP Academic, 2004), pp. 187, 731.

[2] Hechos 2:5-13. Vea Clinton Arnold, "Centers of Christianity," en *Dictionary of the Later New Testament and Its Developments*, ed. Ralph P. Martin and Peter H. Davids (Downers Grove, Ill.: IVP Academic, 1997), pp. 144-52.

[3] Para mayor información sobre la expansión del evangelio desde Jerusalén hasta Rome vea Schnabel, *Early Christian Mission*, 1:729-913.

[4] Vea F. Scott Spencer, *Journeying Through Acts: A Literary-Cultural Reading* (Grand Rapids: Baker Academic, 2004), pp. 59-61.

[5] Schnabel, *Early Christian Mission*, 1:1490. Vea también Arnold, "Centers of Christianity," pp. 144-52.

[6] Hechos 9:31; 1 Corintios 9:5; Juan 1:44; 12:21.

[7] Hechos 9:2, 10, 19; 11:20-21.

[8] Andrew Clarke, "Rome and Italy," en *The Book of Acts in Its Graeco-Roman*

    Setting, ed. David W. Gill and Conrad H. Gempf (Grand Rapids: Eerdmans, 1994), p. 466.
9. Vea Kevin N. Giles, "Church," en *Dictionary of the Later New Testament and Its Developments,* ed. Peter H. Davids and Ralph P. Martin (Downers Grove, Ill.: IVP Academic, 1997).
10. Hechos 6:9; 11:20; 13:1.
11. Vea Schnabel, *Early Christian Mission,* 1:880-97.
12. Vea ibid., p. 550.
13. Eckhard Schnabel, "Mission, Early Non-Pauline," en *Dictionary of the Later New Testament and Its Developments,* ed. Ralph P. Martin and Peter H. Davids (Downers Grove, Ill.: IVP Academic, 1997), p. 757.
14. Ibid., p. 763.

INTERLUDIO: YING KAI Y EL PODER DE LA MULTIPLICACIÓN

1. Vea Steve Smith con Ying Kai, *T4T: A Discipleship Re-Revolution* (Monument, Colo.: WIGTake Resources, 2011); y Steve Smith, "Discipleship Revolution: Training for Trainers Process," *Mission Frontiers* 33, no. 1 (January-February 2011): 11-13.
2. Smith, *T4T,* pp. 46-47.
3. Adaptado de Smith, *T4T.* Usado con permiso.

CAPÍTULO 13: ¡POR FIN LO ENTIENDE!

1. Como ciudadano romano, el nombre de Pablo tenía tres partes. "Pablo" pudo haber sido su nombre familiar. Witherington señala que "Pablo tenía una buena razón para no ir corriendo por el mundo grecorromano llamándose a sí mismo Saulos. ¡En griego, Saulos se usaba para referirse a alguien que andaba en una manera sexualmente sugerente como una prostituta! "Ben Witherington III, *The Paul Quest: The Renewed Search for the Jew of Tarsus* (Downers Grove, Ill.: IVP Academic, 1998), p. 72.
2. Dean S. Gilliland, *Pauline Theology and Mission Practice* (Grand Rapids: Baker, 1983), p. 22.
3. Las ciudades principales de Arabia eran Helenistas (Griegas en idioma y cultura). Otras ciudades que Pablo podría haber visitado en Arabia eran Gerasa, Filadelfia y Bostra.
4. So Wayne A. Meeks, *The First Urban Christians: The Social World of the Apostle Paul* (New Haven, Conn.: Yale University Press, 1983), pp. 9-11; Martin

Hengel, "Paul in Arabia," *Bulletin of Biblical Research* 12 (2002): 47-66; Eckhard J. Schnabel, *Early Christian Mission*, Vol. 1, *Jesus and the Twelve* (Downers Grove, Ill.: IVP Academic, 2004), pp. 1031-45; F. F. Bruce, *Paul: Apostle of the Free Spirit*, rev. ed. (Exeter, U.K.: Paternoster, 1980), pp. 81-82; Paul Barnett, *Paul: Missionary of Jesus* (Grand Rapids: Eerdmans, 2008), pp. 80-82.

[5] F. Scott Spencer, *Journeying Through Acts: A Literary-Cultural Reading* (Grand Rapids: Baker Academic, 2004), p. 140.

[6] Vea Meeks, *First Urban Christians*, pp. 28-29.

[7] Vea ibid., pp. 16-18.

[8] Schnabel, *Early Christian Mission*, 1:1299. Este enfoque en las ciudades no era absoluto; Pablo también ministró en algunos pueblos y aldeas. Vea Hechos 26:19-20.

[9] Schnabel, *Early Christian Mission*, 1:15-16.

[10] 1 Tesalonicenses 2:16; 1 Corintios 2:2; 9:19-23; 10:33.

[11] Schnabel, *Early Christian Mission*, 1:404-5; Eckhard J. Schnabel, *Early Christian Mission*, Vol. 2, *Paul and the Early Church* (Downers Grove, Ill.: IVP Academic, 2004), p. 978.

[12] 2 Corintios 1:14; Gálatas 2:2; Colosenses 1:25-29; Filipenses 2:16; 4:1; 1 Tesalonicenses 2:19.

[13] Vea Andreas J. Köstenberger and Peter T. O'Brien, *Salvation to the Ends of the Earth: A Biblical Theology of Mission*, ed. D. A. Carson, New Studies in Biblical Theology (Downers Grove, Ill.: IVP Academic, 2001), p. 161.

CAPÍTULO 14: COMO LE SEA POSIBLE

[1] John McRay, *Paul: His Life and Teaching* (Grand Rapids: Baker, 2007), pp. 146-47; siguiendo a Brian Rapske, *The Book of Acts and Paul in Roman Custody*, ed. I. Howard Marshall, Bruce W. Winter and David W. J. Gill, The Book of Acts in Its First Century Setting (Grand Rapids: Eerdmans, 2004), pp. 219, 124.

[2] Vea Wayne A. Meeks, *The First Urban Christians: The Social World of the Apostle Paul* (New Haven, Conn.: Yale University Press, 1983), p. 34.

[3] Vea Rodney Stark, *Cities of God: The Real Story of How Christianity Became an Urban Movement and Conquered Rome* (New York: HarperCollins, 2006).

[4] Como Neapolis, Anfípolis, y Apolonia. Vea McRay, *Paul*, p. 141.

[5] Hechos 16:14-15, 32-34; 17:5-9; 18:8; 1 Corintios 1:16; 16:15. El bautismo del hogar entero en Hechos está basado en la fe del hogar entero. Vea Alan J. Thompson, *The Acts of the Risen Lord Jesus: Luke's Account of God's Unfolding*

Plan, ed. D. A. Carson, New Studies in Biblical Theology (Downers Grove, Ill.: IVP Academic, 2011), pp. 142-43 n. 60.
6. Eckhard J. Schnabel, *Early Christian Mission*, Vol. 2, *Paul and the Early Church* (Downers Grove, Ill.: IVP Academic, 2004), p. 1439.
7. Tesalónica, Corinto y Éfeso (1 Tesalonicenses 2:9; Hechos 18:3; 1 Corintios 9:12; Hechos 20:33–34). Vea Ben Witherington, *The Acts of the Apostles: A Socio-Rhetorical Commentary* (Grand Rapids: Eerdmans, 1997), p. 547.
8. Abraham J. Malherbe, *Paul and the Thessalonians: The Philosophic Tradition of Pastoral Care*, Proclamation Commentaries (Mifflintown, Penn.: Sigler Press, 1987, 2000), pp. 17-18.
9. Witherington, *Acts*, pp. 574-75.
10. Lidia era próspera. Como comerciante de tela púrpura, hacía negocios con la aristocracia, pero no era parte de ella. La tela púrpura era muy valorada, pero el proceso de teñido involucraba el uso de orina animal. F. Scott Spencer, *Journeying Through Acts: A Literary-Cultural Reading* (Grand Rapids: Baker Academic, 2004), p. 175.
11. Vea Meeks, *First Urban Christians*, p. 62.
12. Vea Witherington, *Acts*, pp. 403-4 y Eckhard Schnabel, *Paul the Missionary: Realities, Strategies and Methods* (Downers Grove, Ill.: IVP Academic, 2008), p. 264.
13. Vea Peter T. O'Brien, "Caesar's Household," en *Dictionary of Paul and His Letters*, ed. Ralph P. Martin, Gerald F. Hawthorne and Daniel G. Reid (Downers Grove, Ill.: IVP Academic, 1993), pp. 83-84.
14. Meeks, *First Urban Christians*, pp. 21-22.

CAPÍTULO 15: UN SOLO EVANGELIO

1. John McRay, *Paul: His Life and Teaching* (Grand Rapids: Baker, 2007), p. 159.
2. Vea Eckhard J. Schnabel, *Early Christian Mission*, Vol. 2, *Paul and the Early Church* (Downers Grove, Ill.: IVP Academic, 2004), pp. 1392-1404.
3. Robert L. Plummer, *Paul's Understanding of the Church's Mission: How Did the Apostle Paul Expect the Early Christian Communities to Evangelize?* Paternoster Biblical Monographs (Eugene, Ore.: Wipf & Stock, 2006), p. 52.

CAPÍTULO 16: LA OBEDIENCIA DE LA FE

1. Efesios 4:1; Colosenses 1:10; 1 Tesalonicenses 2:12; Gálatas 5:16-26; 2 Corintios 5:15.

CAPÍTULO 17: CUANDO SE REÚNAN

1. Para esta sección vea John McRay, *Paul: His Life and Teaching* (Grand Rapids: Baker, 2007), pp. 390-401; y Paul Barnett, *Messiah* (Nottingham, U.K.: Inter-Varsity Press, 2009), pp. 182-85.
2. Eckhard Schnabel, *Paul the Missionary: Realities, Strategies and Methods* (Downers Grove, Ill.: IVP Academic, 2008), p. 300.
3. Hechos 16:15, 33; 18:8; 1 Corintios 1:16; 16:15.
4. Barnett, *Jesus the Messiah*, p. 177.
5. Vea Schnabel, *Paul the Missionary*, p. 236.
6. Vea Gordon D. Fee, *Paul, the Spirit and the People of God* (Peabody, Mass.: Hendrickson, 1996); y Robert Banks, "Church Order and Government," en *Dictionary of the Later New Testament and Its Developments*, ed. Gerald F. Hawthorne, Ralph P. Martin and Daniel G. Reid (Downers Grove, Ill.: IVP Academic, 1993); y Don N. Jr. Howell, "Confidence in the Spirit as the Governing Ethos of the Pauline Mission," en *The Holy Spirit and Mission Dynamics*, ed. C. Douglas McConnell, Evangelical Missiological Series (Pasadena, Calif.: William Carey Library, 1997), pp. 36-65.
7. 1 Tesalonicenses 5:19-21; Hechos 21:9; 1 Corintios 11:5; 12:7-11; 13:2; 14:3, 24, 29.
8. Romanos 8:26-27; Efesios 5:18-20; 6:18-20; Colosenses 3:16-17.
9. Vea Eckhard J. Schnabel, "Evangelism and the Early Church: What Do We Know About the Disciples as Missionaries?" *Trinity Magazine* (2005): 21-23.
10. Romanos 12:10, 16; 13:8; 15:7; Gálatas 5:13; 6:2; Efesios 4:2, 32; Colosenses 3:13; 1 Tesalonicenses 5:11.
11. Vea Colin Kruse, "Ministry in the Wake of Paul's Mission," en *The Gospel to the Nations: Perspectives on Paul's Mission*, ed. Peter Bolt and Mark Thompson (Downers Grove, Ill.: IVP Academic, 2001), pp. 205-20; y Roland Allen, *Missionary Methods: St Paul's Or Ours?* 4th ed. (London: World Dominion Press, 1912), p. 168.
12. Vea Banks, "Church Order and Government."
13. Dean S. Gilliland, *Pauline Theology and Mission Practice* (Grand Rapids: Baker, 1983), p. 216. Hechos 14:21-22; 15:4, 32-35; 16:5; 18:23; 20:2.
14. Para mayor información sobre los diversos roles de liderazgo vea McRay, *Paul*, pp. 374-90.
15. Hechos 20:28; Filipenses 1:1; 1 Corintios 16:15-16; Efesios 4:11-13; 1 Timoteo 3:1-13; Tito 1:5-9.
16. Eckhard J. Schnabel, *Early Christian Mission*, Vol. 2, *Paul and the Early Church* (Downers Grove, Ill.: IVP Academic, 2004), p. 1493.

CAPÍTULO 18: NADA MÁS PARA HACER

1. Las estimaciones varían de 22.000 a 65.000. John McRay, "Antioch," en *Dictionary of Paul and His Letters*, ed. Gerald F. Hawthorne and Ralph P. Martin (Downers Grove, Ill.: IVP Academic, 1993).
2. El nombre se hizo popular. El historiador romano Tácito informó que en el año 64 d.C., después del incendio de seis días en Roma, Nerón ejecutó brutalmente a los "cristianos". Vea Eckhard J. Schnabel, *Early Christian Mission*, Vol. 1, *Jesus and the Twelve* (Downers Grove, Ill.: IVP Academic, 2004), p. 793.
3. Vea Eckhard Schnabel, *Paul the Missionary: Realities, Strategies and Methods* (Downers Grove, Ill.: IVP Academic, 2008), pp. 66-71.
4. La autoridad no es transmitida por la iglesia o las iglesias, sino por el llamado apostólico a difundir el evangelio. Vea Eckhard J. Schnabel, *Early Christian Mission*, Vol. 2, *Paul and the Early Church* (Downers Grove, Ill.: IVP Academic, 2004), p. 1428; Harold R. Cook, "Who Really Sent the Missionaries?" *Evangelical Missions Quarterly* 13 (October 1975): 233-39; Joseph and Michele C. [apellido oculto], "Field-Governed Mission Structures, Part 1: In the New Testament," *International Journal of Frontier Missions* 18, no. 2 (Summer 2001): 59-66.
5. Vea las referencias a "nosotros" en Hechos y 2 Corintios 1:1; Filipenses 1:1; 2:19-30; Colosenses 4:7-14. Vea Schnabel, *Early Christian Mission*, 2:1425-45; E. Earle Ellis, "Paul and His Co-Workers," *New Testament Studies* (1970): 437-52.
6. 1 Tesalonicenses 2:9; 2 Tesalonicenses 3:8; 2 Corintios 6:5; 11:23, 27; 1 Corintios 3:8; 2 Corintios 10:15; 1 Tesalonicenses 3:5; 1 Corintios 15:58; 1 Tesalonicenses 1:3; 1 Timoteo 5:17.
7. El texto está en disputa. El peso de la evidencia favorece a "Junia" como una mujer que sirvió como misionera pionera con su esposo. Para mayor análisis vea Stephen B. Addison, *The Continuing Ministry of the Apostle in the Church's Mission*, D.Min. diss., Pasadena, Calif., Fuller Theological Seminary, 1995, pp. 109-11, disponible en internet en www.movements.net/research.
8. Vea Wayne A. Meeks, *The First Urban Christians: The Social World of the Apostle Paul* (New Haven, Conn.: Yale University Press, 1983), p. 59.
9. Andreas J. Köstenberger and Peter T. O'Brien, *Salvation to the Ends of the Earth: A Biblical Theology of Mission*, ed. D. A. Carson, New Studies in Biblical Theology (Downers Grove, Ill.: IVP Academic, 2001), p. 152.
10. Como de costumbre, Pablo no ministraba solo. Durante su misión a Éfeso, sus compañeros de ministerio incluían personas como Epafras (Colosenses 1:3-8; 4:13), Filemón (Filemón 1-2), Aristarco de Macedonia (Hechos 19:29; 20:4; 27:2; Filemón 23), Gayo de Corinto (Hechos 19:29; 1 Corintios 1:14), y Tíquico y Trófimo (Hechos 20: 4; Colosenses 4:7). Aquila, Priscila y Timoteo

estuvieron con Pablo desde el comienzo de su misión en Éfeso (1 Corintios 16:10). Estéfanas, Fortunato y Arcaico lo visitaron (1 Corintios 1:17).

11. Robert Maddox, *The Purpose of Luke-Acts*, ed. John Riches (Edinburgh: T & T Clark, 1982), p. 11.
12. Una cifra no igualada por ninguna otra ciudad del mundo occidental hasta que Londres alcanzó un millón de habitantes en el siglo XVIII. Schnabel, *Early Christian Mission*, p. 559.
13. La segunda carta de Pablo a Timoteo también fue escrita desde la prisión, pero en un momento en que Pablo esperaba enfrentar la muerte.
14. Ben Witherington, *The Acts of the Apostles: A Socio-Rhetorical Commentary* (Grand Rapids: Eerdmans, 1997), p. 816.
15. Ben Witherington, *New Testament History* (Grand Rapids: Baker Academic, 2003), pp. 199, 319-26.
16. Vea Maddox, *Purpose of Luke-Acts*, p. 77.

INTERLUDIO: JULIUS EBWONGU CAMBIA EL PARADIGMA

1. Fuentes para este capítulo incluyeron entrevistas y correspondencia por correo electrónico con Bill Smith y Ray Belfield; y Robert A. Shipley, "Rabbit Churches: An Inquiry into the Enabling Assumptions of the Uganda Assemblies of God Church Planting Movement" (Pan-Africa Theological Seminary, September 2010).
2. Vea Shipley, "Rabbit Churches," pp. 155-57.

CAPÍTULO 19: VIENDO EL FIN

1. Normalmente no asociamos el "aprendizaje" con Jesús, pero el autor de Hebreos (Hebreos 5:8) sí.
2. David Lawton, "Augie Joshua Interview," www.movements.net/podcast.
3. Ibid.

CAPÍTULO 20: CONECTANDO CON LAS PERSONAS

1. Para más sobre este método para conectar con los Musulmanes vea Kevin Greeson, *The Camel: How Muslims Are Coming to Faith in Christ!* (Midlothian, Va.: WIGTake Resources, 2007). También Kevin Greeson, "Movements Audio Podcasts," www.movements.net/podcast.
2. Tim Scheuer, "Movements Audio Podcasts," www.movements.net/podcast.

CAPÍTULO 21: COMPARTIENDO EL EVANGELIO

[1] Consulte la Guía de Implementación para mayor información sobre cómo capacitar a las personas para compartir su historia pesonal, la historia de Jesús y cómo hacer discípulos utilizando el Método de Estudio Bíblico de Descubrimiento.

CAPÍTULO 22: ENTRENANDO DISCÍPULOS

[1] Vea David Watson, "Discovering God: Field Testing Guide v2.0," www.contagiousdisciplemaking.com.

[2] Para más sobre los Siete Mandatos de Cristo vea Nathan and Kari Shank, *The Four Fields: A Manual for Church Planting Facilitation*, www.churchplantingmovements.com.

CAPÍTULO 24: MULTIPLICANDO OBREROS

[1] Fuentes para la historia del Hermano Haik: Felix Corley, "Obituary: Haik Hovsepian Mehr," *The Independent*, www.independent.co.uk/news/people/obituary-haik-hovsepian-mehr-1391238.html (accedido el 26 de Enero, 2012); Karen Hartley, "Biography of Haik Hovsepian-Mehr," *Truett Journal of Church and Mission* 2, no. 1 (2004): 43-57.

[2] John and Keith Castle Bellamy, "2001 Church Attendance Estimates," *NCLS Occasional Paper* 3 (2004): 13.

CAPÍTULO 25: EMPEZANDO EN ALGÚN LUGAR

[1] Dave Lawton y sus colegas usan un método de estudio bíblico inductivo desarrollado por David Watson llamado Descubriendo a Dios. www.contagiousdisciplemaking.com.

[2] Vea David Lawton, "Movements Audio Podcasts," www.movements.net/podcast.

STEVE ADDISON es un catalizador de movimientos que multiplican discípulos e iglesias por todo el mundo. Él es líder de misiones, autor, conferencista y mentor de pioneros.

Steve está casado con Michelle. Viven en Melbourne, Australia y tienen cuatro hijos y dos nietos. Michelle y Steve dirigen MOVE (movenetwork.org), una agencia misionera dedicada a entrenar y enviar obreros que multiplican discípulos eiglesias.

También por Steve Addison

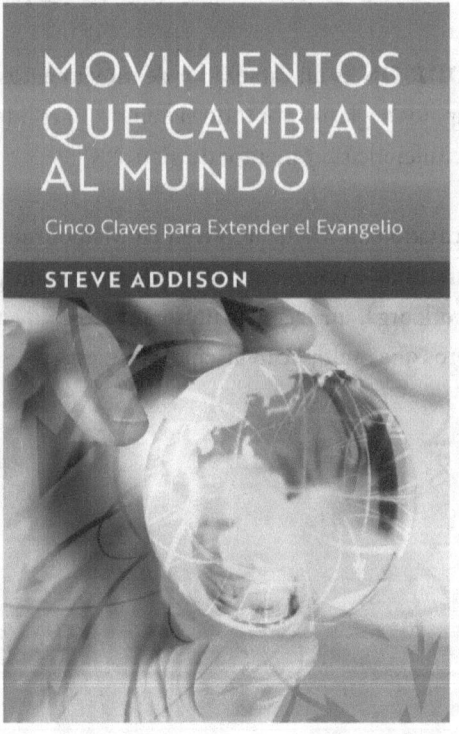

Con una sensibilidad por la historia, y una habilidad para extraer principios de las vidas de los pioneros apostólicos que nos han precedido, Steve nos brinda un inspiracional vistazo de los movimientos y las personas que los dirigieron.

ALAN HIRSCH

Manténgase en Contacto

Acceda a artículos, entrevistas en video, podcasts y otros recursos de entrenamiento aquí:

movements.net

RECONOCIMIENTOS

En la década de 1980, estaba trabajando como pasante juvenil en mi iglesia local cuando encontré una pila de libros viejos y polvorientos que estaba en exhibición para que el personal de la iglesia los tomase. Encontré dos joyas escritas por Roland Allen: *Métodos Misioneros: ¿Los de Pablo o Los Nuestros?* y *La Expansión Espontánea de la Iglesia*. Lo títulos captaron mi atención, y los libros gratis siempre son buenos cuando eres un pasante juvenil, así que los tomé y los guardé para futura referencia. Pasaron varios años antes de que los leyera y aún más antes de que su magia obrara en mi mente y corazón, pero aun así me transformaron.

Veinte años más tarde, un amigo me mandó un regalo inesperado —la obra de dos tomos del autor Eckhard Schnabel titulada *La Misión Cristiana Primitiva: Jesús y los Doce y Pablo y la Iglesia Primitiva (Early Christian Mission: Jesus and the Twelve and Paul and the Early Church)*. Estos dos volúmenes contienen más de mil novecientas páginas. Yo leí y remarqué cada página.

Quiero expresar mi deuda y gratitud a Rolland Allen y Eckhard Schnabel, quienes influenciaron mi entendimiento de Jesús como el fundador y Señor viviente del movimiento cristiano.

También quisiera reconocer a los practicantes y entrenadores cuyo ejemplo y pensamiento me han ayudado a ver cómo Jesús continúa llamándonos y equipándonos como obreros en su campo de cosecha —Bill Smith, David Garrison, Steve Smith, Grant McAllister, Jeff Sundell, David Watson, Nathan Shank, Dave Lawton y Tim Scheuer.

Agradezco a Val Gresham quien, con mucha paciencia y habilidad, ha trabajado conmigo como mi entrenador de redacción y editor inicial, y a Grant Morrison, entrenador de plantadores de iglesias, que con mucho coraje y consistencia ha proporcionado perspectivas de mucha ayuda. Agradezco a Peter Bergmeier, mi diseñador, que trabajó conmigo para crear y simplificar el diagrama de *Movimientos*. Gracias a Dave Zimerman, mi editor en IVP, por llevar este proyecto a su finalización.

Por último, estoy profundamente agradecido por el apoyo de mi esposa, Michelle, en este proyecto. Michelle, gracias, por encima de todo, por tu liderazgo en nuestro ministerio local entre inmigrantes provenientes de todas partes del mundo. Nuestra experiencia allí ha sido de mucha ayuda para trasladar los principios bíblicos de mi cabeza a mi corazón y a mis manos.

www.ingramcontent.com/pod-product-compliance
Lightning Source LLC
Chambersburg PA
CBHW011129070526
44583CB00023B/2957